政协委员传记丛书

中国政协文史馆　编

公心入梦

邬梦兆传

王志雄　著

中国文史出版社

目　录

引　言……………………………………………………… 1

第一章　穷山沟里的归侨后生 …………………………… 3

第二章　艰苦深入的土改模范 …………………………… 13

第三章　互助合作的开路先锋 …………………………… 25

第四章　越级提拔的厅级干部 …………………………… 31

第五章　党的建设的忠诚战士 …………………………… 64

第六章　群团工作的亲密伙伴 …………………………… 80

第七章　传播文明的辛勤园丁 …………………………… 100

第八章　地方统战的好领班人 …………………………… 136

第九章　开拓创新的政协主席 …………………………… 151

第十章　海峡两岸暨香港、澳门的文化使者 …………… 195

第十一章　华侨华人的知心朋友 ………………………… 208

第十二章　和田打井的热心人士 ………………………… 217

第十三章　中华茶文化的传播高手 ……………………… 223

第十四章　激情洋溢的耄耋骚客 ………………………… 249

第十五章　享誉茗坛的儒雅茶翁 ………………………… 258

结　语……………………………………………………… 275

1

引　言

　　本书记述的全国政协委员是一位归侨，如今俗称"海归"。他1934年出生于马来亚（今称马来西亚）柔佛州新山市。1957年之前，马来亚、新加坡一带同属英国殖民地，中国民间把这块殖民地称为"南洋"。从1927年底到1928年初，随着海陆丰起义和广州起义的相继失败，为躲避国民党政府的追捕，大批中共党员不得不转移至此，在这里他们与组织上重新取得了联系，建立了"中共南洋临时党支部"，后改名为"中共南洋临时工作委员会"，简称"中共南洋临委"。为团结当地各族人民开展革命斗争，"中共南洋临委"后又改名为"南洋共产党临时委员会"。1930年4月正式宣布诞生的马来亚共产党，就是在此基础上成立的，其成员大部分为华人。本书主人公的哥哥邬梦华，就是1939年加入马来亚共产党的老党员。马共成立后积极开展反帝反殖民运动，日本发动太平洋战争后，马共随即组织了"马来亚人民抗日军"，展开了抗日游击斗争，并取得了胜利。

　　1936年，本书的主人公邬梦兆返回祖国大陆的原籍——广东省大埔县湖寮乡杨梅田村。大埔物华天宝，人杰地灵，是著名的华侨之乡、文化之乡，孕育了众多雅士名流，诞生了众多杰出人物。大埔又是革命老区，是广东省首个中央苏区县。著名的三河坝战役，就是在大埔境内发生的。当年朱德、周士第、李硕勋等率领的八一南昌起义军在三河坝逗留时间虽然只有一个多月，却给大埔播下了红色的种子。这支部队主力最终在朱德、陈毅的带领下，于1928年4月28日在江西砻市与毛泽

1

东率领的秋收起义部队胜利会师，成为中国革命复兴的火种；其被打散的许多人员则南下南洋，成为当地的红色火种。

书中主人公在"一脉两地"的红色沃土中成长，耳濡目染众多反压迫、反剥削和反对外来侵略的革命往事，成为"红孩子"。1949 年 8 月，年仅十五岁的他，得知中国人民解放军华南文化工作团进入大埔县百侯游击区时，瞒着父亲，怀揣母亲暗地里塞给他的十元港币，穿着短裤小褂，脚踏草鞋，偷偷地离开了家，在烈日下跑了三十多里山路，终于赶到了该团团部的驻地，加入了革命的队伍，开启了朝着太阳的光辉向前、向前、向前的红色人生。他从大埔百侯出发，到广州，到封开，到肇庆，再到封开，再到广州；从普通战士起步，加入中国共产党，成为乡党委书记、县辖区党委书记、地委办公室主任、县委书记、省委副秘书长、副省级市委副书记、市政协主席、全国政协委员，一步一个脚印，一干就是整整五十五年。2004 年，七十岁的他离休后，仍不忘初心，牢记使命，砥砺前行，笔耕不辍。从零开始学习茶文化、钻研茶文化、推广茶文化、弘扬茶文化，力所能及地为实现中华民族伟大复兴的"中国梦"添砖加瓦，谱写了一个共产党人生命不息、战斗不止的红色篇章。

第一章
穷山沟里的归侨后生

乘着箩筐返家园

1934年1月1日，邬梦兆出生于马来亚柔佛州新山市的一个邬姓华侨橡胶园主家中。父亲给这个呱呱坠地的小儿子起了一个很吉祥的名字：梦兆——梦熊之兆。名字虽然吉祥，可命运并不如意。与他的哥哥、姐姐不一样，邬梦兆一来到人间，似乎就注定要吃苦。

大埔历史悠久，秦汉时属揭阳，明朝嘉靖五年（1526）置县，属潮州府。民国初隶属潮循道，民国二十五年（1936）属广东第六行政督察专员公署。新中国成立以后，先后属兴梅专区、粤东行政区、汕头专区、梅县专区，今属梅州市。大埔

1946年邬梦兆在大埔县虎山中学读书时

3

素有"华侨之乡""文化之乡""陶瓷之乡""名茶之乡""中华诗词之乡"之誉。

1927年9月，在大埔发生的三河坝战役，是第九军副军长朱德率领的南昌起义军第十一军二十五师和第九军教导团（三千多人），与国民党钱大钧三个师（约两万多人）之间的一场恶战。是役，起义军在副军长朱德、二十五师师长周士第和党代表李硕勋等人的指挥下，在东江工农红军一部的配合下，与敌激战三昼夜，打退敌人无数次的进攻，歼敌数千人。后在敌众我寡、弹少援绝的险恶情况下，为保存实力，指挥部决定采取"次第掩护，逐步撤退"的办法，取道河腰、百侯，经双溪进饶平，艰苦转战，两进汀赣边，终于在1928年4月28日到达江西井冈山，与毛泽东同志领导的秋收起义队伍胜利会师。三河坝战役扩大了党在农村的影响，中共南方工委领导机关、闽粤赣边区党委机关先后在枫朗、光德成立，给大埔播下了红色的种子。1934年10月，大埔数以百计的英雄儿女跟随中央红军参加二万五千里长征，除在湘江战役中壮烈牺牲的外，知名的有罗明、肖月华、杨兰史、杨辉图等二十六人。孙中山、周恩来、邓小平、叶剑英、陈毅、张鼎丞、邓子恢、邓颖超、方方、古大存等革命前辈都曾在大埔留下革命的足迹，使大埔成为名副其实的中央苏区县。

大埔还有着浓郁的客家文化和侨乡文化，人杰地灵，名人辈出。科举时代有大埔籍翰林十五人，进士五十八人，举人二百九十八人。辛亥革命以来，大埔籍国共两党将军有一百零九人。有"父子进士"（饶相、饶舆龄）、"一腹三翰林"（杨缵绪、杨黼时、杨演时）、"兄弟三将军"（范汉杰、范剑江、范作人）、一县同期"四位省主席"（罗卓英、吴奇伟、范汉杰、赵公武）的传奇佳话；有参与协商建国的中国人民政治协商会议第一届全体会议代表蓝公武（首任最高人民检察院副检察长）、连贯（第一届全国政协副秘书长）、肖隽英（曾任广东省政协副主席、广东省人大常委会副主任），有中国首任驻日公使何如璋、中山大学首任校长邹鲁、首届"感动香港十大人物"之一田家炳、著名作家杜埃，有两院院士郑度、饶芳权、杨文采、邱冠周、蒲慕明，更有中国葡萄酒业奠基人、新加坡总领事、中国民族工业之父张弼士，"父子两总理"（李光耀、李显龙），圭亚那国父钟亚瑟，新加坡法律改革主导者杨邦孝，马来西亚交通部长廖中莱及徐统雄、姚永芳、戴春荣、萧畹香、蓝舒洁、蒲艾真、郭桂和、李显扬、李玮玲、邓杏飞等杰出爱国侨胞。

邬梦兆父亲十八岁时，就像当年众多的大埔乡亲那样，背井离乡，漂洋过海到南洋谋生。他父亲在南洋的落脚点，是毗邻新加坡的马来亚柔佛州新山市。经过几年艰辛的打工生涯，有了一点儿积蓄的邬父便转行做小生意。他的第一笔投资是在当地购置一片橡胶园，之后开办了一间木材厂，继而开了一间金铺，再后来又开了一家百货店。由于他父亲为人忠厚，信誉较好，因此生意越做越大，在当地颇有声望。今日新山客家公会之前身同源社，就是邬梦兆父亲那个时候和其他四位志同道合者共同创办的维系客属乡亲关系的社团。从现在还保存着的当年同源社成立时的成员合照中可以看到，邬梦兆父亲尊坐前排。有趣的是，照片

1928年马来亚柔佛州新山市同源社成立时全体社员合影（邬梦兆父亲在前排左三）

上的邬老先生与众不同，众人皆西装革履，唯独他一身唐装打扮。或许正是这故国情结，让他的父亲当年将大部分积蓄都汇回家乡兴建大屋，一来光宗耀祖，二来准备日后叶落归根。2007年，同源社创办八十一周年之际，新山客家公会曾致函邀请当年五位创办人的亲属代表前去参加，并且还派人专程来穗邀请邬梦兆出席。他因公务繁忙没有前往，专门写了一首七律，对会议表示祝贺，并预祝会议圆满成功。贺诗曰：

> 忆思八十一年前，
> 先辈同源喜结缘。
> 创会艰辛开正道，
> 今人续举涌甘泉。
> 传承大愿求三昧，
> 壮志凌云跃九天。
> 阔步奔前挑重任，
> 宏图未展莫休肩。

岂料好景难继，当邬家这个最小的儿子"梦熊之兆"出世时，邬家的家运却出现了波折。先是生意不景气，橡胶园、木材厂、金铺被迫先后卖给他人，剩下百货店艰难维持。而被视为落叶之根的家乡大屋，由于外姓乡邻认为破坏了他们村的风水，引发冲突，致使邬家花了好大一笔钱才将风波平息，而建房经纪人又多次挪用经费，更让邬家雪上加霜。这栋寄托邬家希望的大屋建成之日，邬家的积蓄也花得七七八八了。

如此这般，邬家家道中落。因惦记着家乡的大屋，1936年，邬梦兆的母亲带着五个儿女回到大埔家乡，打算在家乡住上一两年，处理一下家乡的事务再回南洋。尚在襁褓之中的邬梦兆，从南洋乘船踏上归国之途，几经周折，到达大埔县三河坝上岸后，就这样乘坐在箩筐里被家人用扁担挑着回到家，开始了他备尝艰辛的人生之旅。

邬梦兆与他父亲一起生活的时间仅短短四年。前两年是幼儿不懂事；后两年是1947年父亲回乡后至1949年他离家参加革命，这两年他正在学校念书，和父亲相处时间甚少。1952年父亲在家乡去世，因音信不便，他没有回去为父亲送葬，甚为内疚。他曾以一首七律表达怀念父亲之情。诗曰：

> 粥水充饥难度日，
> 单身赤手闯南洋。
> 夙兴夜寐勤拼搏，
> 业旺家昌自奋强。
> 组社谊深连梓里，
> 知恩尽孝报爹娘。
> 辛劳一世堪宽慰，
> 老迈团圆在故乡。

番薯稀粥伴童年

正如上述所言，由于大埔是地处粤东北的贫困山区，又毗邻闽赣，加上是红区，所以，1935年中央红军长征后，国民党反动派也在这里搞起了"宁可错杀三千，不可放走一个"的残酷"围剿"行动。在血与火的搏斗中，大埔县人口骤减，经济萎缩，日益贫困。当地乡民一年中只有大年初二、端午节、七月十四这三个节日才吃得上一顿干饭，其余时间只能以稀粥、番薯、木薯充饥。

回乡后的邬家大小六口，起初靠侨汇接济，生活尚可维持。邬梦兆至今还记得，幼时一听到"水客"（专门受托带侨汇回乡的人）回来，一家人就高兴得像过节一样，因为水客到，就意味着侨汇到，一家人吃穿就有着落了。

1937年7月，日本侵略军制造卢沟桥事变，拉开了全面侵华战争的帷幕。1941 年 12 月，日军偷袭珍珠港，太平洋战争爆发。随后，日军侵占了马来亚。大埔与新山市的联系因战争而切断，侨汇也随之中断了。邬家失去了生活的主要来源，日子越来越不好过。

屋漏更遭连夜雨，1942 年大旱，颗粒无收，米价飞涨，从此邬家人再也没有吃过一顿饱饭，常常是有了这顿没下顿。20 世纪 90 年代，邬家修建祖屋时，曾发现当年年仅八岁的邬梦兆在墙壁上写下的"三十一年（即 1942 年）的儿子，饭没有吃，真难过日子"，后面是一个大大的"！"，当年的窘境历历在目。当时，眼看五个儿女饿得一脸土色，母亲心疼极了，咬咬牙，将几亩薄田逐一卖掉，以维持生计。农民视土地为命根子。邬梦兆对当年家中出卖最后一块地时的悲惨情景始终记忆犹新：当经纪人将卖田契写好，叫母亲画押，重病在床、骨瘦如柴的母亲颤抖着伸手按下手印时，全家人都失声痛哭。自此之后，邬家的饭桌

1942 年在家中墙壁写下的字

上再也找不到干饭的踪影，瓜菜稀粥、番薯木茨和 1942 年大旱之年的竹米、糠饭，伴随邬梦兆度过了童年。

2004 年邬梦兆七十岁生辰时，曾怀着深沉的情感，怀念慈母："是她呕心沥血哺育我成长；是她耳提面命教我如何做人，做什么样的人；七十年过去了，她的音容笑貌一直萦绕在我面前，她的顾复深情一直烙刻在我心中。我深深地思念她，深深地怀念她。"并写下了这首七律：

望月沉思饮苦茶，

观云遐想忆慈妈。

衣衫百衲经寒暑，

薯粥三餐度岁华。

窄用一文供子读，

期成八斗让娘夸。

安知罔极恩难报，

内疚于心泪眼花。

穷山沟里小革命

穷人的孩子早当家。艰辛的生活磨炼了邬梦兆，客家人吃苦耐劳的品性在小梦兆身上呈现。

让母亲舒心的是，靠学习成绩优秀获得学校颁发的奖学金和一些亲戚的资助，勉强读上书的小儿子，读书十分刻苦用功。家里穷，买不起书，邬梦兆便千方百计向其他有书的人借书来看。白天读书时间不够，便晚间点上油灯来看。勤学苦读，在掌握知识的同时，练就出超强的记忆力。白天上课读了几遍的课文，晚上躺在床上可以一一背出来给母亲听。八岁那年，他参加大埔县湖寮区全区小学生演讲比赛，获得第一名。借着读书，他走进了色彩缤纷的精神世界，感受到拥有知识、拥有文化的快乐，这不仅给他伤痕累累的童心带来安慰，而且也开阔了他的视野和胸襟，使他思想超越小小的山乡，拥有充实和丰富的精神世界。

1945 年 9 月，抗战胜利，中断多年的大埔与新山市的联系终于恢复。然而因战争影响，邬梦兆父亲的百货店已经无法经营下去。1947年，父亲结束了在南洋的生意，回到了大埔与家人团聚。可是一家人的生活依然贫困。苦难使邬梦兆诅咒旧社会，向往新生活。他在读的中学里，有许多进步的老师，个别还是中共地下党员。受教师们进步思想的影响，少年邬梦兆懂得，像他这样穷山沟里的苦孩子，只有靠共产党才有出头之日，进而产生了对光明的追求和向往。

1949年春，国民党反动政权全面失败已成定局，中国共产党领导的波澜壮阔的人民解放战争已进入决战时期。4月20日，人民解放军百万大军强渡长江，占领国民党政府的首都南京，并随即挥师南下。6月，中共中央为准备解放广东给中共中央华南分局专门做出指示，要求在9月至10月间即可集中主力，向广州、韶关、赣州的方向发动攻势，扩大军队，解放更大地区，以迎接第四野战军的到来；并在东江、韩江及闽西三地，放手招收大量青年学生，开办千人学校，训练干部，同时抽调一千至两千参加工作时间较长的干部加以训练，为准备接管广州及其他大城市之用。

1949年7月，由中共中央华南分局书记方方同志亲自指示筹组的中国人民解放军华南文化工作团正式宣布成立，团长丁波，政委李门。华南文化工作团的主要艺术骨干大部分是原来周恩来同志亲自培育的抗敌宣传演剧第七队和第五队的人。该团成立不久，就奉命从梅城转移，经松东、埔北，到大埔湖寮，之后抵达百侯。文工团在百侯驻扎了一个多月。其间，先是与百侯区政府共同主办文艺培训班，后又在湖寮办第二期培训班。在培训班后，又组织了儿童队和军乐队，从中培养了一批宝贵人才。

得悉百侯来了解放军，还要招收青年学生入伍，年仅十五岁的邬梦兆在当年8月骄阳似火的一天，来到了驻扎在百侯的华南文化工作团团部，报名参加了革命队伍，从此踏上了革命征程，带着对光明的向往开始了新的生活。

经受战火的锻炼

邬梦兆参加工作后，和团里的同志一起，一直在大埔县游击区活动，其间，他们还先后经历过两次"战火的锻炼"（丁波团长语）。一次是1949年9月4日晚，他们与湖寮文工团学习班的学员数十人，寄宿在湖寮乡虎山中学的课室内，凌晨二时许，附近突然响起了猛烈的枪声。原来是国民党胡琏匪军南窜的一股小部队，夜袭设在当地的我县、区政府机关，而邬梦兆他们的驻地没被发现。听到枪声后，他们便急急忙忙地摸黑向百侯方向奔去，一直奔跑了近一个小时方抵达目的地，幸好无一伤亡，平安无事。此事后被团里称为"湖寮之役"。另一次是同年9月12日，他们行军到麻园村，借宿于圩镇附近的一间祠堂里，次日天刚亮，又听到枪声，又是胡琏匪军假扮成我武工队到乡公所，找乡长要粮食，乡长见势不妙，见机掉头逃跑，被匪军追赶，开枪射击。听到枪声后，邬梦兆和团里的同志便一起赶快奔向后山，当跑到半山腰上时被匪军发现了，追袭过来，顿时枪声大作，还发射了枪榴弹。团部警卫班十多人埋伏在山上顽强抵抗，相持了一段相当长的时间。匪军因不

明虚实，不敢贸然上山。于是，他们便继续爬上山去，到了山顶，选择林木稠密的地方隐藏下来，整整一天吃不上饭。直到黄昏时分，派出去探听情况的同志回来报告说，匪军已离去，他们才下山，返回到原驻地。此事后被称为"麻园之役"。当时，这两役，无论是对这群"文化兵"，还是对年轻的团员邬梦兆来说，都是严峻的考验与锻炼。

1949年10月14日，广州解放，邬梦兆便随团立即从福建省龙岩起程，于10月23日赶回广州。11月11日，

1949年12月邬梦兆在中国人民解放军华南文化工作团工作时

他和全团五百多位战友一起，参加了广州解放入城式，接受叶剑英等党政军领导和全市人民的检阅。随后全团同志便投入紧张的宣传、演出活动中，在长堤海珠大戏院演出了大型革命歌舞剧《白毛女》，在街头、厂区、农村举行了小型文艺演出和宣传活动。当年终进行工作总结时，邬梦兆被评为"演出工作模范"，受到团部的表彰，获得了由团长丁波题字的一本笔记本。

第二章
艰苦深入的土改模范

轰轰烈烈的土地改革运动在封开兴起

土地改革是中国共产党领导中国人民彻底铲除封建剥削制度的一场深刻的社会革命，是中国新民主主义革命的一项基本任务。1946 年 5 月 4 日，中共中央发出了《关于清算减租及土地问题的指示》（亦称《五四指示》），把党在抗日战争时期削弱封建的减租减息政策改为"废除一切地主的土地所有权"，并实行"耕者有其田"的政策，因而获得了广大农民的拥护。他们踊跃参军参战，支援前线，巩固解放区，积极配合中国人民解放军粉碎国民党的军事进攻。

1947 年 9 月，中共中央工作委员会在河北省平山县西柏坡召开全国土地会议，通过了《中国土地法大纲》，提出了彻底的土地革命纲领，明确"废除封建性及半封建性剥削的土地制度，实行'耕者有其田'的土地制度"，充分肯定了《五四指示》有关"没收地主土地分配给农民"的做法。同年 10 月 10 日，中共中央全文公布这个大纲，在解放区掀起了轰轰烈烈的土地改革运动。至新中国成立前夕，占全国面积约三分之一的东北、华北等老解放区已基本完成土地改革，消灭了封建剥削制度。新中国建立初期，为彻底完成新民主主义革命的任务，并为社会主义革命和建设创造条件，中共中央在华东、中南、西南及西北等新近解放的地区（即"新区"，所涉农业人口数和土地面积都占全国总数的三分之二以上）继续开展土地改革运动。

封开历史悠久，拥有光荣的革命传统。封开县（新中国成立初期属西江地区，后改称高要地区、江门地区、肇庆地区，现称肇庆市）系"岭南要地"，由唐朝开元二十九年（741）封州所辖的封川县、开建县各一部分组成。西汉、东汉的四百年间，这里曾经两度成为岭南首府——广信的辖地之一，也是广府话的发源地。1949 年 11 月 6 日、11 月 23 日，开建、封川两县先后解放。1952 年 3 月，两县合署办公，称"封川开建县"（简称"封开县"），县政府设在封川城。此后，开建曾几度分别和封川、怀集合并，其间曾一度恢复原开建县建制。1961 年，开建与封川县进行新中国成立以后的第三次合并，组成了现在的封开县。

封开县拥有光荣的革命传统。早在 1926 年 3 月，封川县二区思礼乡就树起了第一面犁头旗，建立了思礼乡农民协会。同年 6 月，中共广东省委派龙师侯等人来到二区推动农民运动。半年时间，全区十四个乡农民协会相继成立，还成立了两个乡农民协会筹备处。1927 年 1 月，封川农民运动进一步高涨。在龙师侯等人的主持下，成立了封川二区农民协会，农会会员增加到两千多人。农会执行"二五减租（即减租25％）"的政策，成立封租委员会，凡有地主违抗减租减息规定的，农会便将其全部租谷封起来，交由封租委员会处理。开展大规模的清算土豪劣绅减租退押运动，减轻农民沉重的负担，农民的生活逐步地好转起来。其间，农会还建立了"银会"，贮藏稻谷，作为会员度荒应急之用。开办农民夜校和妇女识字班，教农民读书识字，提高农民的文化水平，号召农民反对封建、破除迷信。为保护农会的安全，保护农民的利益，维护社会治安，二区农民协会还组建了农民自卫军大队。1927 年，蒋介石在上海发动"四一二"反革命政变后，广东处在白色恐怖之中，龙师侯等组织封川、郁南、云浮三县农军一千余人举行暴动，分三路进攻驻守都城的国民党反动军队。10 月 26 日至 29 日，他又带领三地农军击退了国民党反动派军队及民团一千多人对平台妙门村的围攻。同年11月,中共广东省委决定,郁南、封川两县分别成立县委,龙师侯任封川县委书记。

作为封川党组织创立者的龙师侯就任县委书记后,以简良书院为县委所在地,以二区平凤镇广峰行政村的大袍自然村一带为根据地,组织部分农会骨干和农民自卫军秘密返回封川县境内开展地下工作。他们一边租地发展生产保障粮食供给,一边与国民党、山间匪帮周旋斗争。1928年初夏,郁南、封川白色恐怖更加严重,敌人四处搜捕农会会员和农民自卫军战士。为了与上级党组织取得联系,龙师侯去佛山寻找省委,在佛山不幸被捕。面对敌人的严刑拷打,龙师侯表现得坚强不屈。1928年底,龙师侯被敌人杀害,时年三十岁。据统计,这一时期,封川农军有一百多人献出了宝贵的生命。1929年1月,中共广东省委决定,取消西江特委,西江各县党组织由省委直接管辖。至此,蓬勃的封川农民运动怒潮与不到两年的封川红色政权暂时宣告失败,但先烈们为党为国家为人民视死如归的献身精神和严谨扎实求真的工作态度,在后人的心目中树起了一座信仰的丰碑。

封川、开建刚刚解放时,匪患及反革命活动还比较猖獗。1949年12月7日、1950年1月1日,封川县、开建县人民政府先后宣告成立。封川、开建两县当时都是新解放区。1950年初,全县只有一个党支部,十一名党员。区、乡政权虽已建立,但机构不健全,群众组织和村政权尚未建立。人民群众觉悟比较低,社会治安混乱,国民党残余部队流窜,盗匪猖獗,各种反革命分子还有较大的活动余地。据统计,1950年2月,国民党残匪活动于封川边境的有四股,约两百多人,配有重机枪一挺,轻机枪三挺。这些残匪是封川暴乱的直接参与者和骨干力量。他们建立情报网点,从反征粮下手,煽动地主、富农瞒田瞒产抗粮。为稳定政局,维护社会治安,巩固新生政权,从1950年3月开始,封川、开建两县党政军成立工作委员会,派出解放军和地方部队主力,开始全境范围的清剿股匪的斗争,至同年6月12日,境内大股土匪已基本被

1950 年 7 月邬梦兆调往西江地区工作时摄于广州—肇庆"花尾渡"船上

剿灭或击溃。紧接着又从 1950 年底开始，分别召开区、县各界人民代表会议和农民代表大会，开展清匪、反霸、减租、退押运动（简称"八字运动"），建立农民协会和民兵组织，发动群众自己拿起武器，保卫人民政权。自 1950 年 11 月 15 日起，开展镇压反革命运动，安定了社会秩序，巩固了人民民主专政，为开启土改运动奠定了坚实的基础。

1950 年 7 月，满怀革命豪情的邬梦兆从广州调到西江地区工作。同年 11 月，作为当年西江地委土改试点工作队最年轻的队员，他和其他队员一起聆听了时任中共西江地委书记梁嘉对土改干部做的动员讲话。当月 17 日起，组织上安排邬梦兆在地区土改工作队队长的带领下，同工作队队员三十多人来到了高要县第一区（禄步）开展农村土改试点工作。试点工作按照"实际准备、重点分田、全面分田"三个阶段和"宣传教育、发动群众；划分阶级；没收、征收、分配"三个步骤推进。

高要县是地区第一批铺开的县。邬梦兆在参加地区试点土改工作后，接着又先后参加了该县第四区水坑、九坑两乡的土改工作。

在高要县土改工作全面结束后，1952 年 12 月，邬梦兆这个有归侨身份，又有了两年多土改实践的土改工作"资深队员"，与来自南方大学华侨学院的年龄在十八至二十多岁的三百多名归侨青年，不约而同地会聚于封开县参加土改，接受更艰苦的锻炼和更严峻的考验。当年 12 月成立的封开县土地改革委员会，第一主任为陈淑胜，第二主任为任智勇，副主任为杨明、黄江。全县分六个区，共二十个单元（队），计六百人，开展土改工作。邬梦兆被安排在第一区泗科乡上律村，该区由县长杨明负总责，泗科乡由区委委员张自勤任队长，计有队员三十人。这对时年才十八岁的邬梦兆来说，不能不说是一个重大的挑战。

邬梦兆与来自南方大学的华侨队员一样参加了驻点工作前的培训。从县领导的情况介绍中，他得知封开县境内崇山峻岭，有"广东的西伯利亚"之称，交通极为不便，农民生活艰苦，必须做好过艰苦生活的准备。封建土地所有制在封开根深蒂固，这里的封建势力甚大。但封开当地也有不少有利的条件，其中最有利的条件就是贫苦农民真心跟党走，坚决拥护党的政策，渴望早日实行土改，过上翻身解放的日子。只要全县数百名土改队员艰苦奋斗，齐心协力，封开的土改运动就一定能够如期向上级交出满意的答卷。正是抱着这种必胜的信念，邬梦兆投入了他政治生涯中的又一场"硬仗"。

依靠群众夺取了泗科乡土改全胜的战果

有过高要土改试点等工作经历的邬梦兆深知，手中握有大量土地的地主，他们对无地、少地农民的剥削，主要手段是地租剥削、高利贷剥削和雇工剥削等。地主不劳而获，过着奢侈淫逸的生活。只有实行土地改革，废除封建土地所有制这个旧制度，广大农民才能翻身做主人，才能解放农村生产力，发展农业生产，促进国家富强。根据中共七届三中全会关于开展土地改革运动的精神，以及从高要县的土改实践来看，彻底废除封建主义的土地所有制，实现耕者有其田，必须坚持"依靠贫雇农，团结中农，中立富农，消灭地主"的阶级路线，分四步进行：第一步，深入宣传发动，访贫问苦，扎根串联，依靠贫苦农民，开展对敌斗争；第二步，划分阶级成分；第三步，依法没收地主阶级三大财产的多余部分及其分配；第四步，进行土地改革复查工作。

1952年12月的一天，邬梦兆来到了泗科乡上律村。他先在村里走了一遍，然后，走进一家屋子比较破烂、穿着比较破旧的人家进行访问。在闲谈生活生产的过程中，了解到他为人忠厚老实，家庭生活贫困，便进一步通过其了解全村的一般情况：哪家最穷，哪家较穷；哪些人没有田，哪些人田多，哪些人田少；哪些人耕好田，哪些人耕烂田。从而初步发现和掌握了麦汉波等四家受苦较深、为人又忠厚的贫雇农的基本情况。

第二天，邬梦兆便有目的地深入访问麦汉波等四家贫雇农。当来到麦汉波家时，看到他一家五口挤在不到三十平方米的土坯房子里，当时麦汉波的妻子正在切猪菜，邬梦兆就从养猪、生产、生活谈起。由于邬梦兆既关心他们又熟悉生产，使麦汉波夫妇相信邬梦兆也是穷苦人出身。谈到耕田，邬梦兆问："那些又开阳又肥沃的田你耕多少？"汉波叹口气说："这些田段是好，但没有我的，我一家五口才两亩几田，全是租来的。每年耕种所得的稻谷，除去缴付租谷后，所剩无几，日常生活困难，全靠每天上山砍柴，挑到当地供销社出售，换回米、油、盐等回来过日子。每天三餐就是吃稀粥，加上木薯、番薯，很少吃肉，油水也不足，全家人都是面黄肌瘦，痛苦难挨。"

于是邬梦兆进一步用以苦引苦的办法启发汉波，激发了他的感情，于是，他一股脑儿把苦水吐了出来，还透露其遭受高利贷、田租剥削的苦。他的妻子也把帮地主做工时所受的虐待道了出来。邬梦兆听完后，对他们讲："我们都是受苦人。我们为什么会受苦？就是因为地主剥削我们，强收我们的田租，夺占我们的劳动果实。不是地主养活我们，而是我们养活地主。地主剥削压迫我们这笔账一定要算清，要把他们打倒。今日共产党领导我们当家做主了，我们一定要一心一意跟着共产党，团结大伙受苦人，跟地主恶霸斗。"通过这次访问，邬梦兆同麦汉波一家初步建立了感情，并取得了他们的信任。而邬梦兆则了解并相信汉波是可靠的贫雇农，勤劳老实，而且苦大仇深，便把他定为"根子"，通过扎准、扎正、扎好这个根子，去串联、发动其他贫下中农，从而把他们团结起来，组成一支强大的贫下中农阶级队伍，做好土改工作。接连几天，邬梦兆与汉波一起，也是使用同样的办法，先后取得了其他三家贫雇农的信任。

入村的第二晚，在麦汉波夫妇的欢迎下，邬梦兆就搬到他们家，与他们"三同"——同吃、同住、同劳动。邬梦兆帮他家种地、上山砍柴、带小孩，就像他们的弟弟那样，成了家庭不可缺少的一员。有时，邬梦兆开会晚了，他俩就坐不住，会出去寻找邬梦兆，担心他会不会出了什么问题。

访贫问苦是艰苦深入细致的工作，同吃同住同劳动，目的在于建立阶级感情。打造互信共信关系，必须树立坚定明确的阶级立场。邬梦兆那时虽没有很高的政策水平，却很自然地做对头了，很快便与麦汉波一家建立起感情和互信关系。邬梦兆把自己的做法体会归纳为"时间要抓紧，但心不能急""见到什么谈什么"，但自己想了解什么情况，照样要心里有数。与此同时，邬梦兆得知一个叫"七叔"的贫雇农家缺柴火，专门替他搞来了一堆木柴。邬梦兆的实践效果，有力地证明党的艰苦深入作风是正确的。但其时也有一些参与土改的同志，思想和方法不对头，他们都很辛苦，但目的性不明确，有的满天飞，全村跑遍了，许久还定不下"根子"。在邬梦兆挨家逐户的推动下，全乡共培养出麦汉波等二十三名"土改根子"。

麦汉波其时二十六岁，读过三年私塾，一直租地主的瘦田耕种，深受封建剥削压迫。解放后经过减租，多少得点实际利益，但思想还没有被完全发动，还比较害怕地主老财反攻倒算。自从土改队来了，邬梦兆住到他的家里，他所接触的新鲜事物多了，思想发生急剧的变化，常常通宵睡不着想问题。邬梦兆抓住他这个特点，向他介绍共产党，讲解党的土改政策，讲什么是剥削，讲穷人为什么被剥削，启发引导他去想问题，将模糊的问题逐步弄清，接受土改运动的道理。

经过反复的思想斗争，麦汉波等贫雇农终于能够把从自身受地主剥削这种单纯的个人仇恨转变成阶级仇恨。尤其过去对旧乡长是又恨又怕，担心其早晚会"咸鱼翻身"，如今终于想通了。一日早上，麦汉波刚起来，就向邬梦兆详细讲述了旧乡长的罪恶行径。

以麦汉波为主，邬梦兆把麦的妻子、兄弟等也作为根子一起培养，一起谈心。汉波想通问题后，立即启发其他三人，互相教育。一天晚上，几户贫雇农在汉波家谈起团结穷人的问题。邬梦兆见机启发大家"齐齐诉苦，有多少苦诉多少苦"。于是，邬梦兆便带头诉起苦来，以苦引苦，接着麦汉波、麦妻、麦兄也一个又一个地诉了起来，诉得一个比一个沉痛。在此基础上，再挖苦根，从一人苦挖到天下农民都有苦，从个体具体的苦挖到整体全面的苦，从表面的苦挖到苦从何来，挖到几时"有租可退，有霸可反"，挖到怎样才能翻身，让大家头脑清醒，与地主阶级划清界限，分清敌我，积极投身土改，当土改运动的真正主人。

邬梦兆多次组织根子碰头会，引导麦汉波等根子，从诉个人的苦到诉整个阶级的苦，从挖个人穷根到挖整个穷人阶级的穷根，由远的到近的，由死的到活的，由地主恶霸到爪牙坏蛋代理人。麦汉波等根子经过逐步深入的诉苦到具体深入的挖根等一系列的思想教育，充分认识了恶霸地主阶级的反动本质就是仇视农民、破坏土改，树立了反封建反剥削的信心和决心，乃至要团结所有穷人，战胜封建地主阶级。他说："一个恶霸死了，其他地主恶霸依然存在，恶霸的思想还有市场。""一个人翻身，不是真翻身，大家都翻身，这个翻身才会长久。"汉波思想觉悟提升后，积极想问题出主意，发动组织群众投入土改。

上律村有位七叔，时年四十七岁。一向受人欺负，地主家里有什么活儿都要他去做，他是随叫随到，从不敢说个"不"字。邬梦兆便从帮助七叔家里打柴入手，主动向七叔的老婆七婶、邻居打听他的情况，知道了七叔为人忠直，其父母因穷苦生病在同一年先后死去。由于穷困，七叔直到三十岁才结婚，一生受地主气，帮地主做工迟了被夺佃，先后饿死了两个孩子，七叔的东西任地主要，七叔的女儿还被地主婆殴打。同时他也发现七叔充满顾虑，最主要的是自卑和顾忌情面。针对七叔的顾虑，邬梦兆苦口婆心，慢慢启发诱导，首先改变他的认命思想，让其认识受苦根源是地主剥削。经过反复启发，同时在根子们的互相教育影响下七叔才有点儿通了，开始参加串联。可到大家决定管制坏蛋时，七叔思想又波动起来，管制大会上不敢出声。到晚上总结会，七叔才知道自己不对。直到串联开始后，当七叔首次看到自己串来的人诉起苦，而且人更多了时，他终于看到了自己的能力，以后七叔便一往无前地积极表现，成了根子里最坚定的骨干分子。

邬梦兆是一个"从战争中学习战争的人"。在参加高要土改试点时，他就把学习中央、中南局、华南分局、广东省土改委等制定的有关划分阶级政策等文件摆在首位，掌握阶级划分的基本原则与标准条件。到了封开县泗科乡后，他更是白天同贫雇农一起耕种，晚上访贫问苦后，半夜点起油灯或松明学习土改工作的各种资料。在此基础上摸清基本乡情，从山区的实际出发，根据群众的要求，把山林地一同分给无地、少地、少山的贫雇农。泗科乡与封开其他乡一样，以山地为主，水田不多。据此，邬梦兆经上级批准把山林地与水田合并在一起，按家庭人口平均分给当地的贫苦人，深得当地村民的拥护。大家纷纷支持土改，参加土改。按有关政策规定，逐户划分阶级成分，经过讲述、评议、民主通过、乡农会审查批准等步骤，确定出每户的阶级成分，继而进行没收、分配；分配结束后，圆满地进行总结表彰。

当时，封开解放不久，还存在一定的敌情。还有一些乡的地主明里暗里抗拒劳动，不搞生产，不服管制，造谣破坏。比如，有地主恐吓群众说：如果你们的代表一两个地出来，我就打死他；有的地主还抢民兵的枪或殴打民兵；有的地主成群结队趁墟，威逼解散互助组；有的用封建迷信扰乱人心，破坏春耕。

邬梦兆在这种敌我双方明争暗斗的局势下，毫不动摇地坚决贯彻党的方针、路线、政策，确保对农民有利。同时紧紧依靠广大劳苦大众，在自下而上思想发动的基础上，结合开展自上而下的政治攻势。邬梦兆根据"争取多数，孤立少数，各个击破，壮大自己，削弱、孤立以达到消灭敌人"的方针，十分重视培养根子，发挥根子的作用，点面结合，不断壮大支持土改的队伍。每天都注意向根子了解情况，随时发现问题，解决问题；把控好串联对象审查批准权，保证队伍纯洁；落实思想串联，防止单纯组织串联，搞形式主义。

土改分田后，泗科乡的乡村干部（骨干）与其他乡一样，也不同程度地出现松劲儿"退坡"思想。一是松一口气的思想。有的直言怕开会影响自己务工，提出不当干部了；有的认为集训就是"坐监"，不自由，受约束，提出不愿做了；有的认为最好换换班，工作让给其他人轮流做。二是觉得当干部不值得。有的骨干怕受批评、怕被冤枉、怕被斗争；有的讲"我被群众骂得多，太不值了，明知退坡不对也要退了"。三是埋头自家生产。这部分骨干觉得出来工作不值得。有的说见到别人菜园种了许多菜，自己家里菜园长了很多草，眼泪都流了出来；有的讲群众做生产模范，自己当生草模范。四是怕地主反攻倒算、打击报复。还有骨干犯了错误，存有顾虑。比如，有的村土地分配没有大问题，但地主财产没收不彻底，果实分配不公，个别还出现贪污现象。

但邬梦兆悉心培养出来的根子麦汉波则不一样，他坚决顶住"退坡"的压力，当群众吵得很厉害时，仍然说服群众坚决不要"退坡"。

1953年春封开县泗科单元土改工作队全体队员合影（邬梦兆在前排左一）

当妻子拉他后腿时，他说："共产党、人民政府依靠我们，我们就应当出来当家。"于是，邬梦兆所在的土改工作队便与麦汉波等坚决不"退坡"的农会骨干一起，召开全乡群众大会，听取群众的意见，掌握大家的思想动态。原来大家最担心的就是怕复查开会多，妨碍生产。也有的担心复查会损害自己的既得利益，对丈田有顾虑，担心丈多了要追缴公粮，被他人说自己不老实，脸上不好看。有的对"丈多不抽，丈少不补"有看法，认为过去老实报吃亏，早知当初不如不老实。

据此，邬梦兆所在土改工作队组织、依靠麦汉波等不"退坡"的农会骨干，全力配合复查队针对群众的活思想对症下药，搞好复查工作。一是从宣传生产、解决生产困难入手。即结合生产开展复查工作，重点解决农民种田肥料不足的问题，烧出十九万斤石灰肥，确保农民每家每亩地均有二百斤石灰肥。同时根据乡中存在的机动田、漏网田、地主丢荒了的田没有人种，劳动力、牲畜力欠缺，动员农委、团员带头认耕；通过将松山分给各家各户农民钩松香，烧炭卖柴，组织小型合作社收购；宣传借贷自由、号召采取种植早熟作物等生产自救方式，帮助农民度过饥荒。二是开展民主团结运动，展开批评与自我批评，召开农会代表会，统一认识，解除思想疙瘩。召开骨干会、代表会，打通骨干思想，使其做出自我检讨，然后大会上干群见面，请群众提意见。三是从密切干群关系入手。深入农家，查出干群关系中存在的突出问题并分析其原因，然后组织有意见的农户召开座谈会，先安排群众意见较大的干部做检讨，再安排与会人员发表意见。从而平息了群众的不满情绪，密切了干群关系。

土改运动胜利结束了，农村劳苦大众真正解放了，翻身了。贫下中农家庭出身的邬梦兆和当地农民一起分享了这一来之不易的胜利的喜讯。当土改工作队收队返回县城那一天，工作队领导决定为了不打扰群众的正常生活，天不亮就启程离村。想不到已建立起深厚感情的当地农民群众却已早早地打着火把，聚集在土改队返程沿线等候。当土改队走过时，他们深情地向土改队员告别，给土改队员送行，陪同走了一程又一程，真是难舍难离，在百般劝说下仍不愿离开，一直送到离开这个乡所管辖的地域时才恋恋不舍地离去。广大农民这种完全发自内心的行动，深深地感动并激励着包括邬梦兆在内的每一个队员。

1953 年 9 月邬梦兆在中共粤中区党委党校学习时与同班学员合影（邬梦兆在前排中）

邬梦兆这个参加革命仅两三年的青年，从发动群众、访贫问苦、诉苦、斗地主、没收土地分配给农民，再到复查、核定、带领群众开展生产自救，事事全力以赴，不怕苦不怕累，深入基层，深入群众，深入实际，尽心尽力把工作做好，得到了党和人民的充分肯定。土改结束时，他被评为全县"土改模范干部"。在 1953 年 7 月封开县委召开的"庆祝全县土改工作胜利结束大会"上，邬梦兆光荣地加入了中国共产党，同年 9 月被选派到中共粤中区党委党校学习。第二年（1954 年）5 月，还被批准破例提前两个月转为中共正式党员。随后，在 1956 年还被选为中国共产党广东省第一次人民代表大会代表。

第三章
互助合作的开路先锋

成为封开农村社会主义改造的带头人

土改结束,随之而来的中国农村社会主义改造使邬梦兆又一头扎进农村。从办临时互助组到常年互助组,从办初级农业生产合作社到高级农业生产合作社,从办小社、大社到人民公社的整个过程,他每个环节都一个不落地参与了。封开县第一个临时互助组、第一个常年互助组、第一个初级农业生产合作社、第一个高级农业生产合作社,都出自邬梦兆所带领的工作组,引领了全县的互助合作运动和农村的社会主义改造。

土改结束,翻了身的广大农民生产积极性空前高涨,获得土地的农民以积极的热情养地用地,掀起了农业生产新高潮,农业生产得到了很大的发展,粮食取得了大丰收,农民生活水平显著提高,整个农村出现了一个崭

1956年邬梦兆在封开县渔涝乡渔涝大社成立大会上讲话

新的面貌。但是，在生产发展过程中亦暴露出不少贫苦农民原有家底薄的问题，有的缺资金，有的缺耕牛、农具，有的劳力不足，有的缺粮食生产经验和技术，生产搞不好，难以摆脱困境，生活困难。个别的甚至出现出卖土改分配所得的耕牛、土地、山林等现象。

迈开农业生产互助合作的第一步

1953 年 2 月，中共中央发出《农业生产互助合作的决议（草案）》，号召农民"组织起来，发展生产"，深得广大农民拥护。当年的 7 月 5 日，封开县召开第二届各界人民代表会议，会上做出决议，积极响应中央号召，迅速组织生产互助组。此时，邬梦兆遵照封开县委的决定，带领县委工作组一行数人，深入到第六区尚岗乡万禄村进行筹建互助组的试点工作。工作组抵达该村后，经过调查，选择了钱连枝、李海源等七户农民为对象，其中雇农一户，贫农五户，中农一户。他们之中有五户没有耕牛，三户缺乏劳动力，普遍缺乏资金，在发展生产上各户都遇到了一些困难。于是，工作组便依靠贫农出身的共产党员钱连枝带头，按照"自愿、互利"原则，不触及所有制，逐户串联其他几户农民，很快便把互助组组建了起来。这时的互助组，实际上是临时互助组，主要是组织组内七户农民，在农业生产活动中，从劳力、牛力及农具等方面进行余缺互助，以农忙农闲变工、人力牛力相换等形式，实现组员之间的互助互利。办组后七个农户的第一次粮食生产均获得了丰收，有的增产了一成，有的增产了两成多，取得了十分喜人的成果。于是，工作组便鼓励、支持钱连枝乘势而上，提出了筹建常年互助组的建议，并立即得到尝到了甜头的雇农李海源及其余五户农民的积极响应，把原来的临时互助组升级为常年互助组，并推选钱连枝、李海源为互助组的正、副组长。办起常年互助组后，这七个农户的粮食生产，从春耕的播种、育秧、犁耙田、插秧，到中耕除草、施肥、防治病虫害，直到水稻收割等工种，均由互助组统一安排用工，统一安排牛力、农具，统一使用农业技术来完成。在组内排工时，则按照每户组员的个人所长、技术高低、能力大小来安排，尽量做到按力而为，各施其长，各得其所，充分发挥每人每户的优势，实行优势互补，取得了相对较好的效果。一年下来成绩突显，组内各户均喜有所获，分别取得了不同程度的增产增收。全组组员异口同声，一致称赞"互助组就是好"。

封开县委及时总结了第六区尚岗乡钱连枝、李海源以及第二区文和乡黎立森、黎爱英两个互助组的实践经验，并向全县广大农村进行了介绍和推广，使全县很快就兴起了建立互助组的热潮。至1954年底，全县已建立起来的生产互助组达4215个，入组农户47957户，占总农户数的91%。其中，常年互助组2951个，入组农户33596户，占总农户数的54%，其余为临时互助组。

农业走上集体化的康庄大道

1953年12月16日，党中央做出《发展农业生产合作化的决议》。1954年夏，邹梦兆继续带领工作组，在已办好钱连枝、李海源常年互助组的基础上，在尚岗乡万禄村办起了前锋初级农业生产合作社。前锋初级农业社，实行土地、耕牛、大农具入社，统一经营，统一分配，农户土地按常年产量评出入社产量，作为社内土地分红依据；耕牛、大农具则按现值评价，实行保本付息。社员劳动采用评工记分的方法，按劳动力强弱、技术高低，评出劳动底分，出勤按底分记上工分（称"死分死记"）；或以底分为基础，按其劳动中的表现来评定工分（称"死分活评"）。收益分配以按劳（劳动工分）分配为主、土地分红为辅。按劳分配部分占全社总收入的60%，土地分红部分占40%；社内提取公积金、公益金分别占5%、2%。建立社员代表会及社务管理委员会，民主选举钱连枝为管理委员会主任、李海源等人为副主任，同时选出出纳、会计、保管员，定期公布财务收支和劳动工分账目，实行专人管理钱财、物资、仓库等制度。

前锋初级农业生产合作社办起来以后，农业开始走上集体化的道路。由于在一定范围内将全村数十户农民组织了起来，社内的土地、劳力、牛力、技术、资金、大农具都得到较好的结合和使用；实行按劳分配为主，较好地调动了社员的劳动积极性。因而，初级社一经建立，就显示出优越性，劳动生产率普遍得到提高，耕作日益精细，抗灾能力增强。更为明显的是，能在搞好粮食生产的同时，安排适当的劳动力，从事副业生产，开展多种经营，因而全社获得显著的增产增收。办社后的第一年，全社就比上年度增收了 24.5%，社员的生活水平也有了显著的提高。

前锋初级农业生产合作社取得初步战果后，时任封开县第六区区委副书记的邬梦兆，遵照中共广东省委《关于农业生产合作社升级、并社、整社工作的指示》，按照县委的安排，在总结初战成果的基础上，发动钱连枝、李海源等合作社骨干，坚持"自愿、互利"原则，办起了前锋高级农业生产合作社，在走农业集体化道路上又迈进了新的一步。前锋高级社和前锋初级社的区别，主要是高级社实行土地、山林、耕牛、大农具统一归集体所有，社内实行统一经营，按劳分配，取消了初级社时部分收益按土地分红的做法；对困难户加以照顾；入社时，各农户的土地无偿归社；耕牛、大农具折价入社，折价款作为股金，按劳动力分担，各户的价款与应负担股金相抵，多退少补；山林、果树评价入社，每户可以留下几棵果树作为自留树。全社纯收益，扣留 5% 的公积金、2% 的公益金后，全部按劳动工分进行分配。对丧失劳动能力、无依无靠的老人、小孩，实行保吃（分给口粮）、保穿（每年供给一到两套衣服）、保烧（供给柴火）、保教（付给学费）、保葬（埋葬费）等"五保"制度；对缺乏劳动力或天灾人祸造成的困难户，则用公益金给予补助；妇女生产给予一个月产假，补给十到十五个劳动日所得工分；干部因工作不能参加劳动，补回相应的工分。

前锋合作社从初级升级为高级后，发挥了土地及耕牛、大农具等生产资料集体所有制所形成的优势，实行了按劳分配，更进一步地调动起全社社员的生产积极性，把农村生产力水平又提高了一步，全社农业生产得到大幅度的增长，社员收入大为增加。这个活生生的事实，一下子就在全县范围内广泛地传播开来，在封开县委的领导下，全县迅速掀起大办高级农业生产合作社的高潮，初级社纷纷升级为高级社，有的地方甚至没有经过初级社就直接办起高级社。至1956年底，全县共办起高级农业生产合作社300个，入社农户47500户，占总农户数的89.6%，人口181400人；至1957年，高级社增至311个，入社农户55300户，占总农户数57378户的98.1%，人口207500人。其中，规模最大的是第六区尚岗乡高级社，入社农户高达677户。

1956至1957年间，先后担任县委生产合作部副部长、部长的邬梦兆，为了进一步巩固、提高、发展农业生产合作社，按照县委的安排，又一头扎进了该县封川乡曙光高级农业生产合作社办点。在办点过程中，他深入到社员中去，与社员一起劳动，一起研究安排粮食增产计划与措施，一起商议实施按劳取酬的分配方案，充分调动起社员生产积极性。男女社员纷纷起早贪黑地劳动，社里的粮食增产措施逐项得到落实，多种经营取得了丰硕的成果，1956年全社便实现了"亩养一头猪，亩产千斤粮"的特大丰收。县委及时总结了该社的经验，撰写出版了《曙光照耀着封开》的小册子，向全县做了介绍推广。当年，曙光农业社获得了"广东省农业生产先进单位"称号，社长谭炳林被评为广东省劳动模范。

农业互助合作运动，有力地推动了农业生产的发展、农民收入的增加。

1956年邬梦兆在封开县封川乡曙光农业生产合作社办点与社委们在一起

1958年邬梦兆在封开县下乡工作时（邬梦兆在左二）

据统计，封开县开展互助合作前的 1952 年，全县社会总产值 9432 万元，人均总产值 471 元；互助合作后的 1957 年，全县社会总产值达到 13804 万元，人均总产值 626 元，分别增长 46%、31%。

邬梦兆从封开县土改结束时的 1953 年起，至调离封开县工作时的 1958 年共五年多的时间内，先后担任过县委工作组长，区委副书记、书记，县委委员，县委生产合作部副部长、部长等职务。其间，还短期担任过大乡党委书记。工作岗位变动频繁，但实际上都是从事农村基层工作。其中的多数时间都是在深入办点工作过程中度过的。他在工作中，一直发扬了我党走群众路线的优良作风，深入农民群众，关心农民群众，密切联系农民群众，紧紧依靠农民群众，想农民群众之所想，急农民群众之所急，遇事同农民群众商量，在思想上、工作上、生活上和农民群众打成一片，同农民群众心连心，成为当地农民群众的贴心人、互助合作的开路先锋，因而得到了农民群众的好评和爱戴。

第四章
越级提拔的厅级干部

新中国成立后至"文革"，邬梦兆经历了农村"八字运动"、土改、"三反""五反"、农业合作化、社会主义改造、"反右"、"四清"、"文革"等一个又一个政治运动。每次运动，都不同程度地伤害了一批干部、知识分子和群众。而他在历次的运动中，既没有落井下石、打击陷害自己的同志，也没有受中伤、被陷害。邬梦兆一次又一次成功"过关"的原因，与他的家庭出身有关，家穷人穷志不穷，凡事同情弱者，设身处地为穷人着想；与他参加过三年土改有关，洞察底层各种人情世故，凡事从好处考虑，与人为善；与他客籍归侨身份有关，勤奋好学并且要求上进，凡事三思后行，斯文淡定；与他十五岁便投身革命，历史清白，始终做具体工作有关，养成了从群众中来到群众中去的好习惯，凡事脚踏实地，尊重基层一线的意见。在这运动不断的年月里，邬梦兆总是办完农事就办实事。邬梦兆就是因为有群众观念且实干，所以才远离了"政治厄运"。

说起来也是一种缘分，邬梦兆原先是在封开县工作了六年之后，于1958年调到当时的中共高要地委机关工作的。想不到的是，在相隔二十三年之后，他又于1981年春从中共肇庆地委办公室主任任内，再次调回封开县，担任该县县委书记兼县人民武装部第一政委。

封开县，由新中国成立后的封川、开建两县组成，地处粤西边陲，西江经济走廊的中部。东面与德庆县毗邻，南面与郁南县接壤，东北面与怀集县相连，西北面与广西苍梧、梧州市、贺州市交界，素有"两广门户"之称，是通往"珠三角"及大西南的"咽喉"之地。北回归线经过封开县，它是北回归线上的一块绿洲，总面积为2723平方公里。山峦起伏连绵，属典型的丘陵地带。东部多高山峻岭，最高的七星山山顶海拔高度达1274米；西部则多延绵起伏的丘陵，西江、贺江贯通全县，水上交通方便。

解放前的封开是个山多林少、土地瘦瘠、干旱严重的穷地方，曾被称为"广东的西伯利亚"。新中国建立后，经过数十年的努力，昔日山荒、地瘦、粮缺、人穷的落后面貌有所改变，人们初步解决了基本温饱的问题，但基础还不够牢固。已经有了多年在封开工作经验的邬梦兆，如今面对改革开放大幕刚刚开启，以经济建设为中心的新形势，暗下决心，从封开山区实际出发，把山区建设摆在重要位置上，在切实抓好粮食生产的同时，认真抓好林业生产，使山区建设获得了较大的发展，让封开丰富的"石头、水头"自然资源，派生出另一个更加丰富的"木头"资源。

从山区县实际出发，
走出一条"靠山吃山养山富山"的新路子

邬梦兆就任封开县委书记后，首先把统一县委班子的思想认识摆在首位。他对大家说，党的十一届三中全会精神最重要的一条，就是解放思想、实事求是抓经济建设。他回忆起1957年赴京参加中央举办的全国山区半山区县委书记会议时，聆听时任中共中央农村工作部部长邓子恢所做的关于发展林业生产、加强山区建设的重要讲话，以及参观全国农业展览会林业馆所受到的教益，更进一步认识到封开是山区，从实际出发抓经济建设，就必须把山区建设摆在首位，把保持较好的林相、较佳的生态环境，创造更多的山林资源作为奋斗目标，走出一条靠山吃山、吃山养山、养山富山的新路子。只有这样，才能做到把广大群众从重砍轻造、只吃（山）不养（山）、越砍越穷、越穷越砍、山光水枯、农田受害的恶性循环中解放出来，引导他们逐步向养山治山、护山富山、以林促农、林茂粮丰的良性循环转化，闯出山区建设的新局面。

统一了思想认识后，他带领县委班子的同志从正确认识和处理"吃山"与"养山"的关系入手，大力加强对山区建设的领导。

针对封开长期以来靠山吃山，已经吃掉许多林木资源，但不少山区社队还是长期比较穷困的现状，他和县委的同志带着山区为什么长期富不起来和怎样尽快把山区搞富的问题，深入山区社队，进行调查研究，总结典型经验。

调查中发现，那些长期比较穷困的社队，多是只顾吃山砍木头，不重视护山养山，经济单一，越穷越想多砍来增加收入，越砍山头就越光越穷，成了恶性循环。而一些比较富裕的社队，则是既吃山又养山，还积极开展多种经营，林茂粮丰，越搞越富，形成良性循环。例如长岗公社，虽然山地较多，人均有 10 亩地，但解放初期光山多、残林多、崩岗多，全社有 128 个崩山口，水土流失严重，农田常受山洪和干旱危害，粮食产量很低。20 世纪 60 年代以来，他们大力发动群众人工造林、封山育林，到 1977 年，绿化程度已达到 90% 以上。为了保持青山常在，永续利用，20 世纪 70 年代以来，他们逐步改变"多砍木头少钩松香"的状况，坚持松树先钩香后砍伐，严格控制木材砍伐量，松脂产量大增，从 20 世纪 50 年代年产二三十万斤，跃增到 1977 年的 280 多万斤。他们吃山又护山养山，不但集体经济收入大幅度增加，而且水源涵养量增加，旱情威胁减少，崩山得到治理，农田受到保护，有力促进粮食生产的发展。1977 年，该社人平分配 126 元，跃居全县首位；水稻亩产 1120 斤，居全县第四位，成了封开县主要的粮产区和松脂基地，昔日穷山恶水的旧貌已被青山绿水的新颜取代。许多类似的事例，使县委一班人深深认识到，山区光靠吃山既不是长久之计，也不是治穷致富的根本办法。要把山区搞富，必须吃山养山，养山富山，这才是山区治穷致富的正确道路。

在深入山区调查研究的过程中，他与县委的同志同基层干部、群众共同算了几笔账。一算家底账。全县山地面积300多万亩，为耕地的10倍，当时每亩山地只有三四元的收入。如果发展多种经营使每亩山地增收5元，全县将增收1500万元。可见山区的发展潜力是很大的。二算收益账。一亩山地，如种松树，木材产值150元左右，采伐周期25年以上，平均每年产值只有6元。若先钩香后砍伐，每年松脂收入五六十元，可开采10年以上，收入五六百元，加上木材产值，25年周期平均每年产值26至30元，为光砍木头产值的四五倍。如果种经济林，收入更大。一般一年每亩柑橘收入三四百元，砂仁八九百元，竹子二三百元，茶叶一二百元，三五年有收成，见效快，收益大。从而看到只发展用材林，只砍木头还很不够，必须大力发展松脂生产和扩大经济林，才能较快地把山区搞富。三算损失账。用材林一般周期长达二三十年，如果只砍不造，富一阵子要穷许多年，山头砍光了，还会造成水土流失，水源枯竭，危害农田，产生恶性循环的严重后果。

通过调查研究、总结经验和算账对比，上上下下对山区建设重要性的认识逐步提高。有了山林，就有水源、有粮源、有材源、有财源，还有环境美的美源。山区就是要吃山，要吃山就必须养山，要养山就必须全面加强对山区建设的领导。于是，邹梦兆带领县委一班人从多方面入手，加强山区建设的领导。

首先是抓紧搞好山区林业资源的调查和区划，摸清家底，以便更好地发挥山区资源优势，扬长避短，合理开发利用。县委县政府花了一年时间，完成全县山区资源普查和区划工作，摸清了本县各种山地的类别，土壤的土质、肥力等特性和适种性，因地制宜，合理调整用材林和经济林的布局，促进了山区多种经营的发展。例如，调查中发现全县有50多万亩阔叶林地适宜种植砂仁，种砂仁既有保护山林的良好作用，又有较高的经济价值。县委当即采取有力措施，加速砂仁生产的发展，近两年共扩种7000多亩。调查中还发现许多低山坡、山窝地有较好的小气候条件，土地肥沃湿润，适宜种植柑橘等水果。其间，县委还发动社队大办小果园，每年种果三四千亩，全县社队小果园发展到373个，面积42000多亩。

其次是强化各级林业领导机构，加强具体指导。县委明确县社大队除第一把手亲自抓外，县里还安排一名副书记、副县长主管山区建设。各公社、大队也有一名副职主管。把山区建设摆到重要的议事日程上，经常研究，检查督促，具体帮助基层解决有关问题和困难。

最后是拿出一定的粮食和资金，大力支持山区发展多种经营。县委县政府除坚持每年拿出五六十万斤粮食用作山区造林补助，育林基金全部用于发展林业生产外，近年县委还从各方面自筹资金二三十万元，支持山区发展种果、种药、种竹、种茶等，对促进山区林业和多种经营的发展起了一定的作用。

从正确认识和处理"养山"与"富山"的关系入手，全面贯彻山区建设的方针。

"养山"要以抓营林为主，而要"富山"还必须抓多种经营。过去一段时间，县委对山区建设的方针不够明确，偏重抓营林，忽视了多种经营，使山区长期富不起来。邬梦兆上任后带领县委班子同志认真学习领会党的十一届三中全会精神，透过历史经验教训充分认识到，要搞好山区建设，必须正确处理好"养山"与"富山"的关系，全面贯彻以林业为主，积极开展多种经营的方针。

首先，是在营林工作中实行封、管、造相结合。即从封开的实际出发，发动群众坚持封山育林，对新造的幼林、水土保持林、水源林、特种用途林等实行全封；对公路、河流两旁的防护林实行半封；对一些烧柴草比较困难的地区实行轮封。同时，对疏残林进行更新或补植，对幼林及时抚育管理和合理间伐，对现有林木加强管理和保护，对荒山则有计划地重点造林。特别是在柴草缺乏的北部地区，大力营造薪炭林。通过封、管、造相结合，努力提高绿化程度。

其次，是在植树造林上实行集体造林和个人植树相结合。一方面大力恢复和整顿各级林场，使不少在"文革"期间受到破坏的林场迅速恢复和发展起来。他到任不到两年，1982年，全县已经办起国营、国合、社队林场共121个，经营山林面积81万多亩，占全县有林面积三分之一多，绝大部分办得比较好，成为该县主要的林业基地。另一方面，发动和支持社员个人利用五边地、自留山、荒山植树，谁种谁有。如连都公社，私人种杉有704户，种下杉树71720棵，平均每户102棵，长势很好。社墩大队二队社员陈进业一户人家就种杉1000棵。

再次，是在林业布局上实行发展用材林与扩大经济林相结合。长短结合，以短养长，加快效益，永续利用。邬梦兆在任不到两年就在有计划地发展用材林、薪炭林的同时，因地制宜发展了一批生长周期短、见效快、收益大的经济林，如水果、药材、竹子、茶叶、油茶等，使许多山地在较短的时期内能够得到较大的经济效益。

此外，为了"富山"，他带领县委、县政府班子还在山区实行发展林业为主和开展多种经营相结合。在养山的同时，根据山区资源的不同情况，广辟生产门路，大办"五小"（小种植、小养殖、小加工、小水电、小建材），使山区的经济从单一化向多样化发展，扩大了财源，增加了收入。

从正确认识和处理"定权"与"定心"的关系入手，认真贯彻落实党的各项林业政策。

"山权定，人心定"，结合改革开放前由于"左"的路线干扰，山权不稳定，许多山林纠纷长期未有解决，严重挫伤了群众造林护林的积极性的实际。邬梦兆带领县委的同志着重从不断清除"左"的思想影响入手，认真贯彻党的各项林业政策，进一步落实山地与山林的所有权、经营权、管理权、收益分配权，实行权、责、利有机统一，推动了山区建设的发展。

第一，稳定山林所有权。从1981年5月开始试点，8月全面铺开，秋前基本上完成了稳定工作，同时抓紧解决山林纠纷，全县共处理了山林纠纷1357宗，使98%以上长期悬而未决的山林纠纷一举得到解决。

第二，划定自留山和责任山。在划出部分自留山、责任山给村民的同时，在县三级干部会议上还确定，凡有荒山的地方每人一至两亩自留山一定要划足，还可以把疏残林和一些适宜办小种植园的山坡、山窝地、五边地，按每人一至二亩划分给村民种植小果园、小药园、小茶园、小竹园，除土地权属集体外，种、管、收全归种植户，与生产队签订土地使用合同，一定三十年不变。对一些连片面积较大的荒山，则采取专业承包投标签订合同，一定三十年不变。这样一来，使得全县30多万亩荒山或疏残林地很快就得到绿化和改造。罗董公社寮思大队，1981年冬至1982年春，把一批适宜种砂仁的阔叶林坡地，按每户一至两亩借地给社员种植，极大地调动了群众的积极性，一举扩种砂仁450亩。全大队除10户社员没种外，其余236户均有种植，平均每户近两亩。加上近几年集体种部分，当年全大队共种下砂仁860亩，平均每人7分。

第三，建立健全林业生产责任制。对已有国、社、队各级林场，普遍建立专业承包联产责任制，给林场以经营自主权，自负盈亏，利润合理分成；场内按劳分配，多劳多得，专业承包，超产奖励。南丰公社国合跃进林场的发展因此而充满活力，1978年前，该场生产单一化，每年要靠国家补助五六千元；实行林业生产责任制后，该场在搞好现有用材林分地段包干管理的责任制的同时，制定了开展多种经营的专业承包联产责任制，大大调动了场员的积极性。至1982年，该场除继续经营好33000亩杉、松林外，还种植柑橘44亩，砂仁45亩，竹子、油茶等200多亩，花生、甘蔗、水稻等30多亩，养了一批猪、牛、鸡、鱼，实现经济自给，多种经营收入12000多元，占总收入的24%。此外，对集体山林，则分别建立用材林专业管理、松树林人山挂钩、经济林队有户管等责任制。

第四，从资金、种苗等方面给予支持。邝梦兆通过协调，由县政府每年从财政中核拨二三十万元，作为对全县社队和个人发展砂仁、柑橘、竹子、油茶、茶叶等种苗款的补助，支持发展经济林。1982年还由县地方财政承担两年利息，贷款200万元，支持社队和社员发展小种植、小养殖。1982 年，由他主持的封开县三级干部会议，更明确规定1983 年至 1985 年三年间，每年从县财政中拿出 800 万元至 900 万元贷款，支持山区发展"五小"，贷款利息由县有关部门分别承担二至六年。

从正确认识和处理"护山"和"富山"的关系入手，认真抓好现有山林的保护。

"护山"是为了"富山"，反过来"富山"又可以促进"护山"。封开县历来对山林保护比较重视，但改革开放之初，一些人乘搞活经济之机，偷砍滥伐林木的事件时有发生，个别严重的地方，已过量砍伐，使山林受到破坏。为了做到青山常在，永续利用，邬梦兆及县委县政府在大力发展林业生产的同时，坚持以强有力的手段"护山"，及时有效地刹住了偷砍乱砍的歪风，制止滥伐，保住不少濒临破坏的山林。

其一，是发动社队群众普遍制定保护山林的乡规民约。实践证明，这是发动千家万户群众自己管理山林的一个行之有效的好办法。各公社都通过召开人民代表大会，制定通过了全社的护林公约，印发到大队、生产队。许多大队和生产队也结合自己的情况，发动群众民主制定本队的护林公约，有的还印发到各户张贴，互相监督，共同遵守。这些乡规民约，威力很大。全县许多社队都能够做到村庄附近、公路两旁、砖瓦石灰窑旁的林木和松丫长期保持下来，不被乱砍和剃枝，这就是乡规民约所起的作用。

其二，是扩大护林员专业队伍。以往由县林业部门供给的专职护林员只有 30 多人，大队的护林员许多是有名无实。县委县政府强化"护山"管理后，不断配备和扩大专兼职护林员队伍，使县供给的护林员增加到 99 人，每个山林较多的大队都有一名；社队兼职的护林员增加到 610 人，不少生产队都有若干个兼职护林员。这些护林员都是经过挑选、责任心较强、积极性较高的社员，他们长期巡守在自己管理的责任山内，对防偷盗、防乱砍林木、防山火、防病虫害，起了很大的作用。

其三，是增建护林设施，严防山林火灾。除继续开修人工防火线外，还积极推广种荷木作为永久性防护林带。这种生物防护林带既可防火，又能减少虫害发生，也不会引起水土流失，一举数得。至1983年初，邬梦兆离开封开时，全县已开修人工防火线280公里，荷木防护林带130公里。还建成山林瞭望台8座，瞭望面积28万亩。县、社的护林防火指挥机构，也及时调整充实，加强值班制度，严密注视火情。他在封开任职的两年，山林火灾明显减少，基本没有发生过较大的山火。

其四，是抓好森林病虫害防治，大力保护好松脂资源。过去，封开松毛虫为害面积不少，局部地区松林受到比较严重的损失。自县委重视林业生产以来，在上级林业和有关部门大力支持下，对历史松毛虫区进行了飞机撒药防治，加上地面人工防治，面积共80000多亩，效果良好。其间，还建立了江川、长岗、杏花、南丰、长安等五个森林测报点，县林业局还自办了一个年产10吨的白僵菌厂，对病虫害测报和防治，都起了较大的作用。

其五，是建立阔叶林自然保护区，使不少濒于绝种的稀有珍贵阔叶树种得以保存下来，继续繁育发展。七星公社是封开主要的天然次生阔叶林区。邬梦兆到任前，这里一些稀有树种已被砍掉，有的阔叶树被连片大面积砍光，造成水源减少，河水含沙量剧增。为了切实保护好这个地处北回归线上的绿洲，他争取肇庆地区的大力支持，于1981年把原黑石顶林场和七星公社部分大队共57000多亩阔叶林，划定为自然保护区，严格加以保护。

其六，是木材生产和经营统一归口林业部门，取消多家经营。为了防止乱砍滥伐，木材实行按计划凭证砍伐，不得超计划多砍。他带领县委对全县社队界板厂进行整顿，停办了一批浪费资源的厂，保留下来的由县发给营业证，无证的界板厂一律取缔。并在江口、长岗、七星、长安等水陆交通要道增设木材检查站，防止木材非法外流。

在以邬梦兆为"班长"的县委领导下，封开的山区建设旧貌变新颜，绿化程度明显提高。人工造林，封山育林，原有的林木更加郁郁葱葱，许多疏残林变成绿树成荫，不少荒山秃岭披上了绿装。全县有林面积达 2381700 亩，森林蓄积量达 640 万立方米，绿化程度达 78.4%，森林覆盖率达 58.9%。相比 1978 年，有林面积增加 144600 亩，森林蓄积量增加 44000 立方米，绿化程度提高 4.6%，森林覆盖率提高 3.1%。

山区多种经营明显发展。各林区社队利用山区的丰富资源，发挥山区的优势，因地制宜，扬长避短，大力发展"三小"，即小种植、小养殖、小加工。到 1982 年，全县共办起果场、药场、茶场、油茶场和其他经济作物场 855 个，以及一批养殖、加工场厂；种下水果 42000 亩，药材 12500 亩（其中砂仁 10000 亩），竹子 33300 亩，木薯、茶叶、油茶、玉桂等一批；生产水果 261.8 万斤，砂仁 1.2 万斤，篙竹 150 万条，松脂 17290 吨。相比 1978 年，水果面积增加 11500 亩，增长 37%，产量增加 17 万多斤，增长 6.9%；砂仁面积增加 8000 亩，增长 4 倍，产量增加 1.05 万斤，增长 6.6 倍；竹子增加 5100 亩，增长 18%；篙竹产量增加 90 万条，增长 1.8 倍；松脂产量增加 9770 吨，增长 1.8 倍；其他各项林副产品数量也有较大增加。白垢公社扶六大队第八生产队，利用山坡地办起了柑橘场，种下柑橘 1015 棵，1982 年收果 15000 斤，得款 4500 元，人均 75 元。

林业收入比重明显增大。林业生产和林区多种经营的发展，到 1982 年，全县生产队一级林业收入达 845.4 万元，占农业总收入的 15.4%，比 1978 年提高 5.4%。长岗公社新丰大队一年采松脂 103 万斤，单这项收入便达 20.6 万元，占全大队总收入的 56%，人均 179 元。

对国家的贡献明显增多。这两年，每年平均向国家提供木材 69003 立方米，每户平均 1.1 立方米；松香产量 14530 吨，上调木柴 110.4 万担，分别增加 9030 吨和 394700 担，增长 1.6 倍和 55%；其他林副产品的收购量也有不同程度的增加。杏花公社三礼大队，一年交售给国家的松脂便达 1118700 斤，木材 350 立方米，平均每人交松脂 690 斤，上调木材 0.2 立方米。

粮食生产明显增产。封山育林，涵养了水源，控制了水土流失，改善了农业生产条件，为粮食稳产高产打下了良好基础。1982 年，早造在遭受严重洪涝灾害的袭击下，全县稻谷总产依然达到15795万斤，亩产632斤，比1981年同期总产增加1300万斤，亩产增加105斤，均创历史最高水平。

山区群众生活明显改善。1982年全县人平分配132元，比1978年人平分配增加39.9元，增长43.3%，口粮每人每月46斤。随着分配水平的提高，社员家庭副业的发展，群众生活得到明显改善。到1982年底，农村社员在银行和信用社的存款余额，比历史最高水平的1980年同期增长了23.2%。

邬梦兆到封开后重视青山绿水建设，以扎实有效的举措，加大山区建设力度，并取得显著成效，受到了省委、省政府的充分肯定。1982年5月27日，省委第一书记任仲夷同志、省长刘田夫同志到封开视察灾情时，听取了邬梦兆关于"要青山常在，让绿水长流，把封开山区建设得更加繁荣昌盛"的汇报后，不仅大加赞扬，而且还深情地寄语他进一步把封开"建设成为林业模范县"。面对鼓舞和鞭策，邬梦兆深知，全县还有25万亩荒山未绿化，有28万亩疏残林没有改造成林，经济林占的比重还较少，山区多种经营发展的步子慢，山区群众收入水平还较低。他决心在"高"字上下功夫，把封开建成高标准的林业县。

省委、省政府主要领导离开后，邬梦兆立即结合省领导"关于封开要建设成为林业模范县"的要求，组织县党政领导班子深入学习党的十一届三中全会精神，统一思想认识，研究制定出建设的路径与方法。

他对县委班子的同志说，发展林业，保护森林，是国家的一项基本国策。发达的林业，是国家富足、民族繁荣、社会文明的一个标志。绿化造林不是一项可抓可不抓的事情，而是一项关系到国计民生，关系到四化建设，造福子孙后代的千秋大业。省委负责同志的指示，对我们山区县来说，更有其特殊的指导意义，完全符合封开的实际。封开生产实践表明，发展林业在整个山区经济建设中占有举足轻重的位置。林业能否来一个大发展，建设高标准林业县的步伐能否加快，对封开能否实现二十年后工农业总产值翻两番的宏伟目标，关系极大。

他指出，从林业对农业的影响来看，有了森林，才有丰富的"粮源"。森林是"水库粮仓"，它能涵养水源，一亩森林可贮水20吨，5万亩森林就等于修建了一座100万立方米的水库。森林对解除农田旱患、控制水土流失、调节小气候、维持自然生态平衡等方面，都有显著的作用。例如，杏花公社和平大队"亚公埔"有720亩农田，过去水土流失严重，粮食年亩产只有300多斤。近年经过对附近3平方公里的烂头山进行绿化后，年亩产一跃超过1000斤，每年增加产值61万元。又如，罗董公社五星大队在封山育林之前，粮食总产量只有80万斤，1963年开始封山育林，加上植树造林，今年粮食总产量达到了254万斤，增长了两倍。目前，全县有114平方公里面积的山地，水土流失还较严重，有6万多亩农田容易受旱，如果都能像"亚公埔"、五星大队那样，进行封山育林，造林绿化，控制水土流失，增加水源，解除旱患，全县的粮食生产就可以进一步稳产、高产，经济作物就会进一步发展。

从林业对多种经营的促进来看，有了森林，才有丰富的"资源"。森林是"绿色银行"。封开山地面积大，土壤比较肥沃，林木比较茂密，具有发展多种经营的优越条件。只要我们认真贯彻"以林为主，多种经营，综合利用，以短养长"的方针，山区的多种经营就可以得到比较大的发展。这几年，我们在抓封山育林、造林绿化、大力发展林业的同时，利用山坡地、山窝地、山埔地种植柑、橘、橙和柿子、风栗，使果品生产有了很大发展。1981年全县水果产量达到260多万斤，1982年比1981年更好。此外，我们还利用林荫蔽地种植砂仁、巴戟等药材。如今，全县砂仁已发展到10000多亩，1982年收获15000多斤。林业发展起来后，还可以养牛、养蜂，这对多种经营的发展是个很大的促进。

从林业和工业的关系来看，有了森林，才有丰富的"材源"。搞好林业生产，可以为工业提供更多的原材料，保证山区工业，特别是封开的林化工业、森林工业和木材加工业发展的需要。封开1981年工业总产值4630万元，其中林化、森林、木材加工业的产值达1970万元，占

42.5%。封开工业约有一半是靠林业提供原材料的。搞好林业，把高标准的林业县建设起来，就能大大促进工业的发展。例如林化工业，如果搞好封山育林，扩大松脂林，今后的松香产量就可进一步增加。

从林业本身的经济价值来看，有了森林，才有丰富的"财源"。俗语说："生财有树。"要想富，多种树。木材本身的经济价值很大。"靠山吃山"，吃什么？就是靠发展林业"吃山养山"。1981年全县林业生产收入100多万元，占农业总收入的15.4%，每亩山地平均收入6.75元。今后，绿化程度提高了，森林蓄积量增加了，林业收入就会大大增加。封开规划到2000年工农业年总产值达到10.4亿元，其中林业的产值就占1.5亿元。因此，发展林业，充分发挥森林本身的经济价值，是一个很大的财源。

从林业与精神文明建设的关系来看，有了森林，才有丰富的"美源"。只有绿化才能做到美化，美化少不了绿化。如果到处光秃秃，怎么能说美？有了青山，才有绿水；有了青山绿水，才能做到环境美。林业生产周期比较长，我们一定要有"前人种树，后人享福"这种为子孙后代造福的共产主义思想，才能积极植树造林。因此，植树造林本身，就是行为美。同时，也反映出我们的思想美、心灵美。

他强调，封开这样的山区县实现工农业总产值翻两番的宏伟目标，离不开林业。山区就是要走靠山吃山、吃山养山、养山富山的路子。县委、县政府提出建设高标准林业县的要求，就是为实现我县工农业年总产值翻两番的宏伟目标提出来的。我们一定要把建设高标准林业县的要求，和实现翻两番的宏伟目标有机地联系起来，把建设高标准林业县，作为我县实现翻两番宏伟目标的一个不可缺少的重要内容，下苦功夫，切实地按照如下高要求，抓出成效来。

——有较高的森林绿化率和覆盖率。要把全县现有的25万亩荒山列为造林的重点，每年造林5万亩，争取五年造完。对全县现有的28万亩疏残林实行更新改造，每年改造9.5万亩，三年内完成。到1985年，全县实现有林面积从1982年的238.17万亩增加到278万亩，绿化率从 1982 年 78.4% 提高到 91.1%，森林覆盖率从现在的 58.9% 提高到 68.1%。到 1990 年，有林面积增加到 298 万亩，绿化率提高到 98%，森林覆盖率提高到 73%。

——有较高的林业生产水平。到 1985 年，全县实现森林蓄积量由 1982 年的 640 万立方米增加到 728 万立方米，农业人均 22.7 立方米；1990 年增加到 810 万立方米，农业人均 25.4 立方米。要改变林种结构，扩大经济林面积。到 1985 年，全县实现经济林面积达到 24 万亩，占有林面积 9%；到 1990 年扩大到 38 万亩，占有林面积 14%。

——有较高的山区经济建设速度。尽快改善边远山区的交通条件，要求在三到五年内，修建五条山区公路（共长 48 公里），实现社社通汽车。还要修筑一些林区公路和林道。要充分利用山区资源，因地制宜大办"五小"，大力发展小种植、小养殖、小加工、小水电、小建筑建材，以繁荣山区经济。到 1985 年，全县实现水力发电装机 30000 千瓦，比现有 12000 千瓦增加 1.5 倍。

——有较高的林业收入比重。到 1985 年，全县实现平均每亩山地收入由 1981 年的 6.75 元增加到 12 元，山地的林副产品总收入由 1981 年的 2501 万元增加到 3636 万元。到 1990 年，平均每亩山地收入增加到 17 元，山地林副产品总收入增加到 5152 万元。

——有较高的林副产品商品率，增加对国家的贡献。五年之内，上调给国家的木材维持每年 5 万立方米，木柴 70 万担；五年以后，逐年增多。1982 年上调国家松香 1.5 万吨，1985 年达到 2 万吨，1990 年 2.5 万吨。其他譬如竹子、水果、药材、茶叶、油茶、油桐、玉桂等的上调也要有较大幅度的增加。

他号召，全市人民立即从现在做起，从一件件实事做起，全面行动起来，掀起造林新高潮：

第一件事，进行一次大宣传、大发动。他要求大队要召开生产队干部、党员、家长会议，公社要召开机关单位、厂场、学校的干部、职工、教师会，宣传中央、省委负责同志关于绿化造林的题词和指示，宣传建设高标准林业县的重大意义、要求、规划和措施，宣传造林绿化的政策、规定、做法和公约。在宣传造林绿化政策时，要大张旗鼓地宣传各种补助政策、奖励政策、"两个不变"的政策、"谁种谁收"政策。如种一亩杉补 8 元、一亩松补 4 元、一亩湿地松补 5 元、一棵竹补 5 角、一株公路树补 2 角，使造林政策深入人心，从而调动起广大群众造林的积极性，自觉地投身到建设高标准林业县的行列中去。

第二件事，制订一个具体的造林绿化规划。要求各公社（镇）、各大队、各林场、各生产队对照县确定的目标制订各自的造林绿化规划。具体明确规定造多少林，造什么林，在哪里造林，谁去造林，什么时候造林，造林的种苗、劳力、资金等问题怎样解决，干部怎样分工领导，都要逐一详细将它研究制订好。特别是四个重点和公路绿化规划，更应具体准确，及早制订出来。

第三件事，迅速将自留山分下去，将造林任务分下去。自留山要划分到户，造林任务要包干到人。全县虽然已经划分自留山十七万亩，但数量还较少。要迅速将自留山划下去，将荒山疏残林分下去，但要注意有林山不能分作自留山。各社、队、各林场的造林任务要第一时间落实到户、到人，实行"四包"，即包种植面积（或数量）、包种植质量、包种植时间、包成活率。包了之后，对完成任务好的要表扬，未完成任务的批评，甚至给予处罚。通过这样，做到种一棵，活一棵，棵棵成活；造一片，成一片，片片成林。不要年年种树不见树，片片种树不成林。在造林绿化热潮中，所有国家干部、职工、教师，公社厂场、大队干部都要带头种树，义务植树，按照中共中央国务院规定，每人完成种三至五棵树的任务。

第四件事，立即落实植树造林的具体行动。例如，垦地、打穴工作，要立即动手搞。有的适宜种植的树种要立即抢种下去，如青梅、李子。此外，还要准备好种苗，做到要种有种。全县要组织五六万劳动大军，向山进军，大搞垦地、打穴，植树造林。在这方面，江口镇要带头行动，以城镇带农村，将植树高潮搞起来。

第五件事，杜绝乱砍滥伐和山火事故的发生。如果哪个公社、大队、生产队再次发生乱砍滥伐山林事件，就要层层追究领导的责任，坚决处理。乱砍滥伐山林是犯罪行为，出现一宗就要处理一宗，从重、从严、从快坚决处理。如果大队治不了他，可以立即报告公社，公社立即报告县林业公安分局。

就这样，在县委、县政府领导班子的亲自带领下，在全县人民群众的共同努力下，一个如火如荼的建设高标准林业县的林业生产大高潮，在封开全县范围内全面兴起来了。

顽强拼搏显奇效，大灾之年全县"五个不受影响"

在邝梦兆就任封开县委书记的第二年，即1982年之夏，封开县遭遇了六十年以来从未遇到过的大洪灾。这一年从4月下旬开始，自然灾害一个接着一个向封开袭来：先是4月26日，龙卷风、暴雨、冰雹袭击了罗董公社五星大队、江川公社新泰大队，倒塌房屋13间，冲崩堤围100多条，打伤禾苗5010亩。接着从5月10日下午3点开始，全县自北向南普降了特大暴雨，三个小时内降雨量多达136厘米，加上广西贺县合面狮水电站泄洪，放水量高达每秒3800.5立方米，相当于贺江平均流量每秒446立方米的8倍，使贺江水位急剧上涨，涨速高达每小时45厘米，南丰镇13日凌晨3点钟水位达到39.1米，是1915年至今六十七年来最高的水位。

全县有5个圩镇、16个自然村受浸，受灾大队151个，生产队1790个，受灾农户29012户，144080人；受浸作物64400亩，其中稻田52000亩（全部失收19200亩）、花生3477亩、甘蔗2855亩、玉米3126亩、黄烟427亩、鱼塘355亩、其他作物2475亩，预计损失稻谷1562万斤；倒塌房屋2344间，伤4人，崩塌山塘46个，缺堤40条，缺口149处，共长6851米，冲崩水库干渠15处，长130米，全部损失折合金额大约395万元。这一次灾情的严重程度，在封开史上罕见。群众说贺江流域的这次洪水有"三个未见过"：水位这样高未见过，涨速这样快未见过，受浸面积这样大未见过。6月1日，渔涝等公社又降了特大暴雨，八个小时降了137厘米，受浸稻田6454亩，其中基本失收的1494亩。前后三次灾情，特别是第二次灾情，给封开农业生产、群众生活带来了很大的影响。

面对"三个未见过"的洪灾，邬梦兆带领全县各级党组织、广大党员干部和群众，振奋精神，挺起胸膛，迎着困难，生产救灾，重建家园。一是抓紧排涝、清沙、扶苗、洗苗、追施肥料、喷施农药。全县受浸稻田52000亩，除浸死的19200亩外，余下32800亩禾苗已全部扶起洗净。有28000亩追施了肥料，19000亩施了农药。二是抓紧堵口复堤，修复崩缺的山塘、干渠。全县出动39000人，修复堤围46条，修复缺口137处，长度4800多米，修复山塘20宗，完成土方48000多方。三是抓紧调运、发放各种救灾物资。发放化肥500吨、水泥207吨、汽油24吨、柴油40吨、木材500立方米、粮食103万斤、生活救灾款6万元、生产救灾款14万元。在上下各方大力支持配合下，在广大农村干部、社员的积极努力下，全县在重灾之年实现了"五个不受影响"。

其一，粮食生产不受影响。这年年初，基于合理调整生产布局，拿出了一部分水田改种经济作物，使全县早稻实插面积比去年同期减少了21000多亩，加上受浸失收19000亩，早稻实收面积比1981年减少了40000亩。按照1981年早造亩产500斤计算，少收稻谷2000万斤。这2000万斤的产量，要靠剩下来的21.7万亩稻田提高单产补回来，是非常艰难的事。但由于普遍实行水稻包干到户生产责任制，是调整了生产关系的第一造，出现了社员出勤自觉性高、工作效率高、劳动质量高、学科学用科学的积极性高的"四高"可喜情况，从早造的整地、播种、插秧开始每个生产环节都抓得很紧，可谓是"季节早，功夫细，施肥多，规格好，除治病虫害及时，排灌比较合理，禾苗长势大面积平衡"的好现象，结果这一年封开全县早造增产1300多万斤。

其二，集体收入不受影响。1981年下半年，封开进行了"两个调整"，所以 1982 年虽然遇到大灾，但全县农村集体经济却实现了三个较大的发展：一是经济作物有较大发展。这年全县种下各种经济作物面积达到 14.4 万亩，比 1981 年同期增加了 19183 亩，增长 16%。其中甘蔗增加了 7079 亩，每亩产 3.5 吨到 4 吨，收入增加 100 多万元；花生增加了 7033 亩，每亩收 150 斤，增产 10000 担，增收三四十万元；黄烟增加了 2300 亩，每亩收 200 斤左右，增收 100 多万元；蚕桑 1100 多亩，养蚕收入达 30 多万元。二是山区多种经营有较大的发展。全县上山采松脂人数，从 1981 年的 6000 多人增加到 1982 年的 9169 人。仅上半年全县收购松脂就多达 270 万斤，比 1981 年增长 6.6%。砂仁种植面积从 8000 亩扩大到 10000 亩，投产面积也从 2600 亩扩大到 3700 亩，亩产二三十斤，收入 3000 万元。水果面积比 1981 年增加了 2030 亩，也获得了大丰收。三是社队企业、联营企业有较大的发展。截至 1982年，全县社办企业有 231 间，职工人数 5420 人，年产值 1200 万元；大队办企业有 511 间，职工人数 4903 人，年产值 240 万元；联营企业有 39 间，职工人数 597 人，年产值 50 万元。社队企业、联营企业合计共有 784 间，职工人数 10920 人，年产值 1300 多万元，比去年同期增加了 430 万元，增长 68%。

其三，社员生活不受影响。这次大灾，全县受灾农户有 29021 户，占总农户的 48%；受灾人口 144080 人，占农业人口总数的 45%。在受灾农户中，生活发生困难的有 12000 户，占总农户的 19.3%。灾情出现后，全县从上到下，四面八方，紧密配合，支援灾区，妥善地进行了生活安排。吃的方面，粮食部门下拨了 103 万斤粮食，帮助 7488 户 37383个灾民，解决了缺粮的困难。同时，县还发放了口粮救济款 11550 元，解决了 442 户既缺粮又缺钱的困难。住的方面，受浸民房 1525 间，倒塌民房 163 间 103 户，经过抢修，倒塌的房屋，特别是住房，已全部修复。穿的方面，省发放的 14226 件救济衣服，已全部发放下去。

其四，各项工作不受影响。在县委的领导下，全县一方面搞生产救灾，一方面大抓可能影响全局的工作，打了四个胜仗。一是计划生育的胜仗。组织开展第二次计划生育行动，全县共做"四术"6652例，其中结扎3357例，上环2600例，人流引产526例。加上行动前的手术数，共做"四术"11088例，创造了最高的水平，比1981年全年增加73%，其中结扎6407例，完成了地区下达的全年任务的99.6%，比1981年全年增加了7.4倍；上环3295例，完成了地区下达的全年任务的103.5%；人流、引产1386例，为计划生育制度化、经常化打下了良好的基础。二是林业"三定"工作的胜仗。全县有2877个生产队发放了山林权证，占应发证总队数的99.6%；解决山林纠纷1338宗，占山林纠纷总数的98.6%。有415个生产队划分自留山，面积3.7万亩，每人平均1亩；有2847个生产队建立了林业生产责任制，占总数的98.8%。三是民兵教育训练工作的胜仗。全县参训民兵4813人，完成地区下达任务的114.6%，超额614人。经过训练，合格的人数达2749人，占地区下达指标的137.8%，为今后进一步搞好民兵建设创造良好条件。四是整顿社会治安工作的胜仗。全县发案数比1981年同期下降了13宗，破案率由67.6%提高到78%。

其五，干群情绪不受影响。一个多月的时间，全县先后三次受灾，第一、三次是局部性的，第二次是范围比较大的。在这样严重的灾情面前，广大干部群众并没有悲观失望，大家的情绪是好的，信心是足的，决心是大的，干劲是高的。在抗洪救灾中，大洲公社大和大队基干民兵陈土养，在洪水来时，他顾不得自己的家受浸，撑着一条船过江到高屋生产队去帮助五保户陈松贤夫妇抢运东西，他亲自将这两个老人家背到安全地方，又帮助其他社员搬家，最后还帮生产队搬木柴，一直奋战到天亮。当地群众称赞他是"公而忘私的好民兵"。

都平公社三渊大队新村生产队有个52岁的社员，叫伍广泰。5月12日水涨，大玉口森工站三洲收购点有510立方米的木材，停放在江边无人看管。伍广泰主动搬来竹缆，用木条绑成一个木围堰，将木材围起来。同时，还看管好木材，使这批价值2.5万元的木材，没有受到损失。

南丰粮管所副所长蔡柏林与全所几十名职工一起，整整一天多时间，守护粮仓里的240多万斤粮食。他在粮仓门口临时筑起一道土墙，挡住凶猛的洪水。蔡柏林的爱人当时也为单位抢救物资，家中三个小孩无人照顾，职工劝他回去看一看，他说："现在我的任务就是要保护好国家的粮食，不能离开自己的岗位。"一直坚持到洪水开始退下时，他才回家去看望小孩。他这种一心为公的精神，得到广大职工的赞扬。

大灾之年，在省委、地委的亲切关怀和正确领导下，封开县委、县政府带领全县广大干部和群众，同心协力，克服种种困难，战胜严重自然灾害，并取得经济社会各项事业的稳步发展，得到了省委、地委的高度肯定。1982年5月中旬，封开大暴雨灾害后不久，省委第一书记任仲夷、省长刘田夫以及地委书记郭荣昌、行署专员关立等，亲临封开受灾区域视察灾情，指导生产救灾、林业和各项工作。省主要领导要求封开在努力做好救灾工作的同时，还要抓好保护风景资源，兴办旅游事业，发展林业，争取成为全省林业模范县，并搞好与广西梧州睦邻关系等工作。

邬梦兆没有因为封开"大灾之年大丰收，各项工作有进步"受到省委、地委表扬而自满，相反，他把省主要领导对封开提出的新要求作为对自己、对封开班子的鞭策，下决心抓住这一难得的机遇，乘势而上，把封开各项事业的发展推上更高的台阶。他以县委、县政府的名义

1982年5月中共广东省委书记任仲夷、省长刘田夫视察封开县灾情时所摄（邬梦兆在右边第一位）

组织召开了三级干部会议，县四套班子领导成员，县直各部、委、办、局、公司的负责人，公社、大队干部，部分先进生产队长、社员代表，共1200多人出席的会议。会上，邬梦兆认真总结了大灾之年取得大丰收的宝贵经验，强调全县各级干部要认清和运用以下四条经

验，来进一步推动全县各项工作的新发展。

一是认清贯彻党的十一届三中全会以来的路线、方针和政策，充分调动广大干部和群众的生产积极性，是取得工作新发展的重要保证。他说，1981 年 8 月四级干部会议以来，县委着力抓好生产关系和生产布局这两个调

1982 年 5 月任仲夷和中共肇庆地委书记郭荣昌视察封开县工作时在"大斑石"前所摄（邹梦兆在左二）

整，使全县八成多的生产队建立了水稻大包干责任制，基本完成了林业"三定"工作。1982 年上半年，组织三次有县、社、大队干部上千人参加的工作队，下乡协助抓好水稻大包干责任制签订合同和兑现合同的工作，继续处理好各项遗留问题，扫清林业"三定"尾巴，调整和健全了大队工副业的专业承包责任制。经过半年多来的实践，水稻大包干和专业承包责任制已显示出巨大的威力，取得了丰硕成果。昔日一些人认为走不得的"独木桥"，如今成了发展农业的"阳关道"。全县 3183 个生产队实行大包干责任制的占 92.4%，已发放山权林权证的占 99.6%，已划定自留山的占 98.5%，已建立林业生产责任制的占 98.5%。

在调整生产关系的初期，一些领导和干部对搞大包干责任制，忧心忡忡，疑虑重重。有的怕分田分山到户，会出现两极分化，认为这样搞是倒退，走回头路；有的怕集体经济被瓦解，公共福利事业没保障，认为这样搞不符合社会主义方向；有的怕征购粮和上调集体的粮和钱无法完成，认为这样搞既增加工作上许多困难，又难以保证完成国家各项统购、派购任务；有的担心生产单位多，群众不听话，干部难领导，等等。实践证明，这种种忧心和疑虑，都是不符合实际情况的。推行大包干责任制虽然还不到一年，但由于它适应当前生产力水平和群众觉悟水

平，能充分调动广大农民的生产积极性，解决了过去长期以来推行"大、公、平"存在的出勤打大捞、工效低、质量差、成本高、浪费大、效益小等老大难问题，使农业生产转向高工效、高质量、高效益的方面发展。许多过去长期"三靠"的贫困队迅速改变了穷面貌，中间队有了显著的进步，先进队更上一层楼。许多过去长期超支的困难户由穷家变成小康之家，一部分有技术又勤劳的农户成了富裕户。许多过去出勤不出力，做工好像"一条虫"的人，现在变成出大力，流大汗，做工好像"一条龙"了。广大农民把大包干责任制当作是治穷致富的金钥匙，人人赞不绝口，个个喜气洋洋。像莲都、七星、都平、渡头等过去长期粮食产量和分配水平较低的山区公社，实行水稻大包干责任制后，面貌都迅速改观。原来生产水平较高的金装、长安、南丰、杏花等公社，是高产更高产。

生产布局的初步调整，对改变农业单一化、多种经营差的落后状况，也起到了一定的作用。1982年，早造全县虽然调整了21000多亩水田，改种甘蔗、花生、黄烟等经济作物和改作鱼塘，又因暴雨洪涝灾害失收和基本失收19000多亩，但由于农民生产积极性高，努力提高科学种田水平，单产大幅度增加，使早稻总产不但没有减少，还比去年同期增加2000多万斤，超过历史最高水平。而经济作物和林业、畜牧业、渔业等多种经营亦获得全面增产增收。

二是认清努力提高科学技术水平，狠抓各项关键性技术措施的落实是取得工作新发展的重要环节。科技就是生产力。在贯彻政策充分调动起广大干部和群众的生产积极性之后，要使农业生产高速度、高水平地发展，必须依靠科学技术的不断革新和进步。据此，县委加强农业技术推广中心站的建设，并健全各公社的农业技术推广站。同时通过在公社建立农业科学技术询问处、举办短期技术培训班或圩日技术讲座、大量印发有关技术资料、组织实地参观学习等方法，大力宣传和普及农业科学技术知识；通过发动组织公社干部、农业技术员，自办联系点，搞好技术示范和推广，带动广大农民群众学习新技术；通过组织农业技术员和干部，直接与承包户签订联产技术服务合同，把推广技术与夺取高产密切联系起来，等等。这些新的技术推广方法，易学易懂，深受基层干部和群众的欢迎，收到了良好的效果。据不完全统计，早造全县有87个大队、253个生产队、1740家农户与县、社农业技术部门签订了技术服务合同，共承包水稻11002亩，甘蔗970亩，花生9亩，除五户保产外，其余均获得较大幅度增产。如莲都公社，过去长期以来，农业科学技术水平较低，许多农作物的单产都低于全县同类地区。1982年初，在公社领导的带动下，年龄在35岁以下的公社干部，全部参加省团委举办的刊授农校学习。公社党委委员以上干部，全部下队办联系户，搞技术示范点。公社农技站与农户签订了技术服务合同共1241亩，其中水稻1207亩，都获得较大幅度的增产。早稻总产886万斤，亩产614.7斤，总产超历史最高水平15.8%，亩产比历史最高水平增加127斤，增长26%。

针对封开农业生产上存在的薄弱环节，县委还狠抓了以下五项关键性的技术措施：1. 大力推广选用良种。早稻插植桂朝、广二一〇四、青二矮、红四一〇、红梅早、杂优等良种20万亩，占总面积80%以上。2. 疏播育壮秧。3. 抓好科学用肥。全面推广施磷化铵做基肥或面层肥，面积达16.45万多亩，占总面积70%；大力推广施用钾肥，全县施用570多吨。4. 抓好适时露田、晒田，使禾苗在前期多雨的不良条件下仍能正常生长。5. 及时防治病虫害。由于病虫情测报比较准确，能够及时组织群众开展除治病虫害突击行动，使病虫害损失减少到最低限度。

三是认清广大干部的积极性空前高涨，同心协力，努力工作，是取得工作新发展的重要因素。党的政策要靠干部去贯彻执行，科学技术要靠干部去推广应用，各项工作要靠广大干部同心协力去完成。为了进一步提高广大干部的政治觉悟，振奋精神，做好工作，县委加大落实党的干部政策和知识分子政策的力度，调整充实各级领导班子，评定技术干部职称，大胆起用和提拔一批有真才实学、有强烈的革命事业心和责任心、能够打开局面的干部和技术骨干。大力加强对干部的思想教育工作。通过举办干部轮训班，坚持经常性学习活动，组织到外地先进地区学习取经等多种办法，对各级干部开展了反腐蚀教育、五讲四美教育、政策教育、形势教育等，不断提高干部的政治觉悟，鼓励干部要做一个有为之人，不做平庸之辈，更不要做昏聩之徒。大张旗鼓表扬好人好事，树立正气，鼓舞斗志。同时对一些不良倾向和歪风邪气，也及时给予批评或处理，对有经济犯罪活动的人进行了查处打击，使正气得到发扬。关心干部的生活，尽可能给予必要的照顾，如改善住房条件，妥善安排老干部工作或退休，落实大队、生产队干部的报酬等等，使他们减少后顾之忧，更能集中精力做好工作。

四是认清坚持和发扬党的优良传统，不断改进领导作风和工作方法，是取得工作新发展的关键。邬梦兆指出，领导作风和工作方法问题，是关系到加强还是削弱党的领导，关系到党的路线、方针、政策能否贯彻落实好的一个重要问题。1981年以来，县委狠抓作风建设，加强调查研究。要求县四套班子领导成员分别深入到各公社（镇）进行调查，总结典型经验，以点带面。县直部、委、办、局的领导干部走出机关，深入社队、厂场、工矿、车间，建立联系点，开展调查研究。同时，根据农村各个时期的中心工作，组织各级领导和机关干部开展调查研究。例如，对完善农业生产责任制，签订承包合同和履行合同，以及搞好社队企业、联营企业、多种经营、财务管理等问题，都进行了调查研究。夏收夏种期间，还组织全县家在农村的机关干部职工回乡，开展千户调查活动，都收到了良好的效果。通过深入基层，深入实际，深入群众，各级领导干部从日常事务中解脱出来，接触新鲜事物，看到了平时看不到的东西，听到了平时听不到的意见，及时了解和掌握工作中存在的问题和群众的思想情绪，直接掌握第一手材料。同时，"纳众下之言""采众下之谋"，找到了解决问题的妥善办法，形成正确的领导意见，从实际出发，实事求是地解决问题，促进了各项工作的顺利开展。

抓好领导带头，干部先行。不论是提出任务，部署工作，还是具体实施，完成任务，都强调各级领导要言传身教，事事带头。在落实农业生产责任制、计划生育、抗洪救灾、粮食征购、制止私剹生猪歪风等各项工作中，从县四套班子领导成员到各级领导干部，都坚持做到领导带头，干部先行。榜样的力量是无穷的，领导带头是无声的命令。广大社员群众反映说："过去抓计划生育只抓农民，现在从干部抓起，干部带了头，我们当然跟着走。"1982年夏粮入库工作中，全县家在农村的国家干部、职工3770人，百分之百完成和超额完成了夏粮入库任务，全县736名大队干部，完成和超额完成任务的有721人，占大队干部总数的98%。

改进工作方法，不断提高领导水平。县委、公社党委按工作战线突出重点，抓工作方法的改进：农村线，主要狠抓农业生产不放，花大力气把农业搞上去；经济线，主要狠抓国营企业、社队企业、农工商联营企业的发展和抓好财贸工作，把经济搞上去；党群线，主要抓好打击经济犯罪活动的斗争，抓好精神文明建设和计划生育。在县社党委统一领导下，统筹安排，明确分工，互相支持，互相配合。同时，在工作多、任务重的情况下，强调抓住主要矛盾，分段安排，集中兵力，打歼灭战，做到既突出重点，又照顾全面，把各方面的工作都做好。如，1月组织计划生育突击行动；2月抓水稻大包干和林业生产；3月开展文明礼貌活动；4月进行打击经济犯罪斗争；5月组织第二次计划生育突击行动；6月开展人口普查和签订大包干合同；7月突击抢插晚稻与突击夏粮入库，等等。由于目标明确，重点突出，力量集中，讲究方法，都收到了显著的效果，较好地完成了各项任务。

县三级干部会后，全县干部头脑更加清醒了，谋求工作新发展的决心更加彻底了，干劲更加足了，从而有力地推动了全县工作的新发展，不断走向全面深入。

依靠群众发动群众，果断平息"状元坟"恶性事件

1981年，封开县发生了一宗跨省联宗为唐朝状元莫宣卿重建坟墓聚众闹事的恶性事件。这一事件牵连五省十县一万八千多名莫姓人士，

其规模之大、影响之广、危害之烈，都是少见的。但是，在邹梦兆为"班长"的县委领导下，工作队经过做细致的思想政治工作，不仅制止了这一事件，而且教育了广大群众。

据封开县志载："唐大中五年，莫宣卿廷对第一，初典翰林，授台州别驾，归奉板舆未至官而卒，咸通九年敕为正奏状元。"莫宣卿的坟墓即"状元坟"，位于渔涝公社河儿口大队罗鼓岗，1975年秋平整土地时，毁平做了耕地。1977年和1978年间，有少数人以念宗祭祖为名，搞起重建状元坟的活动。1979年农历八月十七，他们邀集广西岑溪、贺县，广东郁南、怀集、封开等地的七百多人，前来渔涝公社祭拜状元坟，纪念状元的诞辰。当晚在西村召开会议，成立了建坟领导小组和编写族谱委员会，成员共二十多人，其中有土改根子、共产党员和干部。曾被劳改过的封开县长安公社的莫如玉是组长。1981年初"领导小组"先后召开了三次会议，商定了建坟步骤：其一，捐款。他们派人往两广各地去发动莫姓群众募捐钱财，规定每个莫姓男丁交款两角，捐款五元以上者刻碑留念，五元以下的发给红帖。其二，备料。加紧购置水泥、石灰、青砖、大理石，还决定建坟人员膳食"实报实销"，每天工钱两元半。其三，施工。农历八月初动工；八月十七状元诞辰日，组织两广五县八千多人前来参观；九月初二，将新坟落成，组织粤、桂、湘、浙、闽五省十县一万八千多人前来参加落成大典。同时，还进一步筹划兴建"状元祠"。8月初，状元坟如期破土动工。

重建状元坟给国家和人民带来了严重危害。一是严重扰乱了社会治安。建坟动土时，县公安局局长带领公安人员前往西村劝阻，路桥被拆，汽车被砸，公安人员被围攻，公安局长被诬为"土匪头"，已没收的建坟物资和账簿被全部抢了回去。在尚村，社管委主任因劝阻建坟被殴打；在厥村，出现了辱骂公社副书记的标语。莫如玉乘机鼓动说："只要莫姓团结紧，谁都'吹唔胀'！"二是腐蚀了人们思想。有些青少年受骗不上学，说什么"建好状元坟，多多拜祖先，祖先有灵，不读书也可以进大学"。三是破坏生产。西村、都尚、厥村由于忙于建坟，放松田间管理，两万多亩禾苗遭受病虫严重危害，西村大队还抗交公余粮，早造应交二十多万斤，仅完成四万斤。

事件发生后，邬梦兆多次召集县委会议，决心迅速把建坟事件平息下来。是年9月16日，他和县长黄国英以及武装部长、政委等领导同志，带领县直机关七十五名干部，奔赴渔涝公社，会同公社抽调的力量，组成一百七十多人的工作队，分为六个组，深入下去，调查研究，分析情况，宣传群众。参与建坟的绝大多数干部和群众，是思想认识问题，属人民内部矛盾。县、社工作队把广泛的宣传教育和艰苦细致的思想工作结合起来，他们开动宣传车到各村宣传，印发宣传资料，张贴标语，召开各种类型的会议，反复宣传无神论，进行法制教育，讲清跨省联宗建坟、聚众闹事活动的性质与危害，帮助干部、群众提高觉悟。经过耐心说服教育，许多人醒悟了过来，有的人由建坟的支持者变为平息建坟的积极分子。不少社员说："今后教子教孙都不要干这类蠢事了。"

工作队按照党的一贯政策，将"建坟领导小组"中顽固不化、干了很多坏事的为首分子莫如玉依法逮捕，莫思才和莫思南拘留审查；对其余多数态度诚恳、有悔改表现的，则要他们公开检讨错误，既往不咎，将功补过。这样做，坏人闻风丧胆，好人拍手称快。

经过五天紧张的工作，状元坟恶性事件被及时平息下来，打击了歪风，孤立了坏人，教育了群众，锻炼了干部。状元坟的墓基覆土填平了，新建的围墙也拆掉了。

状元坟恶性事件平息后，邬梦兆主持召开了县委常委会，深挖事件的起因并提出应对的举措。他要求县委班子成员要从中吸取教训：一是要重视思想政治工作。他指出状元坟事件的出现，一个重要原因就是一度放松了对农民的教育，有些人分不清是非界限，上当受骗，干了蠢事。因此，只有坚持党的四项基本原则，加强思想政治工作，不断清除人们头脑中的封建意识残余，努力建设社会主义精神文明，才能维护安定团结，搞好"四化"建设。二是要克服涣散软弱状态。他指出，渔涝公社以西村、都尚、厥村的莫姓为主，能够搞起大规模的跨省联宗建坟活动，与基层领导班子涣散软弱，不敢理直气壮地与不良倾向做斗争有关。因此，要坚决克服涣散软弱状态，使各级领导班子坚强团结起来，才能提高战斗力。三是要发扬党的优良作风。他指出，状元坟事件能及时平息下来，首要一条就是县各级领导深入群众，态度坚决，措施得力，方法对路。倘若采取听之任之、放任自流的态度，或者坐在办公室号召，"光给下面出题目，自己不去作文章"，那么事件就有可能蔓延下去，造成更大恶果。

肇庆地委充分肯定了以邬梦兆为书记的封开县委的做法，并以地委的名义印发了封开县委《关于平息联宗重建状元坟事件的情况报告》，要求全地区各县（市）委、马安煤矿区党委及各公社党委参阅学习。

大力加强党的建设，带动经济社会各项工作向前发展

邬梦兆是抓党务、干实事出身的，他对党的建设尤为重视。封开县工作之所以能在较短时间内取得较好的成绩，关键是切实抓好"两头"，大力加强党的建设。

一头是抓好县委、公社党委两级班子的自身建设。他按照革命化、年轻化、知识化、专业化的要求，针对班子成员年龄偏大、文化偏低、与当前形势发展需要不相适应的现状，大胆调整县、社两级领导班子。即从提高领导干部认识入手，破除思想阻力；从加强具体领导入手，抓紧培养选拔年轻干部工作，先后提拔了三名年龄在 35 岁以下、责任心强、干劲大、工作实绩佳的公社党委书记任县委常委；从搞好新老交替入手，妥善安排好老干部。这样一来，县委常委平均年龄由一年前的 49 岁下降到 43.5 岁，45 岁以下的中青年干部占 50%，高中以上文化程度的占 60%；公社领导班子平均年龄由 44 岁下降到 40 岁，40 岁以下的中青年干部占 50%，高中以上文化程度的占 40%。他还要求县委领导班子成员，坚持和发扬党的优良传统，通过事事带头，言传身教，调查研究，抓农村线、抓经济线、抓党群线，确保党的方针政策顺利贯彻

实行。

另一头是抓好基层组织建设。他提醒县委领导班子的同志，在搞好自身建设的同时，要充分认识整顿基层党组织的重要性。这几年党在农村进行了大量的工作，取得了显著的成效。同时，也要看到，一些地方由于放松了党的建设和思想政治工作，有少数支部存在着软弱涣散，甚至陷于瘫痪、半瘫痪的状况。据初步调查，全县 539 个基层党支部，属于后进的有 54 个，其中农村占 38 个。在 9478 名党员中，有一定数量的党员政治素质比较差，个别的甚至贪污受贿，挪用公款，以权谋私，违法乱纪。这些问题的存在，严重地削弱了党的战斗力，损害了党在群众中的威信，妨碍了四化建设的顺利进行。因此，必须对一些问题比较多，瘫痪、半瘫痪的党的基层组织进行整顿，对广大党员加强思想政治教育。

这次基层党组织的整顿，坚持以思想整顿为主，重在教育提高，同时进行必要的组织整顿。着重进行了四个方面的教育：一是共产主义理想、"三爱"和"三兼顾"的教育；二是党的路线、方针、政策的教育；三是反对资本主义思想腐蚀的教育；四是党的基本知识教育。"四个教育"使每个党员牢记实现共产主义是我们党的最终目的，模范贯彻执行党的路线、方针、政策和坚持党的四项基本原则，自觉抵制资本主义思想及生活方式的侵蚀和影响，做一个合格的共产党员。在抓好思想整顿的基础上，抓好组织整顿。对极少数帮派思想严重和打砸抢分子，以及近几年来在政治上严重破坏党的生活准则和在经济上严重违法乱纪的人，坚决从领导班子中撤下来，丧失党员条件的开除党籍。对因工作能力差，群众不拥护，不适合继续在领导班子中工作的，则通过改选的办法，把他们调整下来。对长期消极落后，不起党员作用的，大力进行教育帮助，提高觉悟，改正错误，确属屡教不改的，劝其退党或除名。对人的处理，采取慎重的态度，真正做到事实清楚，证据确凿，定性准确，处理恰当，手续完备，经得起历史的检验。

整顿基层党组织，是按照中央 1982 年一号文件的要求，紧密结合稳定完善农业生产责任制的工作进行的。大体分为四步：第一步是调查研究，摸清基层党组织的状况；第二步是组织党员学习有关文件，采取"学、查、帮"的方法，对党员进行教育；第三步是总结经验教训，开展批评和自我批评，表彰先进党员；第四步是改选领导班子，健全"三会一课"等制度。这次整顿，没搞群众运动，没搞大轰大嗡，认真走群众路线。各公社（镇）从实际出发，灵活安排，没强求一律，搞一个模式。整顿的时间一般进行了两至三个月。秋前全县已整顿好40个农村大队支部、5个工厂支部。在整顿中，做到点面结合，既抓好点的整顿，也不放松面上尚未开始整顿的支部的教育工作。各公社（镇）党委切实加强了领导，由管党群的副书记亲自抓，组织委员集中精力管。县委还按每个后进支部4至6人的比例，从县属机关单位抽调80人，公社抽调150人，大队抽调150人，共380人，组成工作组，下去协助基层党组织的整顿。通过整顿，基本上达到了以下六条标准：一是能认真贯彻执行党的路线、方针、政策；二是领导班子的革命化、年轻化、知识化、专业化有了较大变化，形成了领导核心；三是党组织包揽行政事务、党不管党的现象克服了，政治思想工作加强了；四是党内各项规章制度建立健全起来了；五是不正之风基本刹住了，党群关系密切了；六是生产和工作有了新的起色，企业的经济效益提高了。

在整顿基层党组织的时候，还注意把大队、生产队的领导班子落实好。至1982年底，全县大队一级的班子已基本落实，生产队一级已大部分落实。

在加强基层党组织建设的同时，全县各级党组织、广大党员干部还在"稳""小""高""实"四个字上下功夫，抓好全县的各项发展与建设的工作。

在"稳"字上下功夫，不断完善农业生产责任制。通过反复对干部群众进行"一个坚持""两个不变"和"三兼顾"的教育，使农民懂得公有制长期不变，生产责任制长期不变；做到国家、集体、个人三方面兼顾，严禁在承包土地上盖房、葬坟、起土；社员承包的土地不准买卖，不准出租，不准转让，不准荒废，否则，集体有权收回；社员无力经营或转营他业时，应将承包土地退还集体；社员对集体提留、国家任务必须保证完成。

在稳定完善农业生产责任制中，继续抓好水稻大包干合同的签订和兑现。全县尚未签订合同的135个生产队，已迅速签订，扫清尾巴；尚未落实代扣、兑现合同的生产队，则继续抓好以粮或以松香、以柴代扣，全面兑现合同。一些种植甘蔗较多的生产队，早造无法落实代扣的，则允许其在甘蔗收获时实行以蔗代扣。

在稳定完善农业生产责任制中，认真贯彻国务院批转《国家农委、农业部关于整顿社队财务的意见》，切实抓好社队财务整顿。通过整顿社队财务，解决财务混乱、物资散失、贪污盗窃、抢占公物等问题，处理落实债权债务，建立健全财务制度。整顿中做到整顿一批验收一批，达不到要求的补课。

在稳定完善农业生产责任制中，坚持宜统则统、宜分则分、有统有分的原则，巩固发展集体工副业。凡是集体的小茶园、小果园、小药园，小鸡场、小猪场、小牛场，小水电、小建材、小加工，一律不拆散分掉，而是采取专业承包的办法把它巩固下来。

在"小"字上下功夫，因地制宜大办"五小"，进一步把农村经济搞活。封开是个丘陵山区，山多、林多、河流多、矿藏多，资源十分丰富。为了加速多种经营的发展，进一步把农村经济搞活，使农民尽快富裕起来，认真实行"两个转变"，即农业生产由单纯抓粮食转到同时注意抓多种经营，由单纯搞水利建设转到同时注意搞水土保持与改善大地植被。在决不放松粮食生产的同时，充分利用本地资源，大办"五小"，即小种植、小养殖、小加工、小建筑建材、小水电。要求到1983年，小种植方面全县办起小果园4000个、6000亩；小药园1500个、2000亩；小茶园1000个、1000亩；小竹园2000个、3000亩。小养殖方面，发展重点养猪户2000户，养猪10000头；专业养猪户100户，养猪2000头；社员家庭养牛2000头（其中公社与社员联营1200头）；

重点户、专业户养鸡 4000 户，养鸡 40 万只；社员家庭或联户合办或集体养鱼 2000 亩；社员家庭和集体养蜂 10000 群。小加工方面，发展 1000 间厂。小建筑建材方面，社（镇）办小建筑队 16 个，大队办小建筑队 70 个，共 1800 人；办小砖瓦窑 1200 个，小石灰窑 300 个。小水电方面，新建扩建工程 9 宗，装机容量 2429 千瓦。

在"高"字上下功夫，采取得力措施，建设高标准林业县。

在"实"字上下功夫，切实加强领导，扎扎实实地搞好精神文明建设。为把精神文明建设进一步搞好，县委加强了具体领导，一步一个脚印地把各项工作落到实处，不搞花架子，不搞"一阵风"，使其深入持久地开展下去，做出成效。首先是抓住教育这个中心环节把"五讲四美"活动引向深入。在工矿企业中，对广大职工进行主人翁的教育，广泛开展"文明生产、挖潜革新、多做贡献"以及"振厂风、守纪律、为四化立功"活动。在财贸单位，进行商业道德教育，继续开展创"双佳"活动。在农村，深入开展党的路线、方针、政策，"一坚持""两不变""三兼顾"，反对资本主义、封建残余思想腐蚀，遵守法制的教育。在青少年中，深入开展"五讲四美"活动，培养共产主义道德、情操。重点放在县城和公社的圩镇，继续治理"脏、乱、差"，建立和健全各种规章制度、公约和守则，定期进行检查评比，大力表彰先进，使"五讲四美"活动逐步走向经常化、制度化。

与此同时，把整顿社会治安继续深入下去。经过深入整顿，综合治理，全县社会治安秩序有了很大好转。加强了侦查破案工作，打击了刑事犯罪的现行破坏活动。大力推行"乡规民约"，让群众自己教育自己、管理自己。大力推行安全保卫责任制，保卫企业安全。全县已建立了安全保卫责任制的有 382 个机关企事业单位。加强社会主义法制教育，感化、挽救失足青少年。对违法青少年的教育，采取学校包学生，机关厂矿包职工，家长包子女，大队、生产队包社员，居委包社会青年的"五包"办法，把失足青少年的大多数挽救过来。

把打击经济领域中严重犯罪活动的斗争深入下去。自开展打击经济犯罪活动以来，全县已查出了一批经济案件和重要线索，并已追收了一批赃款赃物；一些案件已基本查清，有的已结案处理。运用典型，对干部职工普遍进行遵纪守法和反腐蚀的教育，并针对存在问题，建立健全制度，堵塞漏洞。

为把精神文明建设进一步抓好，县工会、共青团、民兵、妇联以及科技、文教、卫生、体育等部门，都结合本部门的实际，做出积极的努力，取得了一定的成绩。

邬梦兆在封开县任职"一把手"的两年间，带领县四套班子深入贯彻党的十一届三中全会精神，把工作重点放在促进经济发展上，解放思想，实事求是，促使全县各项事业发展跃上了新台阶，受到当地干部、人民群众的充分肯定，受到省委、地委的高度肯定，于1983年初被破格提拔为中共广东省委办公厅副主任（正厅级），后任省委副秘书长。1986年又从省委机关调到中共广州市委工作。从此，他又迈向了新的征程。

这回，邬梦兆恋恋不舍地真正离开二度工作的封开县了，恋恋不舍地真正离开整整工作过三十三年的肇庆地区了。可是，他的求真务实精神，他的克难奋进作风，他给封开县带来的可喜变化，却始终为当地干部、群众称赞。

1983年春邬梦兆在调离肇庆地区时与家人在肇庆"七星岩"牌坊前所摄

第五章
党的建设的忠诚战士

在改革开放中必须加强党的建设

邬梦兆从投身革命那一天起，就向往党，追随党。加入中国共产党后，他更加坚定了没有中国共产党就没有新中国，没有党的领导就没有中国特色社会主义事业。他把为人民谋幸福寄托于党，同时又以一名党的地方领导干部身份带领广大党员干部为人民服务。为此，一直以来他特别重视党的建设，用心加强党的建设。1986 年调到广州市工作后，先后任市委常委、副书记，按照市委的分工，他更是专心致志地做好所分管的党的建设工作，做一名党的建设的忠诚战士。

1991 年 11 月，红旗出版社出版了他根据多年来从事党的建设的经验、心得和体会撰写的《改革开放与党的建设》一书。书中收录了他关于充分认识加强党的自身建设的重要性和必要性、关于把党的思想建设放在极其重要的地位、关于努力提高党的各级组织的战斗力、关于培养和造就千百万社会主义事业的接班人、关于坚持和发扬党的优良作风、关于走出一条靠改革和制度建设治党的新路子、关于聚精会神地抓好党的建设等七个方面四十五篇文稿。他在代序中写道：

改革开放与党的建设，都是党的基本路线的重要内容，是建设有中国特色的社会主义的伟大实践。正确认识改革开放与党的建设的关系，在改革开放中大力加强党的建设，对于正确贯彻执行党的基本路线，进一步深

1986年邬梦兆在中共广州市委工作时摄于办公室内

化改革，扩大开放，推进社会主义现代化事业，建设有中国特色的社会主义，具有重大的理论意义和实践意义。

改革开放是强国之路，也是对加强党的建设的有力促进。改革开放在建设有中国特色的社会主义、实现社会主义现代化过程中的伟大作用，已充分显示出来，它使我国兴旺发达，各项事业蒸蒸日上。没有改革开放，就没有社会主义现代化，这已成为全党和全国人民的共识。改革开放对于党的建设的促进作用也日益被人们理解和认识；不搞好改革开放，新时期党的建设就难以开拓新局面。

……

改革开放与党的建设这两个方面，既相互区别，又相互联系。它们在社会主义现代化建设中各有不同的任务，起着不同的作用。我们既不能将它们混淆，把它们等同起来；也不能以一个方面来代替或取消另一个方面。而必须同时注意搞好这两个方面，发挥这两个方面的作用。改革开放与党的建设又相互联系，因为它们有共同的理论基础，共同的目标，共同的历史进程。我们不能将它们割裂开来，对立起来，而必须把它们结合起来。在实际工作中，特别要看到，它们是相互促进的。改

革开放是完善社会主义制度，促进经济社会全面发展，建设伟大的社会主义强国的必由之路，它有利于加强党的建设，有利于加强和改善党的领导。进行改革开放，一定要大力加强党的建设。这样，才有利于实现党的领导，才有利于完成党在新时期的历史使命。加强党的建设和党的领导，是改革开放的有力保证，不仅保证改革开放的正确方向，而且从思想上、政治上、组织上、干部上保证改革开放的顺利进行。越是加强党的领导和党的建设，越有利于改革开放的健康发展；看不到改革开放对加强党的建设，加强和改善党的领导的积极作用，是错误的；看不到加强党的建设和党的领导在改革开放中的决定作用，同样也是错误的。我们一定要正确地认识改革开放与党的建设的关系，把两者有机地结合起来，相辅相成，既推动改革开放的深入发展，又促进党的建设的不断加强，确保有中国特色的社会主义事业生机勃勃地向前发展。

《改革开放与党的建设》一书，力图以马克思列宁主义、毛泽东思想为指导，结合实际，特别是结合广州的改革开放、社会主义现代化建设、党的建设的实际，从理论和实际的结合上，阐述在改革开放中加强党的建设的一些理论问题和实际问题。邬梦兆认为，如果这本书的出版能够对进一步深化改革、扩大开放、加强党的建设起到一点有益的作用，那就算是尽了他的心意了。

适应改革开放新形势，加强党的建设

正人先正己，发挥率先垂范作用。邬梦兆无论在封开当县委"一把手"抓党建，还是在广州市委分工抓党建，共同点基本是一样的。他认为，作为一名党的领导，首先是一名普通党员。其次，又是一名特别党员。所谓特别党员，就是要求普通党员做到的事自己首先带头做到，特别严格执行《党章》，特别严格遵守《党规》。

他带头自觉学习政治，学习党的中国特色社会主义理论，自觉遵守党的政治纪律与政治规矩，自觉贯彻党的基本路线，自觉运用党的改革开放理论指导党的实践，先后撰写了《改革开放与党的建设》《改革开放与群团工作》《改革开放与精神文明》《改革开放与统一战线》《改革开放与人民政协》等指导广州地区党的方方面面工作的论著，有力地推动了广州改革开放与现代化的建设事业，尤其是社会主义民主政治事业的发展。

1989年邹梦兆在中共广州市委工作时

他带头亲自动手，不尚空谈，多务实事，当实干家。他认为那种"君子动口不动手"的领导，把自己当成"君子"、把群众当成"小人"的思想，都是要不得的。他坚持理论联系实际的作风，把原则领导与具体指导结合起来，实行一般指导与个别指导相结合，亲自动手抓试点、培养典型；实行从具体问题入手，"从小中见大"，扎扎实实解决人民群众迫切需要解决的问题；既要努力掌握好"上情"，即吃透党中央的路线、方针、政策和上级决议、指示的精神实质，又要掌握好"下情"，即摸透本地区本单位的真实情况和人民群众的要求与意见。在市委的领导下，在他的务实培养和推广下，广州那一个时期涌现了一批过硬的先进典型，广州外商投资企业党的建设、工会、共青团的基层建设走在了全国的前列。

他带头发扬密切联系群众的优良作风。邹梦兆认为，能不能密切联系群众，全心全意为群众谋利益，归根到底是一个世界观问题。作为党员领导必须时刻注意不断地改造自己，牢固地树立共产主义世界观、人生观。改造世界观的一个重要内容，是摆正自己同人民群众的位置，正确认识和运用人民所赋予的权力，不利用职权谋取私利。我们党在全国执政以后，许多党员在不同的岗位上担负着一定的领导职务，掌握着一定的权力。在这种情况下，大多数同志能够严格要求自己，廉洁奉公，全心全意为人民服务。但是，也有一些同志，由于地位的变化而摆错了自己同群众的位置。他们身居领导岗位，而不愿迈开双脚到群众中去，不倾听群众的呼声，不关心群众的痛痒，不帮助群众排忧解难。群众在想些什么，他们不了解，群众有什么要求，他们不知道，甚至把人民公仆对人民应尽的义务，看成是群众有求于他，是给他找"麻烦"，因而敷衍塞责，甚至推诿不理。更严重的是，有的还把膨胀了的个人主义同权力结合起来，利用职权谋取私利。他们把个人和小家庭的利益看得高于一切，为此不惜损害群众的利益。这是当前我们一些党员和党员干部脱离群众、损害党的威信的一个突出问题。

在邬梦兆看来，在人民当家做主的社会主义国家里，职位越高，权力越大，对人民所负的责任也就越重。人民是不是真心拥戴我们，不是看你的权力大小，而是看你是否代表人民利益，想群众之所想，急群众之所急，为人民群众造福。为此，他怀抱"有则改之，无则加勉"的态度，通过参加所在党支部活动、班子民主生活会、找党外人士谈心交心等方式，虚心听取他人对自己的意见，同时通过完善各种议事决策制度，确保实行民主集中制，防止自己搞"家长制"和"一言堂"。为了使党的机关能够时刻保持密切联系群众的作风，他配合主要领导创造建立健全公开办事制度、建立健全廉政制度、建立健全党支部与党员目标管理制度、建立健全党内监督制度的"广州治党"模式。

他带头艰苦奋斗和廉洁自律。他认为，艰苦奋斗是党的优良传统，是我们党在中国革命和建设中形成的一种高尚作风和美德，是无产阶级世界观和政治本色的具体表现。在改革开放新形势下，坚持和发扬艰苦奋斗的优良作风，工作上要有"四股子劲"：一是饱满旺盛的干劲。只要是有利于党、有利于国家、有利于人民的事情，说干就干，全力以赴，全神贯注，毫不犹豫，知难而上，艰苦的担子抢着挑，不怕担风险，不怕负责任，不拖拉，不松劲，始终保持饱满的战斗激情。二是拼搏献身的拼劲。把个人的一切置之度外，处处以苦为荣，以苦为乐，愿为党的事业、人民的事业奉献自己的一切。三是锲而不舍的钻劲。只要是建设社会主义现代化需要的知识和技能，不论多么复杂，多么艰深，不懂就问，不会就学，干一行，爱一行，钻一行，专一行，成为本职岗位的专家和技术革新能手。四是大胆创新的创劲。不因循守旧，不作茧自缚，一切从实际出发，留心新情况，思考新问题，尊重新经验，追求新技术，勇于探索，勇于实践，勇于创新，不断开创新局面，创造新业绩。总之，要把对党的无限忠诚和对社会主义现代化建设的满腔热情融入本职工作的实干之中，用自己艰苦奋斗的实际行动来贯彻党的基本路线。在生活方面，廉洁奉公，克勤克俭，不挥霍浪费，不摆阔气，不讲排场，自觉抵制和反对金钱至上、唯利是图、挥霍浪费、追求享乐等资产阶级思想和行为；与群众同甘共苦，吃苦在前，享乐在后，先天下之忧而忧，后天下之乐而乐，自觉抵制和反对各种脱离群众的思想倾向，不搞任何特权，不搞任何特殊化，始终以普通劳动者身份生活在群众之中。由于有这样的思想，所以他正式到市政协上班后，没有因为办公条件不好，要求增加面积、装修办公室，而是简单地加了一个洗手间；也没有因为和普通干部职工一起用餐，要求搞不同级别的领导干部饭堂，相反，在他的关心下，市政协机关干部职工提高了生活补贴，市政协民主大楼饭堂有比较大的改善。

把党的思想政治建设放在极其重要的地位。他认为，加强党的思想政治建设，是团结全党实现党的庄严使命的中心环节，是保持我们党的无产阶级先锋队的必要条件，是坚持四项基本原则的根本措施。加强党的思想政治建设，落脚点是用马列主义、毛泽东思想武装全体党员的头脑。他提出加强共产党员自身的党性修养。他认为，党员修养不但贵在自觉，还贵在持之以恒。共产党员改造世界观、增强党性锻炼的过程，就是进行自我教育、自我改造、自我修养的过程，就是要在为党的事业奋斗中彻底抛弃自己身上的一切陈旧肮脏东西的过程。进行党性锻炼要有坚持不懈的精神，修养一阵子并不难，难的是自觉修养一辈子。在顺境中要加强党性修养，在逆境中也要加强党性修养，在无人监督之时更要加强党性修养。他说，伟大的无产阶级革命家周恩来同志曾经教导我们，要"活到老，学到老，改造到老"。这应该成为我们每个共产党员的座右铭。他在加强自身修养的同时，还推动市委有关部门在广州党的基层组织和广大党员中持续开展以"我为人民多奉献"为主题的创优争先活动，助力加强全市广大党员的党性修养。

邬梦兆特别强调党内思想政治工作对加强党的思想政治建设的作用。他认为，思想政治工作为经济建设和其他各项工作指明了正确的政治方向，是充分发挥党员和群众建设有中国特色的社会主义积极性的精神动力，是我们党抵御各种非无产阶级思想，特别是资产阶思想侵蚀的有力武器。他认为，新时期党内思想政治工作的主要任务，是正确宣传和贯彻执行党的"一个中心、两个基本点"的基本路线。新时期党内思想政治工作，必须落实到党员思想转化工作上，解决党员的思想、观点和政治立场问题。新时期党内思想政治工作，要根据正确宣传与贯彻执行党的基本路线的要求，结合调动受教育者内在积极性的特点，遵循下列主要原则：一是尊重人、理解人、关心人的原则；二是理论联系实际、具体问题进行具体分析的原则；三是思想政治工作要结合具体业务进行的原则；四是坚持自我教育和正面教育为主的原则。

邬梦兆还提出了新时期党内思想政治工作要注意总结实践经验，改进工作方法。他强调，要灌输引导，即做到生动活泼，通俗易懂，深入浅出，多层次、多形式、多渠道地进行；要熏陶感染，即运用富有文化艺术色彩的、群众喜闻乐见的、形象化的形式来进行教育活动，寓教于美，寓教于乐，寓教于形象感染；要激励鼓动，即通过对先进思想和行为的肯定和赞扬，使其强化和推广，激起党员奋发向上的精神；要批评转化，即运用我们党的批评与自我批评的武器，对党员存在的错误思想与行为予以否定，使之转化到正确的方向上来。总而言之，新的历史时期对思想政治工作的要求，绝不是降低了，而是提高了。要切实加强思想政治工作，通过全体党员和党员干部的自觉努力，在思想政治战线上真正筑起反腐蚀、反渗透的钢铁长城。

邬梦兆不但重视开展思想政治工作的软件建设，还非常重视其硬件建设。在他兼任市委党校校长期间，他争取市财政支持修建了市委党校勤学楼，还新修了市社会主义学院，为加强广州党员干部和党外干部思想政治教育创造了良好的条件。

把培养造就千百万社会主义事业接班人作为加强党的建设的头等大事。邬梦兆认为，加强党的建设其中一个最大的目标就是为党的事业培养骨干力量。加强干部队伍建设是搞好党的组织建设的重要组成部分，是在改革开放新的历史条件下加速社会主义现代化建设的重要组织措施。在他的眼里，党的干部是党的路线和政策的贯彻执行者。党根据不同历史时期的任务，制定出相应的政治路线。政治路线确定以后，干部就是决定的因素。有了正确的政治路线，如果没有得力的干部去贯彻执行，党的路线就不能变成广大人民群众的自觉行动。党的干部对党的路线的态度如何，直接影响路线能否贯彻执行。只有选拔千百万坚决拥护并积极贯彻执行党的路线的干部，才能使党的路线得以顺利地、卓有成效地贯彻。

党的干部是群众的表率和带头人。无论任何工作，都需要干部带领群众去做。党的各级组织机构，如果没有党的干部去组织管理，是无法发挥作用的。没有党的干部去联系群众，团结群众，组织群众，带领群众，也不可能取得社会主义现代化建设事业的胜利。

党的干部是党和国家机关及各种群众组织的中坚力量。由于我党处于执政党的地位，各级国家机关、群众团体、经济组织、文化组织的领导干部，大多数由党员担任。党员干部的素质高低、工作好坏，直接关系到我们党和国家各项事业的成败。这是一支强大的队伍。这支队伍能否建设好，是至关重要的。

无产阶级政党要把各级领导权掌握在忠于马克思主义、忠于党、忠于人民、全心全意为人民服务的人手里，就必须培养和造就一支宏大的革命干部队伍。共产主义事业是千秋万代的伟大事业，需要一代一代忠诚于马克思主义的干部去为之奋斗。国际范围内的两种社会制度、两种思想体系的斗争是长期的，而且在新形势下显得更加尖锐，党的各级干部能否经受住考验，直接关系到党和国家的兴亡。我们必须高瞻远瞩，采取得力措施，把干部队伍尤其是各级领导班子建设好，才能保证社会主义的红旗永不倒。

把各级领导班子建设成为马克思主义的坚强领导核心，是邝梦兆在封开、广州抓干部队伍建设重中之重的一项要务。他认为加强领导班子自身建设，是确保党的领导地位和国家长治久安的需要，是改革开放和社会主义现代化建设事业兴衰成败的关键，是解决领导班子存在问题的有效途径。据此，在抓领导班子建设的具体工作中，他和组织部门的同志确定了抓领导班子自身建设的六条标准，即政治上坚定，决策上民主，关系上协调，工作上开拓，作风上务实，生活上廉洁。确定了搞好领导班子自身建设必须抓好的五项工作：一是加强学习，不断提高领导班子成员的马克思主义理论水平；二是通过优化领导班子结构、强化主要领导自律、开好民主生活会等方式，加强团结，增强领导班子的凝聚力和战斗力；三是通过加大反对领导干部以权谋私、贪图安逸、任人唯亲的力度，造就党风廉政建设的铜墙铁壁，使领导班子做到廉洁奉公、勤政为民；四是坚持完善民主集中制，促进决策民主化、科学化；五是加强具体指导，使领导班子思想作风建设落到实处。

邝梦兆坚持贯彻革命化、年轻化、知识化、专业化的方针，抓干部队伍建设。他特别重视中青年干部的培养，提出切实做到"六要"，让他们在改革和建设的实践中锻炼成长。一是要加强党性锻炼，不断提高思想政治素质；二是要认真学习马列主义、毛泽东思想，不断提高理论水平；三是要谦虚谨慎，戒骄戒躁，不断提高改造主观世界的自觉性；四是要加强团结，积极开展批评和自我批评，不断提高领导班子的战斗力；五是要密切联系群众，不断提高执行群众路线的自觉性；六是要严

72

于律己，为政清廉，不断提高反腐败的自觉性。在具体培养中青年干部方面，他大力推广"爱才之心，育才之方，用才之法，成才之道"的"十六字"经验。其中，爱才之心，就是只要本质好、主流好，即使有缺点，也应该大胆任用；育才之方，就是与爱才有机结合在一起，有针对性地结合每一个体的优缺点，为之创造实践或书本学习的机会；用才之法，就是知人善任，安排合适的老同志做好传、帮、带；成才之道，就是鼓励支持其在实践中勤学、勤思、勤问、勤干。

邬梦兆重视妇女干部的培养。他认为，女干部是妇女群众中的骨干，是我党干部队伍的重要组成部分，积极地培养、选拔女干部，既是执行党的干部政策的一个重要方面，也是体现社会主义国家妇女解放的一个重要标志。女干部参与国家政权和公共事务的管理，是发展社会主义民主政治，调动广大妇女参加社会改革的需要，也是党和政府密切联系妇女群众的需要。在配备领导班子时，重视女干部的选拔和配备，有利于发扬民主，实现男女平等，有利于优秀妇女脱颖而出，有利于领导者不同气质的互补，优化领导班子群体结构。他提出并开展了有计划地精心做好培养、选拔女干部的工作：一是制定一个长远的系统的培养女干部规划和一整套切实可行的具体措施，并认真抓好落实；二是抓好培养教育工作，着力提高广大女干部的综合素质；三是精心选拔和大胆任用女干部；四是把培养、选拔女干部工作列入各级党委的议事日程，作为干部队伍建设的一项重要工作来抓；五是动员全社会共同关心女干部的成长。

邬梦兆认为，培养选拔女干部工作是一项社会性很强的系统工程，需要做长期艰苦细致的工作，需要全社会共同关心，互相支持、配合，甚至需要每个女干部的家庭及其亲属、子女的热情支持和大力配合，才能把这项工作做好。他要求，组织人事部门充分发挥自身作为党委选拔、任用妇女干部的职能部门作用，把培养、选拔女干部工作纳入干部工作的总体要求之中，作为一项经常性工作，摆上应有位置；同时经常主动地加强与妇联的联系，及时收集有关妇女人才成长、分布、变动的信息，支持各级妇联设立的妇女人才信息站（组）的工作。他要求，各级妇联组织积极配合组织人事部门做好培养、选拔女干部的工作，主动反映情况，举荐人才，并进一步加强对女干部成长规律的研究，切实帮助广大女干部提高自身素质。各级宣传舆论部门、教育部门、工会、共青团、科协等群众团体和各民主党派，都应根据各自的特点，积极配合做好培养、选拔女干部的工作。要在全社会广泛宣传马克思主义的妇女观，宣传培养、选拔女干部工作和妇女参政议政的重要意义，宣传我党重视妇女工作的优良传统和培养、选拔女干部的方针政策，宣传我国广大女干部在革命战争时期和建设时期的伟大作用，宣传各条战线妇女先进模范人物和优秀女干部的业绩，提高她们的知名度，破除重男轻女的陈腐偏见，动员社会各界都来关心、支持女干部的培养、选拔工作，努力培养、造就一支宏大的、德才兼备的、忠诚于社会主义事业的女干部队伍。

他提出，充分发挥老干部的传、帮、带作用，更好地贯彻落实革命化、年轻化、知识化、专业化的干部队伍建设方针。他提出，扎实做好后备干部的培养工作：一是选派干部到基层锻炼。凡未在基层工作过的中青年干部，原则上都要补上这一课，对后备干部应优先安排到基层锻炼，并逐步形成制度。二是对长期在基层工作、潜质较好的优秀干部，可以抽调到上级机关的综合部门工作，拓展他们的视野，提高他们的思维能力和协调能力。要有计划、有步骤地在基层抽调一批优秀的中、青年干部到党政领导机关的综合部门工作。三是把较成熟的后备干部，放到关键岗位上培养，尽可能让他们得到独立负责一个单位或一个方面工作的锻炼，对已经具备高一层次任职条件的副职领导干部，要不失时机地安排到正职或主要领导岗位上，或扩大其分管范围，使之得到更加全面的锻炼。四是通过党校、干部院校对后备干部进行培训，在两三年内，将未经党校培训的县以上单位领导班子的后备干部全部轮训一遍。1987、1988 这两年间，他协助市委先后安排两批市机关优秀年轻干部到区、县培养和锻炼。第一批选拔了三名市机关正局级优秀年轻干部分别到三个区担任区委书记一职；第二批选拔了二十名市机关正处级优秀年轻干部分别到十二个区、县，担任区、县委副书记或副区长、县长一职。实践证明，经过两三年基层实际工作的磨炼，这批干部都成长起来了，被选拔到高一级的岗位担任领导工作职务，发挥更大的作用。

在加强干部队伍的实践中，邬梦兆还组织人事部门，建立和完善了干部交流制度。他认为，实行干部交流制度，有利于继续发扬我党干部工作的优良传统，不断提高干部队伍的活力；有利于干部在更广阔的范围内经受锻炼，丰富经验，增长才干，提高领导水平；有利于干部振奋精神，转变作风，在比较超脱的环境中大胆地放手工作；有利于合理调整各级领导班子结构，增强领导班子的整体功能。他鼓励被安排交流的干部在交流中自觉地经受锻炼，努力提高自己的思想政治素质和领导水平，愉快地服从组织安排，安心地做好本职工作。无论是下派基层锻炼的同志，还是选派到领导机关锻炼的同志，都应消除"做客"思想与"打临时工"观念，自觉地做到"五不"：一是"不骄"，即思想上不能骄傲自满、自以为是。二是"不浮"，即作风上不能浮躁、华而不实，提倡深入群众、深入实际、扎扎实实、埋头苦干的工作作风。三是"不粗"，即工作上不粗心大意，不粗枝大叶，要精心研究，精心安排，精心操作，做到精益求精。四是"不奢"，即生活上不奢侈，不讲排场、摆阔气、比享受。要牢记唐代李商隐《咏史》中"历览前贤国与家，成由勤俭败由奢"这两句诗，不要忙于参加宴会、出访、参观、庆典等活动，而是要艰苦奋斗，多挑重担，勤勤恳恳地工作。五是"不贪"，就是经济上不贪小便宜，不搞以权谋私。宋代包拯讲过："廉者，民之表也；贪者，民之贼也。"总之，就是干部通过交流锻炼，使自己的思想政治素质、工作水平和领导能力都得到一定的提高。

聚精会神抓好党的建设

不断提高各级党委抓好党建工作的自觉性。邬梦兆深知，改革开放越深入，越要加强党的建设。只有强化党的建设，才能保证改革开放不断迈向深入，始终处于进行时。他常常提醒从事党建工作的同志，必须提高认识，排除思想障碍，不断增强抓好党建工作的信心和决心。要真正做到聚精会神地抓党建，重要的一条，就是要从思想上真正认识抓好党建工作的重要性、必要性和紧迫性，发挥主观能动性。

讲究工作方法，摸索出一条适应新时期需要的加强党的建设的路子：一是正确处理党建工作与经济工作的关系；二是正确处理党建工作中的统一领导与分工负责的关系；三是正确处理临时性、突击性工作与经常性的党建工作的关系。

抓好党委领导班子的自身建设，充分发挥"一班人"的模范带头作用。党委领导班子成员，特别是党委的主要领导干部要切实做到"五个带头"：一是带头学习马列主义、毛泽东思想基本理论和党的基本路线、党的基本知识；二是带头搞好团结，经常地开展批评与自我批评；三是带头保持密切联系群众、艰苦奋斗的作风；四是带头识大体、顾大局；五是带头遵纪守法，廉洁奉公。

建立和健全一系列行之有效的制度，使党建工作经常化、制度化、规范化。即建立健全党的领导制度、工作制度、生活制度、组织制度、监督制度，同时建立与这一系列制度相适应的具体规范和具体程序制度，确保党建工作规范化、经常化，党建工作的确定性、稳定性、权威性、连续性，有效防止党建工作"重视时抓一下，忙起来松一下"现象的发生。

强化自觉性，离不开理论学习，只有思想自觉才有行动的自觉。为此，邝梦兆强调，抓党建工作首先要加强党委自身的理论建设。要求党委成员必须高度重视马克思主义理论的学习，第一把手更应率先垂范；紧紧把握当前党建的主题，从思想理论上明辨是非；统一规划，统筹安排，健全党员干部的学习培训制度；从实际出发，不断改进理论学习、研究的方法。

坚持实事求是的思想路线。邝梦兆认为，实事求是是我们党的好传统、好作风，是我们党取得革命与建设胜利的重要保证，是我们党的"传家宝"。他要求，各级党委要坚持实事求是的领导作风，运用实事求是思想路线来抓好党建工作，开创党建工作的新局面。他提出，通过抓重点、抓基层、抓典型、抓落实的"四抓"，将实事求是思想路线化作抓党建的具体措施，贯穿于实践当中。

具体办法就是由党委领导通过各种形式和途径，做一般性的号召，动员和教育基层党组织和广大党员行动起来，为实现党的各个时期的任务而奋斗；另一方面，党委领导成员又直接深入若干基层组织和群众之中抓点试验，取得经验后再推广。这样，把一般号召和个别指导紧密结合起来，就可以推动党建工作的深入发展。如果没有一般号召，就不可能推动全局和指导面上的工作；如果只限于一般号召，也就无法检验一般号召是否正确，无法充实一般号召的内容，无法深入实际，发现新情况、新问题。还可以采取"抓两头，带中间"的方法。要善于依靠和发挥党员中先进分子的骨干带头作用，教育帮助后进转变思想，从而带动、教育和促进中间分子觉悟，使他们积极行动起来，完成党交给的各项任务。

坚持实事求是的思想路线，关键是走群众路线。据此，邬梦兆要求各级党委坚持做到：一是认真学习和掌握马克思主义的唯物史观，自觉自愿走群众路线，先当群众的学生，再当群众的先生，依靠群众，造福群众。二是树立全心全意为人民服务的宗旨，立足群众，深入党员群众之中及时地掌握广大党员的思想脉搏，切实做到"从群众中集中起来又到群众中坚持下去，从而形成正确的领导意见"。三是树立"立党为公"的理念，把关心广大党员群众的政治利益和物质利益摆在首位，深入基层、深入群众，多为党员群众办实事，密切党群关系、干群关系。他提醒，党委领导成员在走群众路线时，切忌"飘浮"。凡是走马观花、浮光掠影式的参观访问，外交礼节般的互致问候，不仅收不到实效，反而会起反作用。党委应订立一些切实可行的制度，明确分工，责任到人，定期考核。认真地治理"文山会海"，尽量精简、合并一些会议，不要老是通过开会来抓党建，要真正"沉"下去，做到与党员心贴心，摸准党员的思想脉搏，找到与党员的共同语言。党委在为党员、群众办实事时，必须考虑党员、群众的承受能力，考虑全局和大多数人的利益。否则，办实事就会陷入庸俗化的窠臼。防止那种热衷于搞一些有形的"政绩"，表面上看是办了实事，其实党员并不满意的做法。也不能满足于为少数人"开小灶"，解决一时一地的问题，而引起多数人的不满。党委为党员、群众办实事，要办到党员、群众的心坎上，让他们心里高兴。四是通过建立健全接待群众来访日制度，直接与群众对话，设立"领导专线电话"，组建官方与民间相结合的决策咨询研究机构等方式，构建自觉接受广大党员群众批评监督的走群众路线工作平台。

建立和健全党建工作的各项制度。邬梦兆认为，只有构建党建工作有效运行起来的一系列体制机制，才能克服一些地方、一些单位存在的"一手软、一手硬"或"一时软、一时硬"的状况，使党委抓党建工作同抓其他工作一样，做到有章可循，正常运转，真正做到党要管党。据此，他带领组织部门同志以建立和健全党委抓党建工作的责任制为终极目标，推动各级党委建立和健全党委成员抓党建工作责任制；建立和健全党委定期讨论、研究党建工作的例会制度；建立和健全党建工作调查研究制度；建立和健全党建工作分工联系责任区制度；建立和健全党委书记定期汇报党建工作的制度。

探索开展试行党建工作目标管理的实践。明确党建工作目标管理要求是：党委根据党章及上级党组织提出的有关要求，结合本地区、本单位党组织、党员队伍状况和行政工作任务，制定本地区、本年度或一定时间内的双重工作目标，从思想、政治、组织、作风、管理、教育等各个方面提出具体、明确的质的标准和量的要求，并逐步落实到每一个支部、每一个党员，从而充分发挥党组织的战斗作用和党员的先锋模范作用。同时，要求各级党委根据党的中心任务来制定党建工作目标；把党建工作目标进行分解，落实责任，组织实施；逐级进行定期检查考核，制定出相应的考评标准，作为检查考核目标的实施依据。检查考核注意做到：单项考核与总体考核相结合，自我考核与组织考核相结合，定性考核与定量考核相结合。检查考核的方式，采用"百分制"考核、级类制考核或者"双向"考核等办法，突出考核的科学性和实效性。

建立和健全党委抓党建工作的经常性制度。第一，每年突出一个主题，开展创先争优活动，对党员进行具体生动的教育。围绕"三基一优"，即基本国情、基本路线、党的基本知识和优良传统的教育内容，根据形势发展的需要和上级党委的要求，结合基层的实际，在调查研究的基础上，每年突出一个教育的重点，作为主题，组织开展创先争优活动，使党员教育常抓常新。第二，每年召开一次党建工作会议，专门研究和部署年度党的建设工作，总结经验和教训，并根据每一年度的中心工作，提出党建工作的任务和要求。这样既有利于表彰先进，树立典型，不断地调动广大党务干部的工作积极性，也有利于及时发现党建工作中遇到的新情况、新问题，有针对性地制定改进工作的措施。第三，每年开展一次党建工作大检查，以自检与互检相结合、重点抽查与普遍检查相结合、总结先进经验与指出存在问题相结合、由下而上检查与由上而下检查相结合的"四个结合"，开展党建工作大检查，促进党建工作不断深入开展。

每年由各级党委统一组织开展一次全面的党建工作大检查。由于时间集中、力量集中、领导精力集中、检查内容集中，既可以避免因多部门、多批次下基层检查，出现影响基层正常工作秩序的现象，又能够使基层有准备、有时间、有精力来总结党建工作的成绩和经验，检查工作中存在的薄弱环节，研究和制定改进的对策和措施，并在认真搞好自检的基础上，向上级党组织全面汇报本地区、本单位党建工作情况。这样做能够使党的组织工作、干部工作、宣传工作、党员教育工作、党风党纪工作和统战工作等的检查融为一体，形成一个既互相比较、又互相联系的检查系列，能够全面检查党建工作实际运作的情况。

第六章
群团工作的亲密伙伴

人民群众是中国特色社会主义伟大事业的创造者

邬梦兆之所以成为群团工作的亲密伙伴，与他把爱民之心全部倾注在他所分管的群团工作有关；与他把所分管的群团机关负责人、把广大从事群团工作的干部当作良师益友有关；与他始终坚持实事求是走群众路线有关；与他与时俱进，学习运用党的群团工作理论，不断推进群团工作创新发展有关。

人民群众是历史的创造者，是我们党的事业发展的力量源泉和胜利之本。邬梦兆认为，依靠群众自己解放自己，是马克思主义的基本原则，群众路线是党的工作的根本路线。群众工作的任务是遵照党的政治路线，围绕党在各个时期的中心工作，宣传群众、发动群众、组织群众，把人民群众团结在党的周围，把党的路线、方针、政策变为群众的自觉行动，动员群众为实现自己的根本利益而奋斗。只有做好群众工作，充分发挥人民群众的积极性、主动性和创造性，我们党的事业才能兴旺发达。

怎样才能做好新时期群团工作？邬梦兆一方面认真学习领会党的十三大、十四大精神，深刻领会并准确把握党的十四大通过的《中国共产党章程》关于"党必须加强对工会、共产主义青年团、妇女联合会等群众组织的领导，充分发挥它们的作用"的精神实质，并以此为指导，推动广州群团工作的新发展；另一方面，又从广州的实际出发，结合广州的实践，不断总结经验，用经验推动广州群团工作扎实开展。他认为，不同的战线和行业，不同的地区和单位，有不同的情况，因而开展群团工作不能一概而论，要做具体分析，区别对待。但有六条共同的规律可循，需要始终坚持。

一是切实加强党对群众组织的统一领导。二是积极支持群众组织依照法律和各自的章程独立自主地开展工作。三是积极支持群众组织在维护全国人民总体利益的同时，更好地维护各自所代表的群众的具体利益。四是在改革开放中积极发挥群众组织在国家和社会事务管理中的民主参与、民主监督的作用。五是认真加强群众组织干部队伍的建设，特别是加强群众组织领导班子的建设。六是加强群众组织的自身建设，不断改进工作，以适应改革开放的要求。

在全面把握以上六条群团工作特点和规律的同时，还必须正确认识和处理好"四个方面的关系"。邬梦兆认为，唯有这样才能充分发挥群众组织的重要作用。

一是正确认识和处理群众组织既代表群众，同时又是党联系群众的桥梁和纽带的关系。二是正确认识和处理群众组织既要维护各自所代表的群众的具体利益，又要维护全国人民总体利益的关系。三是正确认识和处理群众组织既要服从党的政治领导，又要独立自主地开展工作的关系。四是正确认识和处理群众组织既要为群众说话、做群众的代言人，又要站在党的立场上教育、引导群众为党的中心工作服务的关系。

加强和改进群团工作，
充分发挥群团组织在改革和建设中的重要作用

邬梦兆认为，随着全党工作重点的转移，随着对外开放的不断扩大，随着产品经济向社会主义商品经济的转变，随着经济体制政治体制改革在更深的层次、更大的范围内逐步展开，我们的国家正在经历着一场全面而深刻的伟大变革。在这个重要的变革时期，新旧体制之间的冲突、经济基础和上层建筑之间的矛盾，以及由此而引起的社会政治生活中各个阶层、各个群体、各个方面之间的矛盾和利益关系更加多元化，更加复杂化。在这新形势下，群团工作的内容更加丰富，任务更加艰巨，难度更大，要求更高。因此，特别需要进一步提高对加强和改善群团组织工作重要意义的认识。

但在实际工作中，一些党政领导干部以及一些群团组织领导人，仍然不同程度地存在着轻视或忽略群团组织作用的倾向，存在着一些模糊的思想认识。比如，有的党政领导同志认为，群团组织不过是"小配角"，作用不大，看不到群团组织是群众为维护自身利益组织起来的政治团体，承担着重要的职责和任务，看不到群团组织在参与和支持社会主义改革和建设事业中所起的重要作用；有的则认为没有必要搞那么多群团组织，担心群团组织多了，意见多，关系难以协调；有的认识不到群团组织存在的必然性和必要性，对群团组织的工作不积极支持，不热心帮助，把群众组织摆在可有可无的位置上；有的则把群团组织等同于党政工作部门，用行政手段来指挥领导群团组织，干预了群团组织的工作，代替了群团组织的职能。另一方面，有些群团组织领导人员的群众组织意识不强，认识不清群团组织的根本性质和主要职能，把握不住群团组织工作的特点和基本的工作方法，喜欢用行政的方法来抓群团组织的工作，致使一些群团组织带有明显的"官办"气息和行政化倾向，缺乏活力；有的自主意识不强，过多地依赖党政部门，而不善于按照群团组织的特点和规律，独立自主地开展各项活动，不能正确地认识和处理好党群之间、各个群团组织之间的关系；有的改革意识不强，缺乏开拓创新的精神，满足现状，不积极地分析和解决新形势下群团组织工作中出现的新情况、新问题，仍然习惯于用五六十年代的一些过时的工作方法和活动方式去指导群团组织，致使一些群团组织的工作长期停留在比较低的水平上。所有这些，都在一定程度上影响了群团组织工作的开展，影响了改革和建设事业，必须加以纠正。

进一步改善和加强党对群团工作的领导。基于这样的认识，邬梦兆以党的十三大关于"要使群众组织能够按照各自的特点独立自主地开展工作，能够在维护全国人民总体利益的同时，更好地表达和维护各自所代表的群众的具体利益"，作为社会主义初级阶段党的群众工作的指导方针，要求广州市各级党委重视群众工作，重视发挥群团组织的作用，切实改善和加强党对群团组织工作的领导。

一是加强党对群众组织的政治领导，即在政治原则、政治方向、重大决策上的领导。党委对群众组织的领导，主要是贯彻落实中央有关群众工作的指示；对本地区群众工作的重大原则问题做出决定；支持本地区群众组织按照各自的章程独立自主地开展工作；选拔推荐本地区群众组织的领导人员。基层企事业党委与基层工会、基层团组织、基层妇女组织的关系是：支持它们独立自主地开展工作，参与本单位的民主管理和民主监督；在贯彻执行党的路线、方针、政策和职工队伍建设方面给予指导；注意了解和解决它们反映的重大情况和重大问题；在基层工会、基层团组织和基层妇女组织干部因维护职工和妇女合法权益受到不公正待遇时，给予保护。

二是各级党委把群团组织工作摆上重要议事日程。在分析、讨论一个时期的工作形势时，同时分析、讨论群众的情绪、要求；在部署工作时，充分估计工青妇群团组织能够发挥的作用；定期召开常委会议，听取群团组织工作的情况汇报，讨论群团组织工作的重大事宜。同时，定期（半年或一年）与群团组织领导人员座谈，在此基础上，每年或两年召开一次群团组织工作会议，解决一些带有共性的问题。

三是支持群众组织按照各自的章程独立自主地开展工作。各级党委从群众组织各自的不同情况出发，采取不同的领导方式，指导群众组织的工作；尊重群众组织的系统领导，对上级群众组织的工作部署，予以重视，并督促同级群众组织结合本地实际情况认真落实；理顺党群之间、政群之间、群众组织之间、社会有关部门同群众组织之间的关系，协调解决群众组织工作中出现的各种矛盾。

四是加强对群众组织领导人员的选拔推荐工作。坚持党的干部"四化"方针，选拔那些组织领导能力强、适合群众组织工作的干部作为候选人。各级党委、政府和行政部门，严格执行中央的有关政策规定，切实解决各级群众组织领导人员的政治、生活待遇问题。群众组织的兼职干部，也依此精神享受相应的政治待遇和岗位津贴。

五是加强群众组织干部队伍建设。把群众组织干部的交流纳入整个干部交流系列，统筹安排，使群众组织干部保持生机和活力。在进行干部人事制度改革的同时，加强对群众组织干部的培训工作，努力建设一支具有较高理论水平，熟悉群众工作业务，真心实意为职工、青年、妇女服务的群众组织干部队伍。为此，要进一步办好工会、共青团、妇联的干部学校，逐步建立和完善以工会、共青团、妇联干部学校为主体，包括其他各类培训机构在内的培训网络。

六是支持群众组织搞好群众活动阵地的建设。各级政府和行政部门对群众组织活动阵地的建设，拨出专款，并纳入城市建设规划中。凡在"文革"中占用群众组织活动场所的，除个别有特殊困难和原因，经各级政府同意做特殊处理之外，都归还给群众组织。同时，逐步扩大群众组织的活动经费来源，群众组织的活动经费按财政划拨、行政拨交以及自筹等途径解决。各级政府还根据群众工作发展和物价上升等因素，适当增加对群众组织活动经费的划拨。

认真搞好群团组织的自身改革。邹梦兆认为，进行群团组织的自身改革，是政治体制改革、建设社会主义民主政治的重要组成部分，是加强群团组织建设的正确途径，是充分发挥群团组织重要作用的基本保证。根据党的十三大、十四大关于群团组织体制改革的原则要求，以及中共中央书记处原则通过的工青妇组织的体制改革设想，经与广州市群团组织负责人认真商议，邹梦兆协助市委出台了广州市群团组织改革的方案。该方案围绕增强基层群团组织活力这一中心环节，从制度改革入手，积极稳妥地推行。

一是按照有利于增强基层活力、有利于密切联系群众、有利于体现群众组织工作的特点和规律的原则进行改革。市级和区、县群众组织要通过改革，加强调查研究部门和信息综合部门，提高参政水平，更好地为领导决策科学化服务。强化维护职能，使群众组织在维护全体人民总体利益的同时，更好地表达和维护群众的具体利益。基层群众组织的设置，打破过于单一的模式，允许企业在上级群众组织的具体指导下进行试验。考虑到妇联具有广泛的群众性、社会性和统战性，对基层妇女组织的设置，由市妇联在党政机关、企事业单位中，进行一些妇女组织设置改革的试点，以适应新形势下做好妇女工作特别是做好职业妇女工作的需要。

二是改革干部人事制度。各级工、青、妇组织的主要领导干部，仍实行由同级党委管理为主，上一级工、青、妇组织协管的体制。各级群众组织负责人的产生严格按照民主程序进行。候选人的推荐要公开化，增加透明度。坚持民主选举，改"委任制"为"选举制"，充分体现选举人的意愿。基层群众组织负责人还可试行直接选举产生。关于群众组织干部队伍的配备形式，一方面随着干部人事制度的改革，试行在全社会公开招聘、择优录用干部，以拓展群众组织的干部来源渠道，保持群众组织的生机与活力；另一方面建立群众组织干部的正常流动制度，积极向党委、政府和有关部门推荐干部，做好干部的交流工作。

三是改革群团组织的活动方式，明确划分各级群团组织的议事范围和主要职责。市一级的群团组织，以搞好民主参与和社会监督，进行理论政策指导，开展调查研究，抓好干部培训交流等工作为主，同时做好群团组织开展活动的协调工作。把群团组织活动的重点放在基层。除少数示范性活动外，各群团组织一般不组织全市性重大活动。如确实需要组织的，一定要讲求实效，避免形式主义。加强各级群团组织活动阵地的建设，以适应群众组织活动重点转移的需要。

四是努力办好文化福利和经济事业，增强群团组织的吸引力和凝聚力。工、青、妇组织可以充分利用自身的组织优势和人才优势，利用群团组织在国内外的经济技术交流渠道，适当兴办一些为职工、青年、妇女，为社会服务的文化福利事业和生产性、服务性经济事业。群团组织兴办的经济事业，要与群团组织机关脱钩，与财政挂钩：上缴财政的收入，视实际情况部分或全部返还给群团组织作活动经费，但不得用作群团组织领导人员和工作人员的奖金。同时，还可按规定让群团组织享受社会同类事业单位的有关优惠政策。

立足全面深化改革的新形势，充分发挥群团组织的作用。邬梦兆在推动广州群团组织积极开展自身改革的同时，还从以下五个方面进行新开拓。

一是充分发挥群众组织团结、动员、教育群众的作用。党中央关于全面深化改革的重大决策要得到顺利实施，必须靠广大群众的积极支持和配合，形势教育是使党的正确主张为群众所接受和理解的重要方法。他要求各级工、青、妇组织要把形势教育作为当前一项重要任务来抓。各级工、青、妇干部要深入基层，结合实际，向职工、青年、妇女宣传十年改革开放的巨大成就。并且同广大职工、青年、妇女一起，认真分析和正确对待当前出现的物价上涨幅度过大、社会分配不公和某些党政机关工作人员中出现腐败行为等新情况、新问题，帮助他们正确区分哪些是改革和发展中必须实行的政策，哪些是必须通过深化改革和加强制度建设积极创造条件加以克服的消极现象，哪些是因为工作缺乏经验或失误带来的暂时的局部问题，哪些是必须严肃处理的破坏国家和人民利益的违法乱纪行为，使广大职工、青年、妇女能够更好地理解和支持改革，理解和支持党的方针、政策，增强信心，自觉投身改革和建设的事业，为逐步建立社会主义商品经济新秩序做出应有的贡献。

二是充分发挥群众组织作为党联系群众的桥梁、纽带作用。各级党委要切实纠正某些地区和单位存在的把群众组织当作党委的职能部门，对群众组织工作包揽过多、统得过死的倾向。根据群众组织各自的特点和职能，支持它们独立自主地开展工作，使群众组织逐步摆脱"官办"的气息和行政化的倾向。同时，把同群众组织代表进行协商对话工作经常化、制度化，及时了解群众组织和各界群众的意见和要求，认真解决群众组织在工作中碰到的困难和问题，积极协助群众组织发展文化、福利事业和经济事业，增强群众组织为群众说话办事的物质力量。此外，通过各种形式，特别是充分利用《广州日报》、广州电视台等舆论阵地，宣传新时期群众组织的社会职能和社会作用，宣传群众组织在"两个文明"建设中的突出贡献，开展群众组织改革的专题讨论，以扩大群众组织的影响，增强广大群众对群众组织的信任感。

群众组织要认真学习和贯彻党的路线、方针、政策，努力摆脱长期以来因"左"的束缚而形成的依附性，积极探索搞活群众工作的新路子，勇于独立自主地开展工作。并在工作中把党的要求同群众的愿望有机地衔接起来，既为各界群众说话办事，又动员各自所代表的群众，为实现政府提出的各项任务努力工作，使党的方针、政策更好地变为广大职工、青年妇女的自觉行动，使群众组织更好地成为党和政府联系群众的桥梁和纽带。

三是充分发挥群众组织参政议政的作用。为了更好地发挥群众组织参政议政的作用，要做到县以上人大、政协组织都有群众组织的合理席位，党代会、人代会、政协会议中群众组织的代表也有合理的比例，以充分体现广大群众的意见和愿望，表达群众的利益和意志；各级政府的日常工作，设立固定有效的反馈制度，使群众组织有明确和固定的渠道，表达自己对国家行政事务的意见。在这些制度未建立之前，市、区、县群众组织的负责人，可列席本级政府的有关会议，参加有关重要活动；局（总公司）、公司群众组织的负责人，参加主管局、公司的有关会议和涉及群众利益问题的重要活动；各级政府及有关部门，保障群众组织参政议政作为自己工作的法定程序，在制定有关经济、社会、文化发展规划和各种体制改革方案，以及同职工利益相关的法令、法规、条例、办法、政策时主动将草案提交给相应的群众组织讨论，召开有关会议时，请群众组织的代表参加，充分听取他们的意见，并对意见的处理情况做出答复。

群众组织参政议政的作用能否充分发挥，在一定程度上还取决于群众组织掌握情况和研究问题的深度和广度。为此，各群众组织领导人员和工作人员要经常深入群众，加强调查研究，提出有效的对策措施，提高参政议政能力，真正发挥参政议政的作用。

四是充分发挥群众组织参与协调社会矛盾的作用。全面深化改革，将会引起社会利益的调整，触动群众的切身利益。因此，各级党委、政府要发挥群众组织参与协调社会矛盾的作用。比如在物价和工资改革中，既要依靠群众组织，向各界群众宣传改革的重大意义和深化改革的必要性，宣传我国国情和改革的复杂性、艰巨性，使广大群众增强改革的承受力，满腔热情地关心和支持改革；又要通过群众组织的反馈意见，及时了解和掌握广大群众的经济和心理承受力，做好建立合理、可行的物价补偿制度的工作，完善工资与经济效益挂钩的工资制度。在深化企业改革中，也要依靠群众组织协调生产者与经营者之间出现的各种矛盾，建立和完善生产者与经营者相互依靠、利益共享、风险共担的合理机制，把维护职工利益与维护企业利益结合起来，使企业在商品经济的风浪中生存与发展。

五是充分发挥群众组织的民主监督作用。工、青、妇等群众组织对政府工作实施民主监督，是保证社会主义制度不断完善和政府工作清正廉洁的重要措施。因为它们同群众有广泛的联系，有从上到下完整的组织系统和渠道，掌握着一定的舆论工具，完全能够形成一个有效的社会监督机制，并发挥重要的作用。群众组织对政府工作监督的准则，是党的各项方针、政策，国家宪法和法律，以及人民的根本利益和合法权益，并通过日常的观察评价以及参与政府和社会事务的管理来实现。监督的形式是通过新闻舆论工具，党和政府的纪检、监察部门，以及群众民主评议干部等。对党政机关工作人员、企事业行政领导人员的违法乱纪、以权谋私行为和侵犯群众合法权益行为，群众组织要进行监督、批评，甚至举报和控告。各级政府应当切实保障它们行使这种权利，支持它们发挥监督作用。在基层企事业单位中，健全和完善各群众组织代表会议制度，并落实各项职权；工、青、妇等群众组织的代表会议，有权审议企事业生产经营管理的重大决策，有权维护职工的合法权益和监督行政领导，基层企事业行政要积极支持它们依法参与本单位的民主管理和民主监督。

广州群团组织工作成效显著。在市委的领导下，邬梦兆的具体推动下，广州市工、青、妇等群众组织在改革和建设中做了大量工作，取得了显著成效：

——群众组织的队伍日益扩大，成为推动改革的重要社会力量。随着社会主义商品经济的蓬勃发展，广州市工、青、妇等群众组织日益壮大，至1992年，全市共有基层工会组织近6000个，工会小组约10万个，工会会员达124万人；有基层团委（总支）1900多个，团支部10000多个，共青团员已发展到32万人；有妇联组织2567个，妇女民间社团从五年前的一个发展到十多个。在改革开放中，这支群众组织队伍始终服从于和服务于改革的全局，旗帜鲜明地支持改革，把改革作为主题贯穿到了各自的工作中。广大工会、共青团、妇女工作者关心改革全局，认真处理改革和建设中涉及职工、青年、妇女利益的各种问题，维护他们的合法权益。与此同时，还经常地、反复地向广大职工、青年、妇女宣传改革的重要意义，使他们深刻认识改革是建设有中国特色社会主义的唯一出路，是全体人民的利益所在，从而不断提高他们对改革的心理承受力，自觉地做改革的支持者和实践者，积极投身经济体制和政治体制改革，有力地推动了广州市改革开放和经济建设的发展。

——群众组织的活力日益增强，成为团结和培育职工、青年、妇女的一支主力部队。改革开放以来，广州市各级工、青、妇等群众组织，努力把群众工作的重点放在基层，在加强基层群众组织建设和职工、青年、妇女队伍建设方面做了大量的工作。比如，在职工、青年、妇女中广泛深入地进行建设有中国特色的社会主义理论和基本政策教育，使广大职工、青年、妇女提高了在社会主义现阶段以经济建设为中心，坚持改革开放，坚持四项基本原则的自觉性；采取多种形式对广大职工、青年妇女进行法制教育、职业道德教育、劳动纪律教育和技术业务培训，开展岗位练兵和自学成才活动，提高了职工、青年、妇女队伍的政治业务素质，大批优秀人才从职工、青年、妇女队伍中脱颖而出；深入开展"增产节约，增收节支"的社会主义劳动竞赛，保证了国民经济计划的完成；关心职工、青年、妇女生活，开展各种群众文体活动，把各级工、青、妇组织办成了职工、青年、妇女之家。群众组织工作重点转移到基层，不仅加强了职工、青年、妇女队伍的建设，而且使工、青、妇组织的活力得到增强，在政治和社会生活中的地位以及在职工、青年、妇女心目中的地位有了很大提高。比如市总工会组织开展的"振兴中华读书自学"活动、"双爱五创"活动，团市委的"微笑的广州"系列活动，市妇联的"家庭文明建设"活动，普遍受到职工、青年、妇女的好评，在全国也有一定影响，受到了中央、省、市有关部门的表彰。

——群众组织的作用日益显著，成为贯彻执行党在社会主义初级阶段的基本路线的重要保证。在改革开放中，各级工、青、妇组织重视搞好自身的组织体制、干部制度、选举制度等项改革，保持群众组织的生机和活力，使群众组织在民主参与、社会监督方面，尤其是在参政议政方面的作用日益明显。他们同各级党委、政府和企业行政开展了协商对话，参与党委、政府涉及职工、青年、妇女切身利益的重大决策的讨论，表达广大职工、青年、妇女的愿望和要求，在全市经济发展计划和有关方针、政策的制定方面发挥了一定的作用。比如在处理工资与物价的关系、保障低收入职工和退休职工生活、加强妇女和青少年保护、培养选拔妇女干部等问题上，工、青、妇组织都提出了积极的意见和建议，其中有的重要意见已分别被党委、政府或有关部门采纳。群众组织参政议政作用的发挥，既有助于各级党政领导决策的科学化、民主化，又使广州市民主政治建设迈出了新的步伐。同时，各级工、青、妇组织还开展了适应职工、青年、妇女特点的活动，维护各自代表的群众的合法权益，积极参与国家和社会事务的管理，体现了人民群众的国家主人翁地位，增强了群众组织的吸引力和凝聚力，在动员、教育和组织职工、青年、妇女投身社会主义物质文明和精神文明建设方面发挥了重要的作用。

以良师益友的角色，加强对群团工作的具体指导

邬梦兆作为市委分管群团工作的领导，是全市群团组织的领导，但他并没有把自己视为领导，而是把自己当作群团外行，虚心向主持群团组织工作的同志学习，向他们讨教，与他们共同商量工作；把自己当作主持群团组织工作同志的长者，急他们之所急，千方百计帮助他们排忧解难，合力推动群团工作的创新。

增强改革、群团、服务意识，做好工会工作。邬梦兆结合《企业法》实施后，加强民主管理、发挥职代会作用和维护职工主人翁地位面临的新形势，及时与市总工会负责同志商定了增强改革、群团和服务意识，搞活广州工会工作的奋斗目标。

他认为，积极稳妥地推进工会自身的改革，是工会在改革开放和现代化建设中发挥自己的作用、履行自身职能的关键环节。通过理顺党与工会的关系，转变"党的领导就是本单位党组织的领导"的旧观念，认清党对单位工会的领导，主要体现在各单位工会接受上级工会的领导，并按照党确定的工会指导思想、活动、方针和工运路线，独立自主地开展活动，基层党组织对基层工会的指导，只能是思想政治指导，而不能取代上级工会的领导。通过改革工会干部管理制度，使工会干部的任免、管理、调动，都能严格按工会章程办理。通过处理好工会自觉接受党的领导与独立自主地开展活动的关系，促使工会按照《宪法》《工会法》以及其他法律法规给予工会的权利义务，独立自主地运行。要通过立法理顺政府与工会的关系，明确工会与政府的职责，规定工会参政议政的权利和义务，建立具有法律权威的劳动仲裁机构，建立职工养老金制度、医疗保险制度。通过理顺工会领导机关与工会基层组织的关系，将工会工作的重点放在基层，健全基层工会的民主生活和民主

制度。

他认为，工会是最广泛的工人阶级群众团体，这一特性决定工会工作的改革必须从增强群团意识入手。充分认识工会的群众团体（组织）性质，即工会组织的广泛性体现其群众属性；工会组织的自愿、民主原则也体现其群众属性；工会的群众属性还体现在工会组织以维护工人群众利益为其宗旨。他指出，工会要克服"官办"气息和行政化倾向，即要从职工群众的意愿出发考虑工会的工作；实行会员群众自己办工会；把工会工作的重点放在基层，最广泛地联系职工群众，为职工群众说话和办事，使工会成为广大职工群众信赖的"职工之家"。

他认为，为职工群众服务、为社会主义物质文明和精神文明建设服务，增强这两个服务意识，围绕这两个服务开展工会工作，工会组织才会大有可为、大有作为。增强为职工群众服务的意识，既要维护职工群众的物质利益，又要维护职工群众的民主权利，两者不可偏废。既要维护全国人民总体利益，又要维护好职工群众的具体利益，这两者也是相辅相成，不可割裂的。他认为，社会主义初级阶段社会维护职工群众利益具有鲜明的时代特点，工会应该通过依法维护其利益，支持其竞争，帮助其勤劳致富，扶贫解难，促进共同富裕等方法来进行。

他认为，工会作为工人阶级的群众组织，担负着"充分发挥工人阶级在社会主义物质文明和精神文明建设中的主力军作用"的历史使命。在社会主义现代化建设和改革开放中，物质文明建设和精神文明建设的发展和协调统一，直接关系到工人阶级历史使命的实现，这既与工人阶级的眼前利益相联系，也与工人阶级的长远利益相联系，因此，工会增强为两个文明建设服务的意识十分重要。

以"志气、勇气、朝气"激励共青团各级组织和广大团员、青年开拓创新。邬梦兆特别关心年轻一代的成长，重视共青团的工作。在一次与团市委组织的青年座谈会上，他寄语与会的各界青年代表要努力培养志气、勇气、朝气，胸怀大志、朝气蓬勃、勇往直前，做社会主义现代化建设生力军中的佼佼者，做无愧于时代、有益于人民的人。

他说，有志气，首先要知道什么是"志"。志就是同志的志，"士"字下面加一个"心"。加什么"心"呢？要加雄心，加决心，加信心，加事业心。每一位青年同志都应该有这个心，应当成为一个有志之士。古往今来成大事者，都是有雄心、有志气、有抱负的人，很难想象，一个人没有远大志向、没有奋斗目标、没有为达到这一目标所下的决心而能干出一番事业来。古人说："志不立，天下无可成之事。"又说："有志者事竟成。"这都表明了立志的重要性。宏大志向的确立，能激发人的奋斗精神和创造热情，提高人的思想境界，引导人们去排除艰难险阻，成就大业。所以说，立志是成才的大门，立志是事业的根本。人不能无志，民族不能无志。我们中华民族是个有志气的民族。志，既是远大的，又是具体的；既是宏伟高尚的，又是脚踏实地的。只有把远大的志向同时代和社会的需要、人民群众的需要紧密联系起来，同自己的学习和工作紧密联系起来，同建设祖国、建设家乡的具体目标紧密联系起来，这样的志，才是实实在在的大志。每一位青年同志都要树立改造祖国山河、改变家乡面貌的雄心壮志。青年时期是长身体、长知识的时期，同时又是确立志向的时期，立志是人生大事，一定要抓紧。这是对大家提出的第一个希望。

他说，年轻人既要有志气，也要有勇气。勇攀高峰、勇往直前，"勇"是在实现理想境界的奋斗中必不可少的条件。共产主义是人类历史上空前壮丽的事业，同时又是空前艰巨的事业，共产主义社会是人类最美好、最光明的社会，但通往这个社会的道路上绝不会铺满鲜花。为了中国人民的解放事业，几代人进行了坚忍不拔的抗争，两千万人流尽了鲜血。今天，为了实现中华腾飞的伟大理想，我们还在不懈地实践、探索。这期间，困难、失误、挫折，都是不可避免的。正是挫折和失误，使通往理想的道路一步步被开通。可以说，正因为理想格外美好，通向理想的道路就格外漫长而崎岖，理想的实现就愈加艰难。有志于社会主义现代化大业的青年同志们，一定要有艰苦奋斗的思想准备，有面对各种困难、扫除各种障碍的毅力，有勇往直前、勇攀高峰的气概。这样，才能经得起前进路上的诸般考验。空有理想和抱负，空有对前途的希望和憧憬，而没有压倒一切困难的勇气，理想就会成为空中楼阁。"狭路相逢勇者胜"，在改革开放的新时期，我们面对的是新的目标、新的困难、新的问题。我们走的是前人没有走过的路，没有现成的模式和经验可供借鉴。这就需要我们鼓起更大的勇气，勇于实践，勇于探索，敢于攻克科学文化难关、攀登科学技术高峰，敢于同大自然做斗争、同生产建设中的困难做斗争、同国内外敌对分子做斗争、同社会上各种错误思想和腐朽现象做斗争、同自己头脑中的落后观念做斗争……一句话，要敢于在社会主义现代化建设的大海里击风搏浪，勇往直前，奔向胜利的彼岸。

他期望青年人有朝气。他说朝气蓬勃的"朝"，其反义词是"暮"，一个早晨，一个黄昏。青年人是早晨八九点钟的太阳，希望寄托在你们身上。你们这一代青年生逢其时，置身改革开放和现代化建设的大时代，这是历史赐予你们的极好机遇。有理想、有大志的青年，应当抓住历史的机遇，用自己的双手，用创造性的劳动，为国家、为民族建树千秋功业。要有那么一股朝气和"四种精神"，做到"三个带头"。"四种精神"就是拼搏精神、进取精神、超越精神和献身精神。干事业就要拼搏，拼搏就要孜孜不倦、百折不挠、全力以赴、顽强拼争，有一分热发一分光。进取，就是要有那么一股永不停滞、永不满足、永不懈怠、永不退却的劲头，一股生命不息、奋斗不止的劲头。超越，就是锐意创新，就是敢闯、敢试、敢冒尖、敢竞争、敢为人先、敢为天下先，做一流的工作，创一流的成绩，不断向高标准迈进，不断对自己提出新的挑战。献身，就是指献身事业、无私忘我、历经磨难、九死不悔的那么一种精神。

一个人能力有大小，但只要有这样一点精神，就能朝气蓬勃，奋发有为，为民族振兴、祖国腾飞做出各自的业绩。现在确有一些青年人，马马虎虎地在混日子，白白地浪费了自己的青春，实在令人惋惜和痛心。我们一些老革命、老前辈，现在仍不服老，努力抢时间多做工作，我们二十岁左右的青年人，更应该珍惜时光，珍惜宝贵青春，为社会多做贡献。

身处改革开放大潮的有抱负、有朝气的青年还应做到"三个带头"：一是带头宣传社会主义物质文明和精神文明，建设社会主义物质文明和精神文明；二是带头刻苦学习，认真学习马列主义、毛泽东思想，学习科学文化知识，学习业务知识，提高自己的思想觉悟水平、文化知识水平和业务能力；三是带头做好本职工作，安心、热心、专心本职工作，争取成为生产建设和各项工作的标兵、模范。

郇梦兆深知，推动妇女事业发展，做好妇联工作，自己必须当好妇联的"娘家人"。为了当好这个"娘家人"，他结合自己多年分管妇联工作的实践，归纳总结出了加强和改善党对妇女工作的领导的"六句话三十个字"的经验。这个经验，得到全国妇联的肯定和赞扬，并将其刊登于全国妇联主编的《妇女工作》刊物上，向全国各级妇联做了介绍和推广。

一是思想上重视。在他的推动下，由市委组织调查组对妇联等群众组织工作进行了一次全面的调查，摸清情况，总结经验，找出差距，提出改进工作的措施；由市委、市政府主要领导听取了一次妇联等群众组织负责人的工作汇报，帮助解决一些实际问题；由市委出台了一个决定，即《关于改善和加强工会、共青团、妇联等群众组织工作的决定》；由市委牵头召开了一次群众组织工作会议。这个"四个一"的做法，促使各级党组织和妇联等群众组织在实际工作中正确处理好四个关系：党组织既要加强对群众组织工作的领导，又要改善对群众组织工作的领导；群众组织既要服从党的领导，又要独立自主地开展工作；既要维护各自代表的群众的具体利益，又要维护全国人民的总体利益；既要反映群众的愿望要求，做群众的代言人，又要站在党的立场上教育、说服、引导群众为党的中心工作服务，发挥党联系群众的桥梁、纽带作用。

二是组织上加强。在他的带动下，全市各级党委都指定一名副书记或常委分管妇女工作，经常进行检查和指导，帮助他们解决工作中的重大问题，参加他们的重要会议和活动，协调各方面力量支持妇女工作的开展；各级党委按照干部"四化"方针，积极、稳妥地选拔和推荐一批政治素质较好、领导能力较强、适合做妇女工作的干部，充实各级妇联的领导班子；全市建立健全了妇联干部双向交流制度，一批妇联机关干部放到基层去挂职锻炼，把基层妇联干部调到机关来学习提高。并通过办好妇女干部学校，加强对妇联干部的培训，提高妇联干部队伍的思想、文化素质。

三是工作上支持。全市各级党政部门把支持妇女工作摆到重要的位置上，明确各部门、各单位都有支持妇联工作的责任，并且带头重视、支持妇联的工作；积极为妇联开展工作创造必要的物质条件，市委、市政府把妇女儿童活动阵地建设作为社会主义精神文明建设的重要组成部门，纳入城市建设规划，从财力上大力支持；主动帮助妇联解决工作中的疑难问题，市委有关部门就如何搞好职业妇女组织建制，加强女职工工作问题，开展了调查研究，提出了改革方案，同意市妇联在党政机关、企事业单位中进行妇女组织设置改革的试点。

四是方法上改进。即各级党委对妇联工作做到指导不插手，参与不干预，放手不包揽，帮助不代替，为妇女组织参政议政创造了必要的条件，使县以上的人大常委会、政协都有妇联的席位，党代表、人代会都有妇联的代表，市、区、县妇联组织的负责人具备条件的大多数已分别进入党委、人大常委会和政协领导班子，而且可以列席本级政府的有关会议，参加有关的重要活动。市妇联负责人列席市政府常务会议已形成制度。各级党委、政府在研究制定经济社会发展规划、体制改革方案以及同妇女利益相关的政策、法规、条例、办法时，都吸收妇联负责人参加，听取妇联意见。

五是政策上照顾。市委，市政府根据妇联组织的服务职能和妇女儿童事业发展的需要，明确妇联组织可以兴办一些生产性、服务性、教育性的经济实体；在妇联人员编制和妇联干部级别待遇上给予适当照顾。

同时，还采取措施，落实了妇联享受同级党委中层部门待遇，其负责人享受同级党委部门中层正副职待遇的有关规定。

六是制度上保证。把关于妇女工作的立法作为健全我市社会主义法制的一个组成部分，出台《广州市妇女工作条例》；推动各级党委建立健全了领导妇女工作的制度，如党委定期听取妇女工作汇报，研究和解决妇女工作重大问题的制度；每年或两年召开一次妇联等群众组织工作会议的制度；每年对妇女工作至少进行一次全面检查的制度；以及经常了解妇女工作中不断出现的新情况、新问题的调查研究制度等，使党委对妇女工作的领导逐步走上经常化、制度化、科学化的轨道，不断提高领导水平。

邬梦兆根据广州是全国最大的侨乡城市、改革开放较早的城市、广东综合改革试验区的中心城市的市情，以贯彻 1989 年全国第四次侨代会精神为契机，为市委加强改善侨联工作的领导办了三件实事：第一件是理顺了侨联组织的领导体制，为侨联独立负责地开展工作打下了基础；第二件是明确了侨联与工、青、妇组织为同一级群众团体，享受同等待遇，发挥同一级群众团体的作用；第三件是明确了侨联为各级政协的组成单位，解决了侨联组织在统一战线中的地位。在此基础上，他要求，市侨联要做到"三个注重"：一是注重发挥侨联组织和归侨、侨眷在广州市经济发展和开拓国外市场中穿针引线的作用；二是注重发挥侨联组织的民主参与和民主监督的作用；三是注重发挥侨联组织在对外宣传上的"民间外交"作用。他还要求各级党委采取加强指导而不干预、大胆放手而不包办、区别对待不求一律的"三不"做法，进一步加强和改进党对侨

邬梦兆参加广州市侨界人士春茗活动

联工作的领导。

邬梦兆全面贯彻党的十四大精神和党中央对工商联工作的指示，协助市委推动广州工商联工作及时实现"三个转变"：一是由经济性为主转变到既有统战性又有经济性工作上来，成为主要做非公有制经济代表人士的思想政治工作的人民团体；二是工作对象向非公有制经济成分转变，以工作在私营企业、个体工商户、"三胞"投资企业和部分乡镇企业的经营和管理人员为主要对象；三是由软任务向硬任务转变。主要职能包括：（1）贯彻党的"一个中心，两个基本点"的基本路线，对非公有制经济代表人士实行"团结、帮助、引导、教育"的方针，进行爱国、敬业、守法的教育，帮助他们健康发展，成为社会主义经济的有益补充；（2）加强同非公有制经济代表人士的联系，了解他们的思想和工作情况，维护他们的合法权益，反映他们的意见和要求，帮助他们解决一些应该解决的实际问题；（3）在非公有制经济代表人士中逐步培养一支新的、坚决拥护党的领导、与党团结合作的积极分子队伍；（4）调查研究非公有制经济发展中存在的问题，综合分析，向有关部门提出具体的政策性建议；（5）在国家的政治生活和经济生活中发挥政治协商、民主监督的作用；（6）受政府委托开展经济服务工作；（7）加强工商联的自身建设，包括领导班子、机关工作班子和干部队伍的建设。1997 年 6 月，市工商联领导班子换届，邬梦兆在会上用下面这首诗深情地勉励新一届班子成员：

> 手握接力棒，
> 奋发能为继。
> 坚持党领导，
> 三性①需牢记。
> 齐心又协力，

---

① "三性"指工商联具有统战性、民间性、经济性的特点和优势。

泰山也敢移。

带领众会员，

迈向新世纪。

对科协工作，邬梦兆以"四个贡献"和"两个服务"，总结归纳了新时期广州市科协的主要职责，并要求在实际工作中予以贯彻和落实。"四个贡献"是：一、沟通党和政府同科技工作者的联系，团结广大科技工作者，为搞好改革开放多做贡献；二、发挥人民团体对国家和社会事务管理的民主参与和民主监督作用，参政议政，献计献策，为促进决策科学化和民主化，加强民主与法制建设多做贡献；三、坚持以经济建设为中心，大力促进科技与经济、社会发展的结合，为经济繁荣和社会进步多做贡献；四、发挥智力优势和组织优势，开展各项科技活动，为"两个文明"建设多做贡献。"两个服务"是：一、做好对所属团体和组织的管理、协调、联络、服务工作；二、团结海内外科技工作者，为促进祖国和平统一，加强国际交流，发展国际科技合作服务。

1992年11月，红旗出版社把邬梦兆在广州市分管群团工作期间所撰写的文章、调查报告共六十篇，结集为《改革开放与群团工作》一书出版。九届全国政协党组副书记、副主席叶选平题写了书名。

在邬梦兆分管广州市群团工作期间，广州群团组织勇于开拓、敢于创新，在全国"先行一步"，使群团工作生动活泼、富有活力，受到全国工、青、妇等群团组织的肯定和表彰，为广州改革开放和现代化建设做出了贡献。

第七章
传播文明的辛勤园丁

在沿用原来好的理念、做法的基础上不断开拓创新

邬梦兆是在担任中共广州市委副书记后，市委安排其兼任市社会主义精神文明建设委员会主任，分管全市的社会主义精神文明建设工作的。而此前邬梦兆虽然没有直接抓全市的精神文明建设，但他分管党务和群团组织所做的工作，其实也是与精神文明建设息息相关的。邬梦兆分管精神文明建设工作后，沿用原来好的理念与做法，那就是："把提高广州人的综合素质，即政治思想、价值取向、文化素养、科学知识、道德伦理、法纪观念、审美趣味、健康状况等诸方面的素质，作为建设富裕文明城市的关键；精神文明建设的中心任务，就是围绕提高市民的综合素质推进广州文化的发展。"在此基础上，根据形势发展的要求和人民群众的意愿，不断进行开拓创新，努力工作，克难奋进，在广州这个盛开灿烂文明之花的百花园地里，做一名辛勤耕耘的园丁。

发挥群众团体的主力军作用，生动活泼开展精神文明建设。群众团体的性质决定他们既是人民群众自己的组织，又是中国共产党联系人民群众的纽带和桥梁，具有鲜明的群众性特点，在加强社会主义精神文明建设中具有对特定群体教育引导示范的不可替代作用。基于这种认知，邬梦兆在分管广州市工青妇等人民团体和农村工作时，就特别注重启迪

这些群众组织和农村基层组织发挥自身作为传播文明、构建文明、培养文明的主力军作用。

推动广州持续深入地开展"振兴中华，自学读书，岗位成才"活动，打造广州特色的"没有围墙的大学校"。时值改革开

邬梦兆与广州市劳动模范一起参观学习

放刚刚兴起，十年"文革"中成长起来的工人主力军，由于缺乏系统学习，他们中大多既缺乏真才实干，也没有文凭证书，无论是思想政治素质还是文化技术素质都不适应广州经济社会发展的需要。广州市总工会响应中华全国总工会的号召，于1983年在全市职工中掀起了"振兴中华，自学读书，岗位成才"的读书自学热潮。

邬梦兆分管市总工会工作后所做的第一件事，就是通过不断地加强统一领导和日常管理，促使广州职工读书自学活动突出读书育人的指导思想，紧紧围绕经济建设这一中心，以更加丰富多彩的形式，深入持久广泛地开展起来。他指出，在职工中特别是产业工人群众中积极地开展读书自学活动，意义十分重大深远。他强调，在职工中广泛开展读书自学活动的目的就是建设一支"有理想，有道德，有文化，有纪律"的职工队伍，开展读书自学活动必须结合党的"一个中心、两个基本点"的基本教育来开展，结合爱国主义、集体主义、社会主义教育来开展，结合自力更生、艰苦奋斗的教育来开展，结合坚持和发扬中国工人阶级的优良传统教育来开展，结合学科学、用科学并自觉投身科技创新的教育来开展。他强调，要发扬理论与实践相结合的优良作风，把职工读书自学活动与搞活搞好国有大中型企业结合起来，与开展"双增双节"运动结合起来，与科技兴市、技术改造、提出合理化建议结合起来，与开展"双创五好"活动结合起来，与具体的生产和工作实践结合起来，

做到学用结合、学以致用。

他重视发挥榜样的力量，与广州市总工会一起，树起了刘铁儿等读书自学标兵，树起了广州灯饰电器厂等读书自学先进集体，树起了广州市机床工具工业公司等组织读书自学活动取得实效的优秀组织单位，推动广州职工读书自学活动向纵深发展，为广州夺取经济建设和精神文明建设"双丰收"，打造了高素质的职工队伍。被评为读书自学标兵的刘铁儿，是南洋电器厂汽车班的班长，原来只有小学五年级文化，经过多年的读书自学，不仅达到了大专文化水准，而且还成为一名技术革新行家，获得了三项国家级的技术革新专利，为企业节约资金两百多万元。荣获职工读书自学活动先进单位的广州灯饰电器厂，原来只是一间生产胶木电器的小厂，该厂在狠抓生产经营的同时，十分重视提高职工的政治素质和业务素质，鼓励支持广大职工围绕企业生产经营的中心任务开展读书自学活动，使不少职工主动参加读书小组、QC 小组，自觉结合生产中遇到的技术难题，以学习知识、钻研技术、搞小发明等方式进行破解，先后研制出灯饰灯具、电冰箱定时器等一批 20 世纪 80 年代的新产品，其中六个产品被评为省、市优质产品，改变了该厂产品结构单一、物质消耗过高、经济效益较低的状况。至 1988 年，该厂职工已发展到 600 多名，实现全员劳动生产率 1.85 万元，产值 1100 万元，销售利润 75 万元，一下子从濒临倒闭的小厂发展成为生产现代产品的名厂。读书自学活动组织先进单位广州市机床工具工业公司，以密切联系企业生产实际的"五个结合"充实自学内容，丰富自学方式，提高自学实效：一是与专业学习、技术培训、岗位练兵相结合；二是与技术攻关、技术改造相结合；三是与开展"质量、品种、效益年"劳动竞赛相结合；四是与开展学劳模标兵活动相结合；五是与开展职工民主管理活动相结合。"五个结合"的读书自学活动吸引了全厂 91.3% 的职工参加，其中骨干 1215 人，组成了 113 个读书小组。

为进一步巩固广州职工读书自学活动的成效，让更多的职工走上自学成才之路，邬梦兆支持广州市总工会制定了《关于职工读书自学活动的奖励条例》，解决职工读书自学成才过程中出现的各种具体问题；推动企业尤其是国企依照市总工会的《条例》制定适应本企业的《职工自学奖励条例》，对读书自学成才职工的职称评定、工资待遇等做出明文规定，使职工在读书自学中获得实惠。在他的大力扶持下，广州职工读书自学活动被评为广州市社会主义精神文明建设十件大事中的一件，连续三次受到全国表彰，连续四次得到省表彰。自 1983 年起至 1993 年共 10 年，广州先后涌现出 86 位读书自学成才标兵，290 位读书自学成才者，2000 多位读书积极分子，400 多名读书自学活动的优秀组织者，500 多个读书自学活动的先进单位和读书小组，广大职工群众自豪地把读书自学活动称之为"没有围墙的大学校"。这所学校以书本为老师，以岗位为课堂，以生产实践为考场，以科研成果为答卷，让战斗工作在第一线的工人不用进一天校门，也能成为工匠、工程师，成为振兴中华的人才。

以向秀丽式的好青年——邱艳玲，带动全市深入开展学雷锋活动。雷锋是中国共产党培养起来的一位伟大的共产主义战士。雷锋精神是中华民族的宝贵财富，雷锋同志的光辉思想、高尚品德是全国人民学习的楷模和典范。1990 年 3 月，在纪念毛泽东同志发出"向雷锋同志学习"的伟大号召二十七周年的时候，党和国家领导人集体为新时期学雷锋题词，全国人民在新的历史条件下，再一次兴起了学雷锋的热潮。

经历过 1963 年以来持续不断学雷锋活动实践热潮的邬梦兆，对学雷锋有着自己的独特见解，在他心中，雷锋精神体现了中华民族的优良传统，反映了社会主义年代的新时尚，闪烁着共产主义的思想光芒，对我国人民特别是青少年有着巨大的教育、启迪和激励作用。雷锋精神的实质是牢固树立并终生实践共产主义的世界观、全心全意为人民服务的人生观。学习雷锋精神，就要像雷锋那样，在实践世界观和人生观上狠下功夫。要学习雷锋忠诚于党、忠诚于社会主义事业的坚定的政治立场，像雷锋那样，爱憎分明，立场坚定，自觉与党中央在政治上、思想上、行动上保持高度一致，坚定不移地走社会主义道路。学习雷锋精神，就要像雷锋那样，把党和人民利益放在高于一切的位置，想党之所想，急民之所急；像雷锋那样，心中有祖国、心中有人民、心中有集体、心中有他人，自觉地为党和国家分忧解难。学习雷锋精神，就要像雷锋那样，以全心全意为人民服务作为自己一切行为的宗旨和归宿，高举为人民服务的火炬，把有限的生命投入到无限的为人民服务当中去。

他认为，只有把弘扬广州市风、实践广州人精神与深化学习雷锋精神结合起来，进一步倡导雷锋大公无私、先人后己、助人为乐，为社会为人民无私奉献的优良美德，扶正祛邪，自觉抵制资本主义腐朽思想的侵蚀，在全社会建立一种团结、友爱、平等、互助的新型人际关系，形成良好的道德风尚，新时期学雷锋活动才能学有所成、落到实处。他懂得，学雷锋不是某一个人的事，而是全民的事，人人都要学；不是一时一个阶段的事，而是终身之事，活动老、学到老。他要求，各级领导要把学习雷锋同搞好党风建设、廉政建设、密切联系群众和加强社会主义精神文明建设的各项工作结合起来，做学雷锋的表率；要及时发现和表彰各条战线学雷锋的先进集体和先进人物，总结推广他们的经验，使群众从身边先进人物的思想和行为的闪光点中受到启迪，使学习和实践雷锋精神获得广泛的群众基础；要把群众学雷锋的积极性引导到立足本职工作、坚持岗位奉献上来，使雷锋精神扎根于社会主义现代化建设的每一个平凡岗位上，渗透在人们为理想而奋斗的每一步实践之中；要因时因地制宜，根据不同行业、不同单位对象的特点，提出开展活动的明确要求，防止出现简单化、形式主义和"一阵风"的现象，使学习雷锋活动在广州扎扎实实、深入持久地开展下去。

在邬梦兆的推动下，共青团广州市委 1986 年 11 月在市第一公共汽车公司与沿途十二个单位发起共同开展"友爱在车厢"活动。1987 年元旦发动全市百万青少年走上街头开展"微笑在广州"活动，开全国之先河。1988 年组织青少年积极参加"88 羊城礼貌年活动"。1989 年组织军警民共建文明火车站等活动。90 年代初，围绕贯彻落实《中共中央关于社会主义精神文明建设指导方针的决议》这一主线，在全市青少年中又一次掀起了广泛深入持续开展学雷锋的热潮。1990 年 3 月，共青团广州市委组织全市青少年先后开展了"雷锋精神伴我行，稻穗鲜花献人民""学雷锋、弘扬广州市风、实践广州人精神""岗位学雷锋，行业树新风"等一系列的活动。1991 年元旦伊始，共青团广州市委拉开了全市青少年"学雷锋，跟党走，做奉献"活动的帷幕。3 月 3 日，"让羊城更美好·学雷锋活动周"在整个广州地区的青少年中展开。3 月 4 日，活动周的活动之一——广州市青少年学雷锋先进集体和先进个人命名表彰大会举行，大会总结表彰了过去一年里全市青少年在学雷锋活动中涌现出来的十个学雷锋标兵集体和个人、两百个学雷锋先进集体和个人。会上，邬梦兆号召培养和造就千千万万新雷锋，推动全市青少年学雷锋活动既有声有势又深入持久地开展，校园班级、车间班组、街头巷尾到处都能出现学雷锋的身影。自此，"共学雷锋，共树新风，共育新人"的学雷锋活动，已经成为广州地区广大群众和军人积极参加社会主义精神文明建设的自觉实践，对塑造广州和广州人的美好形象起着积极的作用。

1991 年 11 月 16 日至 30 日，第一届世界女子足球锦标赛在广东举行。为了确保广州赛区的观众能够文明礼貌看球赛，共青团广州市委发起组织了一支以共青团员为主体的上千人的文明看球啦啦队，在开幕式的那场赛事和闭幕式前的那场赛事，以文明的声音和举止为比赛双方呐喊助威，阵阵加油声使这一文明啦啦队成为首次世界女足决赛的一道亮丽风景线，深受组委会、参赛选手及教练员和观众的好评，向世界展示了广州人文明看球的形象。1992 年 3 月，第三届全国残疾人运动会在广州举行。共青团广州市委把学雷锋活动与搞好这一全国性的重大赛事服务结合起来，在邬梦兆的支持下，在市委宣传部的指导下，建立了一支两百多人的广州市共青团义工服务总队，专门负责服务来自全国三十一个省、自治区、直辖市以及港澳地区的三十四个代表团的两千名伤残运动员，为他们安全顺利准时圆满参加各项赛事提供贴心服务，在我国内地首创义工服务。赛会期间，这支两百多名以共青团员为主体的义工队伍，前后七天从早到晚在赛场、酒店、机场等地服务参赛运动员，有的为坐轮椅的运动员推轮椅，有的扶持盲眼运动员进入赛场，有的为运动员端茶倒水，有的为比赛运动员呐喊助威。义工服务总队队员的周到服务，得到了参赛选手的交口称赞，得到了参赛各代表团与工作人员的一致赞美，得到了组委会与时任全国残疾人联合会主席邓朴方的充分肯定，表扬队员们服务得好，称共青团义工服务总队是赛会的"友爱天使"。

正当广州市青少年学雷锋活动如火如荼地开展起来的时候，1992年8月20日下午4时，广州增城县（现增城区）派潭镇人民路68号中国农业银行派潭镇信用分社二楼居民住户不幸发生火灾。这是一栋砖木结构的楼房，十分钟后，火舌从二楼木棚蹿到三楼木棚，数条被烧断的木棚板条带着火苗跌落下来。烈火威胁着一楼仅有十四平方米的派潭镇信用分社办公室。在这紧要关头，分社负责人邓锦坤大声叫道："快！快！把钱和票据抢救出来！"他的呼喊马上得到在场的邱艳玲和镇粮所所长张园，派出所干警叶碧强、赖冠明、罗国强等六人的响应，他们冒着生命危险，忍受着令人窒息的高温，冲进火海，欲把办公室内的一百九十九万元定活期存款票证、一百五十六万元贷款单据、一万多元现金及早抢救出来。熊熊烈火迅速蔓延，火势越烧越猛，每冲进去一次，都需要极大的勇气和毅力，都要冒着生命危险，经受着最严峻的考验。一次、两次、三次，年仅二十二岁的女青年邱艳玲等人没有被烈焰的火势吓倒，一连三次咬着牙冲进火海，救出一沓沓票证、单据和现金及大量的办公用品。这时火场内浓烟滚滚，二楼楼板随时会塌下来，危险随时都可能发生，却尚有部分票据没有被抢救出来。怎么办？时间经不起丝毫的犹豫。

邱艳玲等人毅然决然第四次冲进火海，抱起剩下的票据和现款。此刻，楼上两瓶盛满石油气的煤气罐却突然坠落一楼地面并相继爆炸，巨大的气浪卷着火舌扑面而来，在这千钧一发的时刻，邱艳玲等四人怀抱票据存款冲出了火海，但是每人的衣服、头发都被烧着，身体不同程度地被严重烧伤。邓锦坤、张园两名同志当场牺牲，在场群众目睹他们为抢救国家财产而不顾个人安危的悲壮场面，无不为之感动落泪。邱艳玲冲出火海后，跌倒在信用社对面的街道上，在被人们背起送往镇卫生院的途中，她数度昏迷。由于伤势过重，生命垂危，又被送到广州红十字会医院抢救，但二十多天后，死神还是夺去了邱艳玲宝贵的生命。

当邬梦兆看到了1992年12月2日《广州青年报》题为《青春无悔》的关于邱艳玲"奋不顾身、勇斗火海、抢救国家财产"英勇事迹的报道之后，善于运用典型带动推动工作的他，敏锐地察觉到这是一个塑造典型、用榜样教育人引导人的难得机会，当即指示市委宣传部、团市委一定要认真做好邱艳玲事迹的采访总结工作，做好邱艳玲事迹的宣传报道工作，掀起学习邱艳玲事迹的热潮。在他的力推下，共青团广州市委做出了《关于授予邱艳玲同志"向秀丽式的好青年"光荣称号的决定》，发出了《关于在全市团员、青少年中广泛开展学习宣传邱艳玲同志先进事迹活动的通知》，《广州日报》《广州青年报》分别以题为《火中凤凰——记向秀丽式的灭火英雄邱艳玲》《我不想浪费自己——再记"向秀丽式的好青年"邱艳玲》《青春在平凡中闪光——记"向秀丽式的好青年"邱艳玲》《永恒的思念》《时代需要献身精神》《平凡人生路，留下闪光点》《山花终于烂漫时》的消息、通讯、评论等做了深入系统的报道。其间，《广州日报》还专门开辟"邱艳玲与市场经济条件下的人生观讨论"专栏，发动广大读者参加关于青少年人生观、价值观的大讨论，摘登一批有代表性的观点文章，吸引更多的青少年参与其中。1993年3月，在全国人民开展学雷锋三十周年纪念之际，市委宣传部和团市委联合举办了邱艳玲同志事迹报告会、邱艳玲与市场经济条件下的人生观座谈会、广州市青少年为民服务学雷锋活动一条街揭幕暨服务周仪式，出版发行《向秀丽式的好青年——邱艳玲》，把全市青少年学雷锋、学向秀丽、学邱艳玲活动推向了一个崭新的高潮。时任中共中央政治局委员、广东省委书记谢非为《向秀丽式的好青年——邱艳玲》一书题词："学习先进事迹，发扬奉献精神。"时任广州市委书记高祀仁题词："向向秀丽式的好青年邱艳玲同志学习。"邬梦兆则在邱艳玲同志事迹报告会上发表了题为《向邱艳玲同志学习》的讲话。他指出，邱艳玲这位"火中凤凰"画出了完美的人生轨迹。他强调，认认真真向邱艳玲同志学习，像她那样牢固树立爱党、爱国、爱社会主义的信念，像她那样热爱生活，培养坚强的意志。他指出，邱艳玲是在广州改革开放与现代化建设中涌现出来的优秀青年的杰出代表，学习邱艳玲要学到点子上。要抓住实质学习邱艳玲，树立正确的理想、信念、人生观、价值观，时时刻刻想着为党为国家为人民牺牲自我；要把学习邱艳玲活动与学雷锋活动紧密结合起来，做到"远学雷锋，近学邱艳玲"，把学雷锋活动进一步引向深入；全市各级团组织要认真组织好学习、宣传邱艳玲先进事迹的活动，引导广大团员青年增强"岗位争优、岗位奉献、岗位成才"的意识，增强"服务社会、倡导新风"的意识，营造出学先进典型、争做"四有"新人的浓厚氛围。邬梦兆的这篇讲话后来作为代序被汇入《向秀丽式的好青年——邱艳玲》一书。

1993年是老一辈无产阶级革命家为雷锋同志题词三十周年，这一年广州的学雷锋活动进入了高潮，全市人民突出"学雷锋，树新风，育新人"这一主题，广泛深入开展"岗位学雷锋，行业树新风，社会送温暖"系列活动。同年3月，共青团广州市委在海珠区滨江中路创办了"广州共青团为民服务街"，以"服务于民，持之以恒"为宗旨，每周星期日上午组织团员开展家庭用品维修、理发、法规宣传与咨询等服务。在"服务街"开班仪式上，邬梦兆指出，发展社会主义市场经济需要学习传承雷锋精神。他强调，以立足本职、岗位奉献为重点，把学雷锋活动推向新阶段；以培养一代新人为根本点，努力造就千百万雷锋式的社会主义事业接班人；坚持把学雷锋活动引向经常化、制度化、阵地化方向发展；探讨在发展社会主义市场经济条件下群众性学雷锋活动的新思想、新方法、新途径，使广州学雷锋常学常新，让雷锋精神在羊城遍地开花。

大力支持开展"争创五好家庭"（1996年更名为"五好文明家

庭")活动。这是全国妇联上下联动开展的一项家庭建设工作，即在全国所有家庭中开展的以"爱国守法，热心公益好；学习进取，爱岗敬业好；男女平等，尊老爱幼好；移风易俗，少生优育好；勤俭持家，保护环境好"为内容的家庭文明创建活动。1982年，广州市妇联就积极响应全国妇联的倡导在全市家庭中广泛开展"争创五好家庭"活动，当时的"五好家庭"的标准是：政治思想好、生产工作好；家庭和睦、尊敬老人好；教育子女、计划生育好；移风易俗、勤俭持家好；邻里团结、文明礼貌好。市委还把"争创五好家庭"活动纳入了广州市社会主义精神文明建设的总规划。

为了把创建"五好家庭"活动开展得更加有声有色和富有成效，邬梦兆支持广州市妇联评选暑期"家庭好孩子"，把创建活动的重心放在少年儿童健康成长上，引导全社会都来重视少年儿童的培养和教育。据统计，仅1988年就有58万少年儿童参加了"为孤寡老人、军烈属做好事""为残疾儿童送温暖""做礼貌小天使""做绿化小园丁"等2000多项社会公益活动，做好事17850件，各镇街评选出"好孩子"15866名。邬梦兆提出，要以战略眼光关心少年儿童的健康成长，造就一代新人，必须从娃娃抓起、从中小学生抓起。他指出，只有把家庭教育同学校教育、社会教育有机结合起来，才会取得良好的教育效果。暑期"家庭好孩子"评选活动尝试以家庭、社会为主的较为松散的教育管理形式替代以学校为主的统一管理形式，是学校、家庭、社会教育"三结合"的成功案例。他强调，要根据青少年儿童的特点积极开展有益身心健康的活动，克服教育"成人化"的毛病；要切实加强对少年儿童工作的领导，让培养"家庭好孩子"活动更加广泛深入地开展下去。

聚焦老年人教育，巩固创建"五好家庭"的基础。邬梦兆认为，我国老年教育是适合我国国情的一种特殊形式的成人教育，属社会文化和生活教育，是终身教育的最后阶段。新中国成立后，中国共产党一直非常重视老年教育尤其是老干部的教育，周恩来有一句名言就叫"活到老、学到老"。办好老年干部学校有利于把老年干部的生活轨道从家庭引向社会，有利于把老年干部的文化结构从低层引向中层、高层，有利于把老年干部的学习从零散、自发引向有组织、有系统，有利于把一些老年干部的精神状态从比较消沉引向乐观向上，有利于把老年干部的活动从单向性引向多向性。在他分管市委组织部工作之后，即过问广州老年干部教育的办学工作，并提出：要饱含深厚的感情，怀着对老年干部的无比热爱和敬重，来"办好老年干部学校，振兴老年教育事业"。他根据广州创办老年干部教育起步早、发展晚，求学人数众多，但学校太少，全市9000多离休干部、5万多退休干部，能够参加老年干部学校学习的只占0.5%、1800多人，远远无法满足广大离退休干部需要的实际，要求各区、县、局、总公司和大型企业等具备办学基本条件的党政领导进一步提高对搞好老年教育事业重要意义的认识，以单独办、联合办，设分校、设教学点等方式，积极创造条件，尽快地把老年干部学校兴办起来；要求适当扩大老年干部学校的教学规模，逐步扩大老年干部的受教育面；要求坚持正确的方向，努力探索符合实际情况的办学方针和原则，不断增强老年干部学校的吸引力和凝聚力，巩固壮大老年教育事业；要求积极为办好老年干部学校创造有利的条件，同时，因地制宜，因陋就简，勤俭办学，把老年干部学校办成老年干部的学习之家，让老年干部能够"老有所学""老有所为"，做到"苍龙日暮还行雨，老树根深更著花"，度过绚丽多彩的幸福晚年。

在他的推动下，1990年9月，广州老年干部大学向区、县（市）、局一级发展，增加了15所（此前，1984年3月由广州岭海颐老会创办了全市第一所老年大学——岭海老人大学，1988年9月由市委组织部创办了第二所老年大学——广州市老年干部大学），在校学员增加到5000人。1991年11月，广州市老年学校教育协调小组成立，并制订了《广州市老年学校教育近期发展规划》，要求各级政府把普及发展老年学校教育纳入成人教育十年规划和"八五"计划。1992年3月24日，只用了十天时间就办起来的海珠区南华西街老人学校举行开学礼，邬梦兆抓住这一典型，大做推进广州老年教育事业的好文章。他亲临开学礼，并做了"南华西街老人学校办得好"的致辞，称赞这一天南华西街是"三喜临门"：一是老人学校开学，400 多位老人受益；二是街道党委、办事处兴办老人学校造福街坊；三是短短十天就把利民的好事实事办成，体现了街道党委、办事处的干部思想过硬、作风过硬、工作过硬。他及时在全市推广南华西街的做法，称"南华西街兴办老人学校的经验，生动地表明，只要各级领导真正重视，善于组织，积极引导，经过努力，这项工作就能够顺利开展起来，我们的目的是可以达到的"。1993 年 12 月，在全市一次老龄工作会议上，邬梦兆对发展老年教育又做了一次新的部署：一是各级领导要重视老龄工作；二是各级老干部工作部门、老龄工作部门要把普及发展老年学校教育工作列入日常工作加以检查督促；三是已经办起来的老人学校要立足改革，不断提高教学质量；四是组建广州市老年大学（学校）协会，加强协作与协同，形成办学合力。此后，广州市的老年学校如雨后春笋般发展起来，至 1995 年底已发展到近百所，实际入学人数上升到 3 万人左右，占全市老年人总数之比上升至 3%。

以农村社会主义思想教育为切入点，推动农村地区广泛深入开展创建文明村（户）活动。从 1991 年 8 月起，根据中央、省委的部署，广州市在全市农村普遍开展了一次社会主义思想教育。这是在改革开放新的历史条件下，对农村党员、干部、群众进行全面、系统、深入的社会主义思想教育的一项系统工程。同年 8 月至年底，作为市农村社教领导小组组长，邬梦兆主持了广州首批为期五个月的涉及四县五区四十五个镇的农村社教工作。他按照中央的要求，始终把思想教育作为主线贯穿于这次社教的全过程，带领农村社教领导小组先后举办了 2484 期培训班，对 162588 名骨干进行了社会主义制度优越性、党的基本路线与党的农村方针政策、社会主义法制与文明新风、党的基本知识与党内法规等教育，向农村群众宣讲 9575 场，参加人数高达 275.6 万人次，使此次农村社教对群众、骨干、党员的教育面分别占了 90%、95%、98%，收到了预期的学习效果。广大干部群众普遍认为，这次社教没有伤害人，没有负效应，没有后遗症，做到群众满意、基层干部满意、工作队员满意，出现了"人人都说社教好"的喜人局面。

邬梦兆带头转变作风，先后深入到从化县太平镇、白云区钟落潭镇办点，带动 12 名市领导、17 名委办局负责人、45 名区（县）负责人分头到镇村建立社教联系点，挂点指导工作：一是坚持以点带面，加强分类指导，针对不同工作内容、不同工作对象、不同类型问题和不同区域特点，选择有代表性的镇村办先行点。通过亲自蹲点、挂点、抓点，对点上工作给予精心指导，取得经验，加以推广。二是坚持虚实结合，以虚带实，以实论虚，增强思想教育的针对性。从正面教育、自我教育出发，通过讲村史、家史、创业史，举办"社会主义大家谈"等活动，增强思想教育的吸引力和感染力；虚实结合，以虚促实，通过开展党的基本路线、基本政策、基本知识的"三基"教育推动农村的各项工作。三是突出重点，着力抓好农村干部、党员的教育。严格掌握政策，正确评价干部，充分调动广大农村基层干部的积极性；从武装骨干入手，组织干部、党员先学一步、学深一点；同时，把对干部的思想教育与加强基层组织建设紧密结合起来。四是调动城乡两个积极性，搞好"定点挂钩、包干扶持"。统一思想认识，明确职责任务，由市直机关派出 124 支社教工作队包干落实；坚持大事大抓，实事实办，各工作队派出单位主要领导带头抓落实，并以单位名义与挂钩点签订长期挂钩、包干扶持协议书；加强工作队自身建设，密切与群众联系，练就过硬的本领，帮助群众解决了迫切需要解决的问题，从组织上、思想上、作风上打造一支"永不走的工作队"。

在首批活动结束的总结表彰大会上，邬梦兆强调，大力巩固首批农村社教成果：一是把集中性教育和经常性教育有机结合起来，继续深化社会主义思想教育。广泛开展以"学《决定》（指《中共中央关于进一步加强农业和农村工作的决定》），明方向，增信心，鼓实劲"为主题的学习宣传活动，使党的十三届八中全会的精神深入人心；继续建好队伍、办好阵地、落实制度，加强农村经常性的思想教育；认真培养一批农村思想政治工作的典型。二是全面贯彻执行党在农村的基本政策，继续深化农村改革，促进农村经济发展。全面完成社区合作经济组织的清产合资和登记发证工作；认真解决遗留问题，把土地、合同、财务管理纳入经常化、规范化、民主化、制度化的轨道；以搞活流通为重点，推进农业社会化服务；逐步将集体经济的发展转移到依靠科技进步和提高劳动者素质的轨道上来。三是坚持不懈地抓好农村基层组织建设。着眼于巩固和提高，继续加强农村党支部建设；加强对村民委员会和团支部、妇代会、民兵、治保等组织的具体指导，充分发挥他们的作用；以健全职能、增强团结、转变作风、提高效率为主要内容，进一步加强镇党委和政府的自身建设。四是以创评"文明村""文明户"活动为实践载体，进一步推动农村精神文明建设和民主法制建设。大力培养典型，抓好示范推广，把创评"文明村""文明户"活动更加广泛、更加扎实地开展起来；充分发挥各类群众自治组织和活动阵地在创评"文明村""文明户"活动中的积极作用；继续加强社会治安综合治理，进一步为农村"两个文明"建设创造安定、良好的社会环境；总之，就是要强化社会主义道德规范对农村千家万户的教育，使"人人热爱家乡，户户讲求文明"蔚然成风。

紧接着，1992 年 3 月 15 日至 8 月 15 日，邹梦兆又主持了广州第二批农村社会主义教育活动。这次计有从化、增城、番禺、花县（后为花都区）、白云区的 38 个镇（街），22 个国营农林、牧场（含 2 个华侨农场），13 个区（县）属农场，共 681 个行政村（管理区、工区）、36 个圩镇，以邓小平发表的重要谈话为武器，借鉴提升首批的经验，更加扎实、富有成效地开展了这一次的社教活动，为推动广州提前进入小康打下了基础。

借助农村社教活动的全面铺开，推动 20 世纪 80 年代初已开启的创评"文明村""文明户"活动持续深入广泛地开展，促使广州城乡社会主义精神文明建设同步推进。1992 年 5 月，广州第二批农村社教活动正如火如荼地开展的时候，广州市委召开了"广泛深入地开展创评文明村（户）活动动员大会"。会上，邬梦兆回顾了广州开展创评"文明村""文明户"活动的成效与经验，强调进一步提高开展创评"文明村""文明户"活动的自觉性，要求把创评"文明村""文明户"活动不断引向深入。他要求，在"提高"上下功夫：一是从根本着眼，抓好创、评、育，培养社会主义新型农民，建设社会主义新农村。以评选为载体，强化思想教育；以整治村容村貌为突破口，抓好环境建设；以扫除"黄、赌、毒、黑"为重点，抓好社会治安的综合治理；以抓好"四位一体"镇村文化站（室）建设为依托，全面搞好思想文化阵地建设。二是深入发动群众自觉参与，形成争创"文明村""文明户"的良好局面。发挥舆论宣传的引导作用，做好创评活动好人好事与好经验的报道；建立党员、团员联系创评村（户）制度，发挥党团组织的先锋模范作用；透明公开组织互评活动并给予被评上的村（户）适当的奖励，激励广大农村（户）争创文明村（户）。三是从实际出发，讲求实效，创评一批，巩固一批。因地制宜出台创评规划与方案，使之具有可行性与可操作性；加强分类指导，使全市农村精神文明建设目标一致、分层推进；抓好典型示范，以点带面，带动全盘；加强管理，不断巩固提高。

自此，全市广大农村兴起了创建文明村（户）的热潮。据1993年统计，在全市1348个行政村中开展创建活动的有1113个，占83%，其中黄埔、天河、海珠、芳村（后并入荔湾）、花县（后改为花都区）、从化等地的农村参加创建率是100%，各区、县（市）、镇、街评出的文明村460个，占全市行政村总数的35.8%，文明户32.7万户，占全市农户的49.5%。以此为基础，广州市委、市政府在全市命名了10个文明标兵村，命名了50个文明村。在1995年5月召开的广州市表彰大会上，邬梦兆做了题为《创建文明村（户）活动再上新台阶》的讲话。在讲话中，他总结了广州创建文明村（户）活动的五条经验：一是统一思想，形成共识，充分调动广大干部群众创建文明村（户）的积极性；二是虚实结合，育人为本，树立社会主义道德风尚；三是抓点示范，点面结合，不断提高创建活动的水平；四是因地结合，分类实施，针对不同地区的情况，开展各具特色的创建活动；五是建立机制，加强管理，使创建活动充满生机。为把创建文明村（户）活动深入开展下去，他提出了五点要求：一是以经济建设为中心，弘扬新时期伟大创业精神，为创建文明村（户）打下物质基础。二是深入发动，狠抓落实，形成以城镇为龙头，以道路为纽带，以村户为基础的全方位创建格局。三是增强科学规划意识，建设现代化文明新农村。四是认真解决当前农村中一些突出问题，促进党风、村风、民风的根本好转。以禁毒禁赌为重点，抓好社会治安综合治理；落实农村各项政策，切实维护农民的合法权益；加强基层党组织建设，发挥党员的先锋模范作用。五是加强组织领导，齐抓共管，使创建活动取得更大成效。

大抓创建和共建活动，多元多层多种形式
推进广州社会主义精神文明建设扎实向前发展

邬梦兆认为，越是改革开放，越是发展市场经济，越要加强精神文明建设。自 1978 年底至 1996 年底，这改革开放十八年间，广州社会主义精神文明建设以开展"全民文明礼貌月"活动拉开帷幕，以"五讲四美三热爱"（即讲文明、讲礼貌、讲卫生、讲秩序、讲道德，心灵美、语言美、行为美、环境美，热爱祖国、热爱社会主义、热爱中国共产党）为主要内容，通过学雷锋、创"三优"（即优美环境、优良秩序、优质服务）、治理脏乱差活动，继而制定施行《广州市人民文明公约》。中共十二届六中全会召开，全国各地认真贯彻《中共中央关于社会主义精神文明建设指导方针的决议》，广州精神文明建设进入发展阶段，制定实施《广州文化发展战略纲要（1986—2000 年）》，推动群众性精神文明建设活动广泛深入地开展，创建文明单位和军警民共建活动形成系列，普及法律常识、加强民主法制教育、城乡"五提倡五反对"

移风易俗等活动有序展开，大力倡导建立文明、健康、科学生活方式。中共十三届四中全会后，广州市委把提高市民综合素质作为 20 世纪 90 年代精神文明建设的战略任务，作为全面贯彻党的基本路线、建设有中国特色社会主义事业的"百年大计"来抓，体现在实际工作中就是贯彻"坚持两手抓，两手都要硬"的方针，以"建设文明广州，培育'四有'新人，提高人的综合素质，塑造广州和广州人的美好形象"为精神文明建设的总体目标，大力培养形成"广州市风""广州人精神"和"互敬互助、求知求乐、克勤克俭"之"穗城新家风"等群体与个体、社会与社会"细胞"的新的行为风范，广泛开展创建"双拥"模范城、国家卫生城活动，坚持"扫黄"、除"七害"，净化文化市场，加强社会治理。精神文明建设步入了全面深化的发展阶段。邝梦兆见证了广州精神文明建设这一时期第一个阶段的历史，亲历了第二、第三阶段的实践，尤其是第三阶段他还做了许多具有开创性的工作。

　　培养树立一批享誉全省、全国的精神文明先进典型。培养树立先进典型，发挥其辐射带动作用，是邝梦兆在高要、封开土改实践中，在农村基层工作中养成的工作作风，也是他此后推动各项工作开展的基本功。这一时期，在市委领导下，他协助市委班子亲力亲为在全市树立了九个体现时代精神、"两手抓"过得硬、在全国全省都响当当的先进单位和先进个人。比如，被誉为全国街道城市文明建设的一面旗帜的南华西街。改革开放以来，该街党委和办事处把握机遇，锐意改革，奋力开拓，超越自我，推动了街道两个文明建设协调发展。邝梦兆按照市委的分工，不仅带领市委有关部门及时帮助该街总结经验并在全市加以推广，同时还多次深入该街指导创办老人学校等具体的精神文明建设，为党和国家领导人亲临该街视察奠定了坚实的基础，使该街许多工作始终走在全国和省、市的先进行列，先后荣获了"中国街道之星""全国最佳街道""全国精神文明创建活动示范点""全国精神文明建设工作先进单位"等光荣称号。又如，"诚暖顾客心"的广州酒家，在市各级领导的精心培养下，1987 年至 1999 年间先后荣获全国先进集体、全国思想政治工作优秀企业、全国旅游优质服务单位、全国商业先进企业、国家特级酒家、全国文明经营示范单位、全国精神文明建设工作先进单位等光荣称号。再如，深化企业改革、提高经济效益的广州味精食品厂，也是邬梦兆参与精心培育的先进典型。这家企业原来是一家名不见经传的破旧小企业，在市的各级领导与邬梦兆的推动下，这家企业坚持"两手抓、两手都要硬"，经过短短几年的努力就一跃成为全国同行业的佼佼者，于1990年晋升为全国食品工业行业首家国家一级企业并荣获全国"五一劳动奖状"。1993年9月26日，江泽民总书记在省委书记谢非、省长朱森林及邬梦兆等人的陪同下，亲临该厂视察，对企业的深化改革、转换经营机制、狠抓技术进步、严格科学管理的做法给予了充分的肯定和高度的评价，并题词勉励"精益求精"。至于"宁愿一人脏，换来万家康"的广州卫生处理厂，"辛苦我一人，温暖千万家"的红山煤店，勇于改革开拓的白云山制药厂，坚持两个文明建设一起抓的白云区槎龙村，发挥战斗堡垒作用的天河区元岗村党支部以及"甘当公仆，造福民众"的南华西街党委书记韩伟煜等，也都是当时全省乃至全国媒体常常提到的精神文明楷模。邬梦兆让广州市委宣传部把这九个先进单位与个人在当时的广州主流媒体当主角，除了电视广播、报纸杂志大力宣传报道之外，还专门举办了"广州市两个文明建设典型单位事迹展览"，把他们树立为全市各行各业和人民群众学习的榜样，营造"创优争先学先进，建功立业比贡献"的社会氛围。邬梦兆还热情洋溢地亲自填写了六首词，在有关报刊发表，歌颂红山煤店精神。

其间，邬梦兆主持下的广州市社会主义精神文明建设委员会还持续不断地组织开展"学习南华西街，创建文明街道"竞赛评比活动，促使全市92条行政街中的57条街分五批参加竞赛，截至1993年5月，先后有53条街经检查验收合格，成为市级文明街道，加上3条原来已经被评为省级文明的街道，全市共有56条市级以上文明街，占行政街道总数的60.8%。该活动由参赛街道党委、办事处牵头，协调辖区内不同隶属关系的单位，集聚各方人力物力建设辖区内的共建体中，进而凝聚"同地而居，同求安宁，相互依托，优势互补，双向奉献，共同受益"的社区共识，提升全街的精神文明建设水平。各参赛街道按照"街道为社会各方服务，社会各方共建文明街道"的原则，推动辖区内单位与居民创建"思想教育联做，共树文明新风；社会治安联防，共保一方平安；卫生绿化联管，共创优美环境；文化活动联娱，共享祥和欢乐；公益事业联办，共谋群众福利；发展经济联抓，共促社区繁荣"的运行机制，为建设新时期物质与精神两个文明的街道进行了有益的探索。

在创建文明街道、文明村（户）的整个过程中，邬梦兆注重把搞好社会治安、铲除社会丑恶现象等市民群众尤为关注的问题，作为创建的主要内容进行解决。推动各行政街道、行政村坚持"一手抓改革开放，一手抓打击犯罪"，进一步实施依法治市五年规划和"二五"普法规划，认真贯彻"打防并举，标本兼治，重在治本"的方针，按照"条块结合，以块为主，属地管理"的原则，全面落实社会治安综合治理，实行专门力量、群防群治力量和技防力量"三结合"，加强基层自治组织的建设，加强流动人口的管理，加强各项社会治安治理，搞好社会层面的防范与控制。把调解民事纠纷摆在重要位置，认真耐心细致进行调解，防止矛盾激化。加强对青少年的教育，建立健全学校、家庭、社会教育"三结合"网络；开办工读班，发挥帮教小组的作用，落实责任，做好失足青少年的教育、感化和挽救工作。对刑满释放、解除劳教人员给予生活出路，降低重新犯罪的发案率。对严重刑事犯罪和经济犯罪活动，实行依法从速处理，收到了显著的效果。据统计，1992年广州全市经济犯罪立案数已比1991年整体下降20.85%，犯罪人数同期下降24%。从1993年起，广州刑事犯罪上升势头得到遏制。与此同时，1992年、1993年全市先后开展了以打击卖淫嫖娼为重点与以"双禁"（禁毒禁赌）为重点的除"七害"斗争，斗争中重视发挥全市1700多个妇女"三禁"（禁毒、禁黄、禁赌）协会的作用，抓获并惩处了一批"七害"人员，取得了显著的效果。

以双拥工作推动军警民共建精神文明深入开展。广州地区驻军多、驻警多、驻在机关多、层次也多，统筹协调得好，对广州建设两个文明是一种加速力；统筹协调不好，容易迟滞广州两个文明建设的发展。据此，邬梦兆在市委领导下领衔广州市社会主义精神文明建设委员会、广州市双拥工作领导小组等全市性协调组织，以双拥等互助互动工作为纽带，以军民警民共建等为载体，联手推进广州交通枢纽、重要地段、关键事项的精神文明建设。比如，军警民共建文明广州火车站广场地区活动，就是继军警民共建文明中山路、共建文明珠江活动之后乘势开展，且一连坚持数年的军警民共建活动。广州火车站广场地区范围虽然不足一平方公里，但这里却是四通八达的交通枢纽，当时，日均进出 10 万人次，是流动人口的集散地，还是越秀、白云、荔湾三个区的结合部，隶属于三个不同的公安分局管理。加之火车站的站里站外场地又由铁路公安、地方公安各管一段，因此，这一地区就成了许多矛盾（问题）的集聚发生地，社会情况复杂易变，存在着严重的脏乱差问题，刑事发案率比较高，一般每月平均发案率都在 300 件左右。自 1989 年春节开始，这里每天一般都滞留有 3 万余人。为了确保进出这里的乘客安全、舒适，也让经常往来这里的外宾、华侨华人、港澳台同胞能够透过这个"窗口"，感受到我国"南大门"良好的秩序和文明的风貌，邬梦兆按照市委的决定，借鉴共建文明中山路、文明珠江的成功经验，发动群众把广州火车站广场地区的军警民共建活动搞好，打一场广州精神文明建设的翻身仗。自 1989 年下半年起，该活动突出"三个为主"，实行"五管齐下"，坚持"贯穿全年"，促使这一地区逐步实现了交通顺畅、秩序井然、环境清洁、服务文明、治安良好。"三个为主"：参加共建活动要体现以地方为主，以思想政治工作为主，以群众自建为主。"五管齐下"：一是抓教育，广泛宣传共建的意义和《广州市人民文明公约》；二是抓整顿，彻底整治脏、乱、差现象，消除不文明、不安全、不安定等因素；三是抓管理，包括交通、车辆、治安、市场、卫生、绿化等方面的管理；四是抓打击，对发生在该地区的各种违法犯罪活动予以坚决打击；五是抓建设，加强这一地区各种基础设施的建设。为加强对共建活动的具体领导，广州市委、市政府还批准成立了广州市军警民共建文明火车站广场地区领导小组，统一组织、统一指挥、统一部署这个地区的共建活动。

在市委其他领导与邬梦兆的具体推动下，军警民共建活动在广州各地各领域迅速铺开并深入开展，共建文明长洲岛，共建广州文明口岸，一个接着一个，至1993年底这些主题共建活动共计连接共建点近600个，大家共学雷锋，共育新人，共建精神文明，发扬军民团结的优良传统，民向军学习，军向民学习，互助互动，相互促进，共同推进广州社会主义精神文明的向前发展。共建文明活动为广州双拥活动注入了活水，促成广州市于1993年初荣获"全国双拥模范城"称号。

寓教育于活动当中，发挥人民群众建设精神文明的主体作用。社会主义精神文明建设是造福人民群众的事业，是人民群众在改造客观世界的同时也在改造自己的主观世界的一个自觉活动过程，是从属于人民群众自身的一项事业。邬梦兆认为，加强社会主义精神文明建设，绝对不能把广大人民群众视为单纯被动接受客体教育的对象，而是必须将其视为具有主观能动性能够传播教育的主体。只有坚定不移地走群众路线，运用各种喜闻乐见的方式，充分调动、发挥人民群众主体作用，让群众自己教育自己、自己启迪自己、自己完善自己，才有可能促使精神文明建设全方位进步并产生显著的成效。一方面，把业已开展的"职工读书自学""友爱在车厢""微笑的广州""诚暖顾客心""美的家庭文化""创建文明村（户）"等活动持续深入，促成其转型升级发展。比如，"友爱在车厢""诚暖顾客心"等活动就是在原有"职业道德教育"活动基础上延伸发展起来的；"美的家庭文化"则是从原来的"五好家庭"活动演变过来的。另一方面，顺应形势的需要，按照中央的部署、市委市政府的安排与人民群众的意愿，陆续推出"双评"（基层评议机关单位、市民评选服务单位）、"学习南华西街，创建文明街道""岗位学雷锋，行业树新风""军警民共建文明"等活动，逐渐形成系列与体系，形成了被人们誉为 20 世纪 90 年代广州市群众性精神文明建设的"十根支柱"。

与此同时，邬梦兆同许多优秀的党的领导干部一样，特别尊重人民群众的首创精神，因势利导，鼓舞支持各行各业各界群众从自身实际出发，开展个性化的精神文明建设活动。比如，广州推广普通话活动，他就十分支持，先后于 1988 年 7 月、1992 年 4 月两次亲自出席其活动并发表讲话。他强调，要把推广普通话作为加强广州精神文明建设的一项迫切任务来抓，为全市深化改革和扩大开放创造良好的语言环境。他要求，全市各级党政机关要推广普通话，服务性行业要把推广普通话作为文明经商、礼貌待客、提高服务质量的基本条件并进行考核，各级学校要实行普通话教学，宣传部门与人民团体要加强宣传和教育。他号召，全市人民群众一定要学会讲好普通话。又如，前述的广州青少年"雷锋精神伴我行，稻穗鲜花为人民"活动，也正是在他的引导鼓励支持下，掀起了一浪又一浪的学雷锋热潮。

领导的鼎力支持，群众的积极主动，使这一时期的广州市精神文明建设新生事物层出不穷且多姿多彩。比如，邬梦兆所支持的"在人流比较集中的主要干道创办书亭，把书亭办成文明的窗口""创建广东炎黄文化研究会，研究和弘扬中华民族优秀文化""广州日报社在全国率先实行自办发行，进一步扩大受众层面""创立科技奖励基金，落实医疗门诊优先待遇、解决住房难等问题，充分调动知识分子的积极性和创造性""创办广州人民广播电台，拓宽宣传报道精神文明的渠道""推介红派艺术，为振兴粤剧注入活力""全国各地环卫战线群英来广州传经送宝，进一步提高全市环境卫生工作的水平""举办纪念毛泽东同志诞辰一百周年理论研讨会""广州市委党校主编的《探求》内刊转为公开发行，探改革之路，求发展之经"等活动，促使广州当时的精神文明建设焕发出勃勃生机。又比如，他所支持开展的"我为人民多奉献""为残疾人献爱心""教育基金百万行""乡村歌手大赛""希望工程""十大杰出青年评选""讲公德，树新风——当好首届世界女足锦标赛东道主""爱心满花城——办好第三届全国残运会""社区志愿者服务"等活动，由于这些活动来自群众，源于生活，深受广大市民群众的欢迎，他们积极主动参与并在此过程中得到社会主义道德观与价值观的熏陶，净化心灵，升华思想。

正是在这种大背景的影响下，在精神文明建设的推动下，广州这段时期出现了许多全国家喻户晓的社会主义物质文明与精神文明建设"闯将"，如全国劳动模范，全国优秀企业家"金球奖"、全国五一劳动奖章获得者，锐意求变，勇于改革，使老字号迸发出新活力的广州酒家董事长温祈福；全国五一劳动奖章获得者，广州地区首届"十大杰出公仆"之一，带领南华西街登榜"中华第一街"的南华西街党委书记韩伟煜；全国优秀企业家"金球奖"获得者，国企改革先行者，坐上全国制药行业第一把交椅的广州白云山企业集团董事长贝兆汉；全国五一劳动奖章获得者，全国卫生系统模范工作者，后来成为中国抗击非典型肺炎领军人物的广州呼吸疾病研究所所长钟南山；全国劳动模范、全国学雷锋积极分子、全国优秀人民警察，三次受到江泽民总书记亲切接见，立足本职，爱岗敬业，无私奉献，穿街过巷，深入辖区，做群众的贴心人的广州市公安局荔湾区分局昌华街派出所责任区民警宁焕美；全国劳动模范、全国"十大杰出工人"，技术革新能手，先后发明、设计、制造60多台（套）装卸机械，获得国家12项实用新型专利的广州南洋电器厂工人刘铁儿；全国劳动模范、全国优秀乡镇企业家、全国优秀村主任、全国"三八红旗手"，率先实行联产承包责任制、率先创立农村股份经济组织、率先异地征地并租地发展"三高"农业的广州市天河区杨箕村党总支书记兼村委会主任张建好；全国首届"韬奋杯"新闻奖获得者、全国先进工作者，新闻媒体的改革先锋，率先突破日报头版不上"国际新闻"禁区的广州日报社副总编辑黄景仁；全国劳动模范、全国五一劳动奖章获得者、提琴制作大师，与提琴相伴，热爱提琴、钻研提琴、制造提琴，中国第一个领取世界级奖项的广州市乐器工业公司总工艺师徐弗；全国劳动模范，当年公交车上的"微笑天使"

"活地图"，如今社区工作热心人，广州市第一公共汽车公司原乘务员吴凤齐等等。在社会主义精神文明人物辈出的同时，广州这一领域的新生事物也层出不穷，比如，各种社区服务志愿者协会纷纷成立，这些社区服务组织专门负责社区老弱病残幼人员及优抚对象、困难户的服务，不仅弥补了以往社区服务项目单一、非专业、缺乏持久性，而且还推动社区服务向多层次、系统性发展，逐步形成一个整体，使不少街道基本可以实现"幼有所托、少有所学、青有所乐、壮有所为、老有所养、残有所辅、难有所帮"，让"你帮我，我帮你，公益事，大家理""心连心，家帮家，育文明，献新花"成为一种社会风尚，广大市民群众真实地感受到党和社会主义带来的温暖，盛赞"精神文明结红花""社区服务益万家"。

突出思想政治建设的引领作用，
努力塑造并大力宣传广州和广州人的美好形象

思想政治建设是社会主义精神文明建设的灵魂，是解决人的世界观、人生观、道德观和价值观的根本问题，规定着精神文明建设的性质与方向。改革开放，构建社会主义市场经济体制运行体系，推进现代化建设，需要对新中国成立后确定的思想道德基础进行补充完善，赋予其适应市场经济的现代元素和时代活力。对此，邬梦兆一方面看到了随着改革开放和经济建设的深入发展，现代意识、现代观念、现代思维对广州人冲击与熏陶带来的正能量；另一方面又为一些无序的、盲目的、精华与糟粕同时作用于广州人言行举止带来的负面影响感到忧虑。他清醒地意识到，高度的社会主义精神文明不会自发产生，振兴中华的强大精神支柱不会自发形成，高雅文明礼貌的道德风尚不会自动带来。必须始终不忘建设社会主义、振兴中华的初衷，始终按照爱祖国、爱人民、爱劳动、爱科学、爱社会主义的道德标准，按照培育"有理想、有道德、有文化、有纪律"的社会主义国家公民标准，去教育人和教化人，去培养人和塑造人，去影响人和引导人。

基于对改革开放与广州经济社会发展实践的这一理论思考，邬梦兆无论是在广州市委副书记任内，还是在市委副书记兼市政协主席任内，始终把弘扬爱国主义精神、坚定社会主义信念、树立社会主义新风尚作为广州建设社会主义精神文明的主旋律，把规范和加强社会主义思想道德建设作为建设精神文明的头等大事，作为一个共产党员应尽的义务与责任，重点抓、抓重点、长抓不懈，促使一代又一代新时期的广州人树立有中国特色的社会主义社会的家国情怀。

以坚定社会主义信念为主线，持续开展党的基本路线教育与爱国主义教育。在邬梦兆分管广州社会主义精神文明建设期间，他一方面为永保红色江山不变色和建设有中国特色社会主义社会保驾护航；另一方面又旗帜鲜明反对思想僵化，为深化改革和发展社会主义市场经济保驾护航。他以正面教育为主战场，推动市各有关部门先后组织开展了"十一届三中全会好'大家谈'""千家齐齐话改革开放新事""改革开放十年成果展""广州经济建设十件大事评选""广州社会主义精神文明建设十件大事评选""广州改革开放十大成就评选""共青团七十年光辉历程回顾展"等活动，运用改革开放取得的伟大成就，运用改革开放身边人茁壮成长的成功故事，运用改革开放后祖国与广州发生的巨变，启发教育广大人民群众，从心底里筑牢"改革开放好，党的路线好，社会主义好，党的领导好"的思想底线，在言行上珍惜安定团结的政治局面，珍惜新中国成立以来尤其是改革开放以来所取得的丰硕成果。

《孟子》曰："天下之本在国，国之本在家，家之本在身。"在中国人的精神系统里，国家与家庭、社会与个人，都是密不可分的整体。"国家好，民族好，大家才会好"，"小家"同"大国"同声相应、同气相求、同命相依。饱受中华传统文化浸染的邬梦兆深谙个中的道理，他把培育人的爱国、爱乡、爱家精神有机地统一起来，作为提高人的思想道德综合素质的有效途径，推动广州地区各有关部门立足广州作为中国历史文化名城这一得天独厚的资源优势，充分挖掘、培育、开发广州作为岭南文化中心地、近现代革命策源地、改革开放先行地等历史题材，广泛深入开展"爱我中华，爱我广州""识名城，爱广州"主题系列活动，帮助广大市民群众树立祖国"南大门"意识和"历史名城"观念；常态化开展纪念三元里人民抗英斗争、纪念太平天国农民革命运动、纪念甲午海战、纪念康梁变法、纪念"三二九"广州辛亥起义、纪念辛亥革命、纪念孙中山先生诞辰、纪念共青团一大召开、纪念黄埔军校成立、纪念中华全国总工会成立、纪念广州起义与广州公社成立、纪念淞沪抗战、纪念人民政协与广州市政协成立等活动，增强广大市民群众当"名城"市民的自豪感与光荣感，以及建设"名城"的使命感与责任感。

城市是人类生活的一种方式，是人类群居的大寓所。城市精神是一个城市独具特色的文化风格与品质，由一个城市的精、气、神构成。城市精神还是这个城市特点、特色、特质的集中概括，具体表现为这个城市的核心价值观和市民的人文精神。由于城市精神是市民精神的概括与体现，是城市居民思想的能动反映，因此，城市精神以市民综合素质为基础，是市民素质的真实写照与形象表现；同时又左右着市民素质，是市民素质提升或降低的梯子。基于这一辩证的认识，广州市委、市政府十分重视培育"广州市风"和"广州人精神"的工作，在张汉青、邬梦兆的先后主持下，全市各条战线在认真总结广州精神文明建设取得的丰硕成果和先进经验的同时，面向全市各行各业、驻穗单位（机构）和全体市民广泛深入开展"广州市风"和"广州人精神"的大讨论，征集广州市市徽图案、广州市市歌，掀起了一股"爱人民，爱广州，爱祖国"的热浪，为确立新时期广州城市精神奠定了厚实的基础。为了让已经确立的"团结、友爱、求实、进取"之"广州市风"和"稻穗鲜花献人民"之"广州人精神"成为新时期广州市民的一种信念、一个追求、一项行动，推动羊城社会主义精神文明建设向更高层次发展，邬梦兆不仅开展"广州市歌大家唱""羊城新风传万家"等活动，大力传播这种现代城市精神文化，而且还把这种现代城市精神文明教育与"学雷锋，学先进"教育对接为一体，与建设街风、厂风、院风、家风结合起来，与社会公德、职业道德、家庭伦理道德的教育结合起来，互为深化、互为作用，形成提高新时期广州人综合素质的整体合力，成为团结、凝聚、激励广州市民奋发向上、创造社会主义新生活的精神力量。

传承中华民族优秀传统文化，打造新广州人家国情怀的精神家园。邬梦兆认为，有着五千多年的中华文明是世界上持续时间最长的文明，源远流长，对人的教化早在春秋战国时期就有老子的《道德经》、孔子的《论语》、孟子的《孟子》、周兴嗣的《千字文》以及明代的《增广贤文》。他认为，要推动中国特色社会主义精神文明建设的向前发展，应该对其实行批判继承、古为今用、推陈出新。

"探索人生哲理，启迪处世立身，求真求善求美，利国利家利民。"这是邬梦兆主持编写的《新增广贤文》的一段引语。1994年5月，在广州市精神文明建设研究学会举行的理事会上，兼任会长的邬梦兆指出，中华民族有着五千多年灿烂辉煌、博大精深、影响久远的优秀文化和传统美德。它不仅对中华民族的生存和发展起着维系、支撑和凝聚的伟大作用，而且在塑造中华民族的民族精神和民族品格中也起着伟大作用。在新时期，社会主义道德作为人类文明中道德发展的新境界，它必然要继承人类历史上一切优良道德传统，并要同各种腐朽思想道德做斗争。建设有中国特色的社会主义，必然要构建与之相适应的既具有民族特色又体现时代精神的社会主义道德体系。这无疑是社会主义精神文明建设中的核心工程，需要当前和今后亿万群众的实践来完成。他提议，由市精神文明建设研究学会牵头组织力量，参照明清时期民间流行的"集古今名言正论，增广而考订之"之《增广贤文》编写一本现代普及版的人生哲理通俗读物——《新增广贤文》。他的提议得到了与会广州地区精神文明建设方面的专家学者和实践工作者的一致赞同。

为编好此书，他亲任主编，还请来了时任省文联党组书记唐瑜、市委常委兼宣传部长朱小丹出任副主编，请来了刘柏藩、陈海烈、陈宽阳、吴茂信、徐英、潘永康、潘祖亮任编委。他强调，《新增广贤文》

的编写宗旨是"以人为本、以德为基、重在建设"，即通过弘扬中华民族优秀文化和传统美德，探索创新广州的社会主义精神文明建设。为把这一宗旨贯穿于编写的全过程，他在亲自操刀的基础上，提出了"内容翔实、富有哲理、层次分明、条理清晰、语言精练、大体押韵、朗朗上口、易记易诵"的编写要求。提出了以《增广贤文》为基本文本，从五个方面进行重新编写的具体做法：一是保留其对现在仍有教育、借鉴作用的句子。如"博学而笃志，切问而近思""三人同行，必有我师""事亲须当养志，爱子勿令偷安""生于忧患，死于安乐"等。二是改造其部分句子，赋旧句以新义。如把"酒中不语真君子，财上分明大丈夫"，改为"真心实意乃君子，公私分明大丈夫"；把"害人之心不可有，防人之心不可无"，改为"害人之心不可有，爱人之心不可无"；把"一字为师，终身如父"，改为"抛砖不怕众人笑，引玉难得一字师"；把"人恶人怕天不怕，人善人欺天不欺"中的两个"天"字改为"法"字，后面再加上两句，以落实到"守法遵纪，利人利己"的行动上。三是增加老一辈无产阶级革命家蕴含真理光辉的名言。如毛泽东的"世上无难事，只要肯登攀""虚心使人进步，骄傲使人落后""牢骚太盛防肠断，风物长宜放眼量""亲者严，疏者宽；亲者疏，疏者亲"；叶剑英的"攻城不怕坚，攻书莫畏难；科学有险阻，苦战能过关"；陈毅的"应知学问难，在乎点滴勤"；陈云的"不唯上，不唯书，只唯实"等。四是编者自己创作的句子。如"葵花向日是本性，爱国之心人所同""艰苦奋斗国兴，懒惰奢侈家倾""空谈误国计，实干起宏图""学习好比敲钉子，又挤又钻步步深"等。五是剔除《增广贤文》中宣扬宿命论、消极厌世、个人主义、男尊女卑等糟粕。如"命里有时终须有，命里无时莫强求""万事不由人计较，一生都是命安排""今朝有酒今朝醉，明日愁来明日忧""三杯通大道，一醉解千愁""近来学得乌龟法，得缩头时且缩头""人无横财不富，马无夜草不肥"等。

经过一年多的努力，1995年9月，《新增广贤文》正式出版发行。全书分引语、立志、求知、修身、齐家、处世和结语七个部分，共750

余句、4000多字，连同注释总字数不到8000字。值得一提的是，岭南地区著名画家关山月、黎雄才、赖少其、汤小铭、王玉珏、王立、陈子毅、黄志坚所画的梅、兰、竹、菊、松、水仙、红棉、荷花等国画，作为本书插图，为本书添彩生色，令读者赏心悦目，情趣盎然，得到思想启迪、情操陶冶和美的艺术享受。时任广州市委书记的高祀仁对此书给予了充分的肯定。他说："《新增广贤文》编写得很好，它的出版发行必将对人们有启迪、教育的作用。"并高兴地亲自为该书题写了书名。《新增广贤文》甫一面世，就为城乡居民所喜闻乐见，一时洛阳纸贵，30万册一个月不到便卖光了。同年10月该书进行第二次印刷，也是印了30万册，合计发行60多万册。1995年12月11日，时任中共中央宣传部副部长刘云山在接见广州市社会主义精神文明办公室主任潘祖亮时指出："在新的历史时期，应该加强适合社会发展需要的思想道德建设和时代精神的教育。广州市编写《新增广贤文》是一次有益的探索，是思想道德教材建设的又一创新。"1997年9月，邝梦兆与广州市精神文明建设研究学会又推出了《新增广贤文大家谈》一书，立足广州、面向全国宣传推介《新增广贤文》，引导人们学习、运用和实践其中的人生哲理，充分发挥其在思想道德建设中的作用。

"提倡勤奋敬业，竭诚服务人民，协调人际关系，奉献真挚爱心。"继《新增广贤文》之后，邝梦兆又主持编写了《四德通言》。这本1996年8月出版发行的"职业道德建设"版《四德通言》，是他遵照江泽民关于"弘扬中国古代优良道德传统和革命道德传统，吸取人类一切优秀道德成就，努力创建人类的先进精神文明"的指示精神，与朱小丹、叶世雄、陈子典、陈耀华、易佐永、范孟浩等人共同编写的。邝梦兆亲自参与了全书的撰写修改、审定工作。这是一本以培育"有理想、有道德、有文化、有纪律"的社会主义公民为目标，融中华民族传统美德与时代精神于一体，借鉴群众喜闻乐见、具有民族风格的蒙学模式所编写的通俗读物。本书分引语、政德、师德、商德、医德、结语六个部分。书中内容既有传统经典、传统道德折射出来的伦理思想，如"先天下之忧而忧，后天下之乐而乐""不忧一家寒，所忧四海荒""但愿众生皆得饱，不辞羸病卧残阳""苟利国家生死以，岂因祸福避趋之""国将兴，必贵师而重傅；国将衰，必贱师而轻傅"等；也有体现时代典型、时代精神的格言金句，如"效法焦裕禄，学习孔繁森。领导是服务，一切为人民""说实话，出实力，办实事，创实利""从群众中来，到群众中去""解放思想，实事求是""奉行人道主义，尽使枯木逢春"等等。《四德通言》鲜明地突出了全心全意为人民服务这一核心价值观，旨在推动全社会形成"为人民服务，对社会负责"的良好职业道德风尚，让历史文化名城广州焕发出社会主义现代文明的色彩。

主持修订"一约三则"，以提高市民现代文明综合素质。"一约三则"，即《广州市文明公约》《广州市社会公德守则》《广州市职业道德守则》《广州市家庭美德守则》。1996年初适逢广州开展旨在提高市民现代文明综合素质的"96系列公民教育活动"，精神文明建设战线的领导、专家学者及实践工作者，由衷地感到1985年制定的《广州市人民文明公约》，是当时推进广州社会主义精神文明建设的重要举措，十年来该《公约》与"广州市风""广州人精神"的宣传与实践对提高市民的基本文明素质，推进广州精神文明建设产生了十分积极的作用，提供了宝贵的经验。与此同时，大家也意识到，广州市委、市政府提出以建设现代化国际大都市为目标，用十五年时间让广州基本实现现代化，需要广州物质文明上新台阶，更需要广州精神文明建设总体水平上新台阶，需要广州市民具有与之相匹配的现代文明素质。是年10月，中共十四届六中全会召开，做出了《关于加强社会主义精神文明建设若干重要问题的决

邬梦兆在宣传推介《四德通言》活动上致辞

129

议》，为广州修订《广州市文明公约》送来了强劲东风。根据中央《决议》精神和广州实际，同年年底中共广州市委做出了《关于贯彻十四届六中全会精神，加强社会主义精神文明建设的决定》。该《决定》明确提出要"组织和发动全市人民征集《广州市文明公约》和制定《广州市社会公德守则》《广州市职业道德守则》《广州市家庭美德守则》，并通过广泛深入的学习实践活动，使之家喻户晓，深入人心，在全市人民中形成共同的思想道德规范和行为准则"。

广州市委、市政府对"一约三则"的修订非常重视，专门组成了一个由市委、市政府主要领导参加的《广州市文明公约》征集委员会负责统一协调这项工作，指定由邬梦兆及其领导的市社会主义精神文明建设委员会负责落实这项工作。在整个修订工作过程中，邬梦兆始终坚持走群众路线，积极发掘全市党员干部与普通市民参与社会主义精神文明建设的热情和创造力。1996年11月初，市委关于制定"一约三则"的决定做出后，邬梦兆第一时间指示《广州日报》在主要版面以"公告"的方式全文刊登"我市将修订'一约三则'的消息"。有着早上看《广州日报》、下午看《羊城晚报》习惯的广州市民，当看到这则《公告》后，反响十分热烈，大家都希望自己居住的城市有序有礼有爱。结果《公告》发出仅一个月，就收到市民来稿及填写的"'一约三则'意见征询卡"六万余份，其中既有八十多岁老市民的意愿，也有十多岁小市民的心声。

邬梦兆和市社会主义精神文明建设委员会、市委宣传部等还策划并实施了一系列发动、组织市民群众和在穗单位（机构）积极参加修订"一约三则"的活动：邀请市长林树森在广州电视台的新闻时段就广州修订"一约三则"发表专门讲话，强调修订"一约三则"的必要性、重要性与可行性，号召广大市民和在穗单位（机构）踊跃参与；安排市五套班子主要领导参加在天河城广场举办的"老百姓心中的文明——《广州市文明公约》征集活动日"活动，虚心听取市民对"一约三则"修订工作的意见和建议；安排全市各级党委和政府专门印发了文件，做好面上的宣传发动工作，同时通过组织座谈、研讨、演讲、市民学校讲座等活动，吸引所在系统和单位的党员干部职工参加，吸引所在地的个体劳动者、外来务工人员、大中小学师生、街道居民及外来常住人口参与，扩大了活动的影响，增强了活动的渗透力；安排市工、青、妇等群众团体，不仅直接分工负责征集三个《守则》的组织工作，而且还发挥各自的优势，组织各具特色的主题教育活动，吸引各自所联系的群众参加；安排广州地区高等院校、研究机构尤其是哲学、伦理学、社会学和语言文学的部分专家学者组成专门指导小组，负责草拟"一约三则"（征求意见稿），负责征集、吸纳、反馈对"一约三则"（稿）的意见建议。参与此项工作的专家学者十分敬业，无论是单位的修改意见，还是普通市民的修改建议，都能一视同仁，仔细分析、认真研究、尽量采用，集体审读时更是一字一句地推敲琢磨，一丝不苟地反复推敲，呕心沥血，最终是五易其稿，拿出了提交市委、市政府审定的"一约三则"终稿，为提升广州的精神文明建设水平付出了他们难能可贵的科学精神。

邬梦兆十分重视舆论宣传对加强社会主义精神文明建设的主导作用，一方面着眼于优化修订"一约三则"的舆论环境，在《广州日报》、广州电视台、广州广播电台发布"公告"，并开设"公民谈《公约》"专栏或专题节目，播出相关公益宣传标语，引导广大市民群众为修订"一约三则"鼓与呼；另一方面着眼于为实施"一约三则"预热，有组织地安排中央驻穗媒体、省属媒体协同广州市属媒体，以程序报道、专题报道、活动报道等方式，对广州修订实施"一约三则"进行充分报道，发出以实施"一约三则"为载体、开创广州社会主义文明建设新局面的主流声音，为修订工作营造良好的社会舆论氛围。

在广州市委、市政府的领导下，1997年5月1日，广州市社会主义精神文明建设委员会正式向社会公布《广州市文明公约》《广州市社会公德守则》《广州市职业道德守则》《广州市家庭美德守则》。在是日举办的宣传活动大会上，邬梦兆做了题为《发挥人民群众的主体作用，推动我市精神文明建设上新的台阶》的讲话。他指出，"一约三则"是我市人民在社会主义精神文明建设中集体智慧的结晶，它将翻开广州群众性精神文明建设的崭新一页，对于促进广州形成群众自我教育、自我管理、自我提高的群众性精神文明建设机制将产生积极的作用。他强调，只要我们生动活泼地把宣传、学习、实践"一约三则"有效地开展起来并取得显著的成效，广州社会主义精神文明建设就一定能够沿着正确的方向不断跃上新的台阶。

切实加强和改进对社会主义精神文明建设的领导

邬梦兆对加强精神文明建设十分执着，近乎痴迷。他认为，广州的精神文明经过改革开放多年来的建设和发展成绩是有目共睹的，但同建设中国特色的社会主义精神文明的要求比还有很大的差距，同深化改革、扩大开放、建立社会主义市场经济体制的要求还不相适应，在社会公德、社会秩序、环境卫生、城市管理等方面，要达到全国先进水平还要下很大的功夫。广州精神文明建设不能满足于自己与自己比、与过去比、与国内城市比，应该考虑广州身处于祖国南大门的重要地理位置，面对 20 世纪末港澳回归后"一国两制"的政治背景，适应当今世界科技迅猛发展、现代化进程不断扩大与深化对广州影响的国际环境，必须从立足广州、服务全国、面对世界、创造未来的大视野、大思路来思考提升自身精神文明的问题；必须把建成"经济繁荣、教育昌盛、科技进步、文化发达、社会安定、市风良好、政治民主、法制健全、管理有序、环境优美、生态平衡、城乡一体、人民康乐"的现代化国际大都市作为广州社会主义精神文明建设的终极目标。

所以，当广州市委确立力争五年初步建立起社会主义市场经济新体制、十五年基本实现现代化目标后，邬梦兆对自己主抓的广州社会主义精神文明建设充满期待，倍感使命光荣、大有作为、任重道远。他认为，今后的任务，就是以建设中国特色社会主义理论为指导，坚持"两手抓、两手都要硬"的方针，加强对精神文明建设理论的研究和实践，积极探索新形势下精神文明建设的新思路，更好地推动广州两个文明建设的发展，更好地服务于广州经济社会发展的宏伟目标。他提出，以邓小平精神文明建设思想武装头脑，提高"两手抓、两手都要硬"的自觉性。以坚持重在建设，把发展市场经济与建设精神文明有机结合起来。正确认识并把握社会主义市场经济与精神文明的关系，把发展市场经济与建设精神文明统一起来，围绕培养"四有"新人这一终极目标落实"重在建设"。以精神文明建设服从服务于全党工作大局，为改革、发展、稳定创造良好的舆论环境。以构建精神文明建设的科学运行机制，保证"两手抓、两手都要硬"方针的真正落实。

他把个人对建设社会主义精神文明的认识与推进步骤、方式、方法化作具体的行动。带头把这项庞大的社会系统工程摆在重要议事日程，助推全市各级党委政府从提高认识、健全机制、理论研究等方面加强和改进精神文明建设的领导，从而自觉地把此项工作与经济工作等同起来、对接起来开展，避免"一手硬，一手软"，真正做到"两手抓、两手硬"。他深知，破解加强精神文明建设动力不足的问题，关键在于解决人们普遍存在的认为只要经济上去了，精神文明自然就上去了，抓精神文明建设会妨碍突出经济发展这一中心，精神文明建设产生不了生产力、抓了也是白抓等糊涂认识。据此，他运用"鸣锣开道，更新观念，加油鼓劲，真抓实干"的方法，即以加强邓小平中国特色社会主义理论的学习，帮助各级党政领导不断提高全面贯彻党的基本路线的自觉性，摆正精神文明建设在物质文明建设中的位置，树立越是加大改革开放的力度，加快经济发展的步伐，就越需要加强精神文明建设、搞好精神文明的观念，促使各级党政领导积极主动、真抓实干地开展精神文明建设，使精神文明建设能够为经济建设提供更加有效的服务，使经济和精神"两个文明"建设的发展更加协调同步，实现良性循环，携手上新台阶，创造新水平。

他特别重视通过构建科学的运行机制，来加强对精神文明建设的领导。实践表明，精神文明建设是全社会的事，没有单位和个人之分，没有这个单位与那个单位之分，更没有你家与我家之分。因此，在邝梦兆心目中制定了一些诸如文明单位管理条例的做法，是个体的、单项的、局部的，而不是配套的、系统的，对解决精神文明建设实际工作中出现的各种矛盾和问题，有一定的局限性。既然是全社会的事，就要齐抓共管，人人参与。他着眼于把竞争激励机制、齐抓共管机制引入群众性精神文明建设活动中去，积极构建广州精神文明建设的科学运行机制。他言传身教、以上率下，帮助各级党政领导进一步牢固树立坚持"两副重担一起挑，两种措施一样硬，两个成果一齐要"的意识，按照"工作规范化，活动上轨道"的要求，以"三个是否有利于"（即是否有利于为经济建设和改革提供强大的精神动力和智力支持，是否有利于满足人民群众日益增长的精神文化需要，是否有利于培养"四有"新人）为衡量标准，建立健全与发展社会主义市场经济相适应、相促进的社会主义精神文明建设的运行机制，实现"育、导、管、建"相结合，规划、部署、执行、检查、评价、奖惩、监督"一条龙"。构建科学的精神文明运行机制，离不开党的坚强领导，离不开政府的大力支持，为此，他积极协助市委、市政府把加强精神文明建设纳入市及区（县级市）经济、社会发展规划，纳入年度工作安排，纳入财政预算，纳入人大、政协视察内容，纳入考核、提拔干部的重要条件，真正形成领导挂帅，全党动手，各方配合，同台唱戏，纵向到底，横向到边，保证精神文明建设工作（活动）处于正常、持续、有序、顺利运行的良性状态，防止"一手硬，一手软"失衡现象的发生。他还十分重视发挥全市各级社会主义精神文明建设委员会及其办事机构的作用，争取市委、市政府的支持，不断健全机构、充实骨干、壮大队伍，使之成为我市加强精神文明建设的一个有权威、高效率的领导机构，并在全市形成了在各级党委、政府统一领导下，精神文明建设委员会统筹规划、指导协调，职能部门、群众团体各司其职，齐抓共管，打总体战的领导格局，从而保证了全市精神文明建设工作的有效运作。他还带领相关部门认真研究、积极探索开展群众性精神文明建设立法工作，促使全市群众性精神文明建设更加规范、有序、有效地开展。

他在抓精神文明建设实践的同时，不忘总结经验，通过把成功的经验上升为理论，指导实践，推动工作。理论源于实践，又指导实践。1993年3月，在他的主持下，广州市成立了精神文明建设研究学会，同年11月该学会召开"社会主义市场经济和精神文明建设"理论研讨会，会后，出版了一套面向基层、指导实践的《社会主义精神文明建设丛书》（7册）。他带头开展精神文明建设的研究，先后结合个人的工作实际，撰写出版了《改革开放与党的建设》《改革开放与群团工作》《改革开放与精神文明》《改革开放与统一战线》等专著。这对于在理论与实践的结合上总结我市的经验，探索精神文明建设的普遍规律和社会主义精神文明建设的特殊规律，加强和改进精神文明建设的领导，起到了积极的作用。

第八章
地方统战的好领班人

带头学习贯彻新时期党的统一战线理论

邬梦兆调到广州任职后不久，市委即安排其分管统战工作，一直到 1996 年底不再担任市委副书记后，虽然不再分管，但依然在市政协主席这个岗位上，带领市政协开展统战工作至 1998 年。由于邬梦兆长期从事党务工作，担任过县委一把手，担任过肇庆地委办公室主任、广东省委副秘书长、广州市委秘书长，所以组织上让他分管统战工作应该是对他的充分信任。但是，他却没有因此而掉以轻心，而是坚持他一贯的作风，干一行、爱一行，学一行、钻一行。把学习毛泽东、周恩来老一辈无产阶级革命家关于统一战线与人民政协的论述，邓小平建设中国特色社会主义理论摆在每天日程当中，有时间就学，争取早日系统掌握马克思主义统战理论的基本原理。遇到具体问题的时候，联系实际学，提高解决问题的能力。他不但自己学，而且还运用中心组学习、培训班、报告会等方式，带动全市统战系统各个单位领导班子成员及党员干部一起学，用邓小平新时期统一战线理论武装头脑。

邬梦兆以深入贯彻落实《中共中央关于坚持和完善中国共产党领导的多党合作和政治协商制度》为抓手，亲自部署市委统战部筹组召开全市统战工作会议，总结改革开放以来广州统战工作的经验与不足，提出新的要求，做出新的部署。会上，他语重心长地对与会同志说，统一战线历来是党的总路线总政策的重要组成部分，也是为党的总路线总任务服务的。在新民主主义革命时期，统一战线为团结一切可以团结的力量，推翻压在中国人民身上的三座大山发挥了重要的作用。新中国成立以来，中国共产党的历代领导人都从党和国家全局的高度强调统一战线的重要地位和作用，非常重视统一战线工作。当前，改革开放，以经济建设为中心，把广州建设成为国际化大都市，更离不开统一战线的不断巩固和发展，进一步加强统一战线工作，具有重要的战略意义和现实意义。他说，加强新时期统战工作，是适应加快广州经济发展步伐，力争在十五年左右的时间内基本实现现代化的需要。要加快广州经济发展步伐，必须把一切积极因素充分调动起来，必须把全市人民群众建设社会主义的积极性充分调动起来。而要做到这两个"充分调动"，需要党做大量深入细致的工作，这其中就包括统战工作。因为，统战工作承担着调动一切积极因素、团结一切可以团结的力量，为建设富裕、民主、文明的社会主义国家服务的重要任务。而社会主义现代化建设，除了依靠广大人民群众的积极性以外，还需要有比较雄厚的物质基础。比如，要在十五年左右基本实现现代化，需要投入的资金高达数千亿元。如此巨额的投资，单靠我们自身内部力量，是远远不够的，还需要畅通境外渠道吸引大量外资，满足广州经济发展步伐加快的需求。在这方面，以往统战系统是发挥过很大作用的。经验表明，统战工作做得好，吸引外资的工作就搞得好，外商投资的积极性就高。所以，广州市要加快经济发展步伐，要在十五年左右的时间内基本实现现代化，是绝对离不开统战工作的。

加强新时期统战工作，是广州深化经济体制改革，在五年内初步建立起社会主义市场经济新体制的需要。改革是一项前无古人的伟大事业，在这方面没有什么经验可依循，完全要靠我们自己去探索、去研究、去创造、去实践。而且，这场改革还牵动着方方面面，涉及各种利益关系的调整，触及每个人的切身利益。所以，改革的任务是十分繁重、十分艰苦的。目前，广州的改革已经进入到关键时期，转入到整体推进与重点突破相结合的攻坚阶段。需要广泛动员和依靠各方面的力量，齐心协力，共同去干，才能确保各项改革任务的完成。在这方面，统战部门同样承担着非常重要的任务。把统战工作做好，协调好各方面关系，化解好改革中遇到的各种各样的矛盾，就有利于推动各项改革的深入。因此，改革离不开统战工作，而统战工作也应适应改革的需要，为改革服务。

加强新时期统战工作，是加强社会主义民主与法制建设，维护社会稳定的需要。我国现代化建设的目标，是要建立一个富强、民主、文明的社会主义国家；广州市的发展目标，就是要力争在十五年左右的时间内基本实现现代化，把广州初步建成国际化大都市。而要实现这个宏伟的目标，必须要有一个团结、稳定、民主、和谐的政治环境。这就要求在进行现代化建设，在进行经济体制改革的同时，要积极推进政治体制改革，推进社会主义民主与法制的建设。在这方面，统战工作同样也承担着重要的任务。加强社会主义民主政治建设，其中很重要的一条，就是坚持和完善中国共产党领导的多党合作和政治协商制度。而这一条正是统战部门的基本任务。切实把这项基本政治制度坚持好、完善好，我国社会主义民主和法制建设才能得到发展和健全。

加强新时期统战工作，也是团结各方面的力量，实现祖国和平统一的需要。随着港澳主权回归的时间越来越临近，和平统一祖国的任务也越来越紧迫。和平统一祖国，这是全国人民共同关心和渴望的大事，要实现这一任务，需要做大量而又艰巨的工作。在这方面统战工作更要承担义不容辞的责任。广州毗邻港澳，改革开放先行一步，与广大港澳同胞和海外华侨华人有着天然的广泛联系，我们不应该辜负中央对广州的期望，应忠实地履行统一战线的职责，为做好"一国两制"与"和平统一"的统战工作创造出广州的经验。

他要求，全市统战系统的干部要通过学习，真正提高对统战工作的重要地位和作用的认识；真正做到认识统战工作，热爱统战工作，安心统战工作，并以做统战工作为荣、为乐、为喜。决不可妄自菲薄，自己看不起自己；更不可"身在曹营心在汉"，朝三暮四，"做一天和尚撞一天钟"。

突出统战工作重点，以"五抓"开创广州统战工作新局面

1995 年，是广州全面完成"八五"计划和十五年基本实现现代化总体规划第一阶段任务的最后一年，是为顺利实施"九五"计划奠定良好基础的关键一年。这一年中央、省特别重视统战工作，专门研究部署了年度统战工作任务和重点工作。为了更好地贯彻落实全国统战部长会议精神，进一步开创广州统战工作的新局面，邬梦兆马上按照中央、省委的要求，布置市委统战部及时召开市统战工作会议。会上，他结合自己几年来分管广州统战工作所积累的经验，提出以"五抓"出实效，带动广州统战工作的新发展。

一是抓认识。他说，思想认识指导着我们的实际行动。要做好统战工作，全体统战干部特别是统战口的领导要有正确的思想认识。要通过学习邓小平同志建设中国特色社会主义理论尤其是关于统一战线的理论，学习党的十四大、十四届三中全会、十四届四中全会、中央经济工作会议和中共广州市委六届四次全会精神，以及学习中央关于统一战线工作的一系列指示，提高我们的思想认识，把我们的思想统一到党的十四大精神上来，统一到邓小平同志建设中国特色社会主义理论和新时期统一战线理论上来，用邓小平同志关于新时期统一战线理论和中央关于统一战线工作的一系列指示来武装我们的头脑，形成强大的动力，以此推动新时期统战工作的全面发展。只有思想认识提高了，才能不断提高我们的理论政策水平，提高我们解决实际问题的能力。当前，应着重提高对新时期统一战线工作重大意义的认识，使我们更加积极、自觉、主动地做好统战工作；提高围绕全党、全国以及全市的工作大局来开展统战工作的认识，做到自觉服从和服务于这个大局，并通过做好统战工作

促进这个大局向更好的方向发展；提高寓教育于联谊、寓统战工作于经济活动中的认识，紧密结合本地区、本部门、本单位的实际，更有创造性地、更富有成效地开展统战工作。

二是抓重点。统一战线的内涵十分丰富，统一战线的工作千头万绪，我们该从何入手，才能把工作做好？还是从抓重点入手，通过掌握重点，抓好重点，以点带面，推动工作全盘开展。今年的工作重点，全国统战部长会议已经有了明确部署，就是以民主党派工作为重点，抓好以民主党派领导班子建设为核心内容的参政党建设。这是中央统战部根据形势发展的要求，在广泛调查研究和充分听取各方面意见的基础上做出的决策。这一决策是十分正确的，它符合中国共产党与民主党派"长期共存、互相监督、肝胆相照、荣辱与共"的十六字方针要求。只有认真做好民主党派工作，使之生存、发展，它才能与中共"长期共存"；它符合推进社会主义民主政治建设进程的要求。建设社会主义现代化，不仅要搞物质文明，还要搞精神文明；不仅要搞经济建设，还要搞社会主义民主政治建设。而这几方面建设，都离不开中共与民主党派的紧密合作；它符合调动一切积极因素、团结一切可以团结的力量，齐心协力促进改革、发展、稳定大局的要求；它符合中共协助民主党派搞好领导班子建设的要求。

因此，我们必须认真学习贯彻全国统战部长会议精神，结合广州市的实际，研究如何进一步抓好民主党派工作。去年，我们在这方面下了很大功夫，取得了一定的成效。我们要在原有的基础上取得更大的进展。在抓好民主党派工作的同时，还要切实做好海外统战工作、经济领域统战工作、民族宗教工作和其他各项统战工作，通过以点带面，促进统战工作的全面发展。

三是抓实事。他说，统战工作既要务虚，也要务实。因此，我们要虚实并举，虚功实做。要提出办实事的具体目标和要求，而且一经提出，就要狠抓落实。只有扎扎实实地工作，才能办好实事，抓出实效，才能促进工作上新水平。1995年初，我市发动非公有制经济代表人士发扬"稻穗鲜花献人民"的广州人精神，积极投入到"光彩事业"中，为新疆和田地区捐款打井，共认捐了两百万元，打一百口井。这是市委统战部和市工商联办的一件实事，有了这个良好开端，我们还要继续在以下方面再出成果：协助有关部门再安排四至五名党外人士担任政府部门的领导职务；协助市工商联筹办民生银行；协助民主党派搞好领导班子和后备干部队伍建设，为换届做好准备；协助市工商联建立非公有制经济代表人士积极分子队伍；培养一批新一代的少数民族代表人物和宗教界代表人物。

四是抓政策。他说，政策和策略是党的生命。统战工作政策性强，工作水平的提高要靠政策的指导，工作成就的取得要靠政策的落实。因此，我们绝不可粗心大意，要认真学习好党的统一战线各项方针政策，掌握好政策，执行好政策。属于统战部门职责范围内的事情，就要认真履行好职责，以高度负责的态度去贯彻落实；统战部门本身解决不了的事情，则要搞好协调，会同有关方面共同解决；对于重大、复杂的事情，则必须及时向党委和政府报告和请示。总之，作为党委的职能部门，统战部门一定要做学习政策、执行政策、遵守政策的模范，保证党的统战工作能够正确、有效地开展。

五是抓领导。他说，要很好地完成各项统战工作任务，关键还是在于领导。党委领导的重视，是做好统战工作的基本保证。因此，各级党委一定要切实加强对统战工作的领导，把统战工作列入党委议事日程，并帮助统战部门逐步改善工作条件，调动统战干部的积极性。作为统战部门，要树立"有为才有位"的思想，用自己出色的、扎实的工作赢得领导的重视，赢得社会的认同。同时，还要不断加强自身建设，关心干部、职工的成长和生活，增强统战部门的凝聚力、影响力。我们要更加适应形势发展的需要，继续发扬统战工作的优良传统和作风，深入实际，扎实工作，使统战工作为广州的改革开放和现代化建设做出更大贡献。

用邓小平新时期统一战线思想统领广州统战工作的新使命

进入新时期以来，我国统一战线在性质、任务、范围、对象和方针政策等方面，都有许多新的变化和发展。据此，邬梦兆认真学习党的十四大报告，分析统一战线在广东面临的新情况、新特点、新任务。在1995年"五抓"的基础上，1996年，他又以"为宏伟蓝图添色增彩"为题，提出用邓小平新时期统一战线思想统领广州统战工作。

他说，全国人大八届四次会议通过了我国国民经济和社会发展"九五"计划和2010年远景目标纲要，绘制了我国今后发展和建设的宏伟蓝图。广州市人大十届四次会议也通过了广州市国民经济和社会发展"九五"计划及2010年远景目标纲要，绘制了广州市今后的发展蓝图。这样一幅宏伟蓝图对我们来说，究竟意味着什么呢？它意味着：统一战线作为一个法宝，应为这幅蓝图添色增彩；统战工作在实现这一蓝图中负有重任，大有可为。

他说，邓小平同志提出的新时期统一战线，是服从和服务于社会主义现代化建设的统一战线。这就是说实施这一宏伟蓝图，需要调动一切积极因素，团结一切可以团结的力量，把一切能够联合起来的都联合起来，围绕大目标，加强大团结，建立大联合，共同为这一蓝图的实现而共同奋斗。而统一战线在这方面有很多优势：由于它包括了人民政协、各民主党派、群众团体以及各族各界人士在内，有人才和智力优势；会聚了各方面的代表人士和高中级知识分子、专家学者，有着同台港澳同胞、海外侨胞广泛联系的优势。它一头联结着国内的千军万马，一头联结着海外的千军万马，做好统战工作，就能把两个千军万马的力量都调动起来，组成浩浩荡荡的队伍，共图大业，这就是我们实施宏伟蓝图的最可靠的保证。

他说，新时期统一战线有着空前的广泛性和极大的包容性。有了这样空前广泛的大团结，我们就能够把一切可以团结的力量都团结起来，共同致力于统一祖国、振兴中华的宏伟事业。要实施这一宏伟蓝图，需要有一个和睦的人际关系、稳定的社会环境。而统一战线在这方面很有优势，它具有协调关系、化解矛盾、沟通思想、加强团结的功能。做好统战工作，能够弘扬中华民族"和为贵"的传统美德，调节好方方面面的社会关系，正确处理好人民内部的各种矛盾，使人与人之间相互尊重、相互理解、相互关心，形成和发展平等、友爱、团结、互助的新型人际关系，巩固和发展安定团结的政治局面，使我们宏伟蓝图的实施，建筑在良好的人际关系、良好的社会环境的基础之上。

他说，新时期统一战线内部构成及其成员中的相互关系变得更为复杂。由于所有制结构的调整，我国社会结构正在经历着深刻的变化，社会主义劳动者之间的统一战线问题更为突出，统一战线在调节社会关系、处理人民内部矛盾和维护社会稳定方面的任务日益繁重。因此，要实施我国的宏伟蓝图，需要通过做好统战工作，团结广大党外知识分子，支持和鼓励他们立足本职，建功立业；需要通过做好统战工作，团结和教育广大非公有制经济代表人士，鼓励和引导非公有制经济健康发展；需要通过做好统战工作和海外联谊工作，建立以建设中国特色社会主义为基础的内地人民群众之间的团结，以拥护祖国和平统一为基础的大陆同胞和台港澳同胞、海外侨胞的团结，以实现中华民族伟大复兴为基础的海内外全体中华儿女的团结；需要团结更多的台港澳同胞和海外侨胞，为广州的经济建设多做贡献，为早日实现祖国统一大业多做贡献。

他说，新时期更加需要坚持和完善中国共产党领导的多党合作和政治协商制度。把政治协商、民主监督和参政议政更加富有成效地开展起来，把各个社会群体及其代表人士的政治意愿和利益要求纳入社会主义民主和法制的轨道，成为统一战线面临的新课题。祖国建设的宏伟蓝图，离不开生产关系的微调，推进社会主义民主政治建设的全面进步。而统一战线本身所具有的最广泛的代表性和政治上最大限度的包容性，就是社会主义民主的充分体现。通过做好统战工作，进一步坚持和完善党领导的多党合作和政治协商制度，充分发挥民主党派参政议政和民主监督作用，使我们党更能够体察群众的情绪，了解和掌握群众的呼声、愿望和要求，更能够充分吸纳各方面的意见，更能够集中全体人民的力量。同时，也可以使我们的监督机制更加完善，使我们的党和政府更好地接受群众的监督，有利于决策的科学化、民主化，从而使我们能够立于不败之地，取得一个个胜利。

他指出，建设中国特色社会主义社会形势的发展与统战工作的发展是相辅相成的。形势越发展，对统战工作的要求就越高，为统战工作提供的天地就越广阔；而统战工作越发展，就越能为形势发展做出更大的贡献，越能起到更大的推动作用。他要求全市广大统战干部要站在全局的高度，增强责任感、使命感、光荣感，积极主动地做好统一战线工作。

着力构建新时期统一战线工作的科学运行机制

广州是我国南方的重要城市，毗邻香港、澳门，沟通海内外，拥有丰富的统战工作资源；加上又是我国改革开放较早的地区，新情况、新问题表现得比较明显和充分。邬梦兆认真分析广州这些带有地域性的实情，根据广州民主党派成立比较早、参政热情比较高，广州经济结构多样、社会阶层多元，广州市民民主意识比较浓厚等特点，围绕团结和民主两大主题，积极推动构建"广州版"的新时期统一战线工作科学运行机制。

按照中央、省委、市委的部署，邬梦兆牵头或协同市有关部门制定了市委《关于贯彻〈中共中央关于坚持和完善中国共产党领导的多党合作和政治协商制度的意见〉的意见》，市委批转了《关于认真贯彻省委 13 号文精神，进一步加强和完善与各民主党派合作的意见》的通知，明确规定市委与各民主党派市委会的民主协商会每年举行两次，高层次、小范围的谈心活动每年三次，通报会每年六次；市委常委、党员副市长以上领导同志按分工与各民主党派市委会负责人、无党派代表人士交知心朋友；逐步落实民主党派、无党派人士担任检察、审批机关领导职务和担任特约检察员、教育督导员，担任特邀监察员、特邀审计员，发挥他们的监督作用。同时，还明确支持各民主党派和有关人民团体，通过"请进来，走出去"的方式，开展"三胞"联谊工作。

邬梦兆还十分注重搞好党外人士的政治安排和实职安排。在市委的领导下、在他的关心推荐下，通过一定的程序，安排姚蓉宾担任了副市长，姚嘉华担任了市人大常委会副主任，陈其昌、范兴登、曾陇梅、何家松担任了市政协副主席。此外，还有三十名党外人士担任了市中级人民法院副院长、市司法局副局长等有实权的市局级领导干部。邬梦兆还十分关心民主党派加强自身建设，支持新建了社会主义学院校舍，还多次前去给脱产学习的学员讲课。分管期间，他坚持每年暑期开办短期读书班，邀集民主党派市委会、市工商联主要负责人认真学习中共十四大报告、邓小平中国特色社会主义理论、《中共中央关于坚持和完善中国共产党领导的多党合作和政治协商制度的意见》《政协全国委员会关于政治协商、民主监督、参政议政的意见》等。

人民政协是中国人民最广泛的爱国统一战线组织，是中国共产党领导的多党合作和政治协商的重要机构。邬梦兆分管统战工作后，重视发挥民主党派的作用，同样也重视发挥市政协的作用，在他的支持下，1992年8月，市委召开了市政协工作会议，这是新中国成立以来广州市委的第一次政协会议，会议还下发了《关于进一步加强人民政协工作的决定》，以制度规范市政协的履职工作。之后，邬梦兆还推动市委分别就政协履行政治协商、民主监督、参政议政建章立制。

1993年，邬梦兆兼任市政协主席后，十分注重整合市政协与各民主党派市委会、市工商联的力量，在推动广州民主政治建设、团结一切能够团结的力量，做好经济工作的同时，发挥出合力的作用。为了充分发挥各民主党派、工商联在市政协的重要作用，在他的主持下，市政协党组依据中共中央"长期共存，互相监督，肝胆相照，荣辱与共"的方针，加强民主党派在履行政协主要职能方面的作用，继而在实践的基础上将之上升为制度。

他认为，政协作为共产党领导的多党合作的重要机构，从根本上说，其职能的履行必须以多党合作为基础。所以，政协在"两化"（规范化、制度化）建设过程中，必须把中国共产党领导的多党合作的规范置于基础的地位，充分体现多党合作的规范要求。据此，邬梦兆主持的广州市政协党组，明确市政协每年政治协商、民主监督的议题提出之前要先征求各民主党派、工商联的意见，然后再确定并统筹；市有关党政机关提供的有关协商、监督议题的材料，应提前十五天送给参加协商、监督的各民主党派市委会和市工商联，让他们有充分的时间准备意见和建议；市政协履职会议应该认真听取市各民主党派和工商联的意见，并及时报送给市有关党政机关和部门，意见、建议处理的结果及时跟踪反馈，通报给各民主党派市委会和市工商联等。为保证各民主党派在市政协工作中充分发挥作用，他还带领市政协党组建立了市政协"多党合作"的"八个坚持"制度。

一是坚持在政协正、副主席中，中共党员人数少于民主党派成员和无党派民主人士的人数。而且一旦非中共的副主席缺额时，都及时进行了补选，以保持领导成员中的民主党派和无党派民主人士占多数的比例。二是坚持政协重要会议、重要活动邀请民主党派主要负责人参加。每年的重点协商会议，重点调研、视察、纪念活动、理论研讨会等，都坚持邀请民主党派负责人出席。三是坚持每年一次政协同统战部联合召开民主党派参政议政座谈会，交流参政议政经验，共商参政议政工作。四是坚持每季度一次政协同民主党派联合召开秘书长联席会议，及时通报政协工作，研究协作事宜。五是坚持政协各专门委员会同民主党派的对口联系，加强沟通；选择专题进行调查研究，提出较高质量的建议和提案。六是坚持把民主党派的提案作为重点提案认真办理，使之发挥应有的作用。如1996年，民主党派提出的三十三件提案，都作为重点提案及时交办和催办，使提案内容落到实处。七是坚持政协组织的中共负责人与民主党派负责人交友谈心制度。八是坚持在政协全会、常委会会议上民主党派以党派名义发言。

"八个坚持"得到了市各民主党派和无党派人士的热烈欢迎，得到了全国政协的肯定，《人民政协报》做了介绍和推广，进一步调动了市政协参加单位特别是市各民主党派和各人民团体履行政治协商、民主监督、参政议政职能的积极性。他们认真分析新形势，研究新情况，建立健全了有关制度，进一步加强了相互间的联系和合作，从而形成了中国共产党和各民主党派、人民团体密切合作、共商国是、同创新绩的良好局面。据统计，八届市政协第一年（1993年），民主党派提案才十九件；第二年（1994年）多了四件，为二十三件；第三年（1995年）二十五件；第四年（1996年）三十三件，整整比第一年多了十四件。

邬梦兆还根据广州毗邻港澳地区，华侨华人众多，沿海开放城市经济成分多样的特点，调整市政协界别和界别构成。他在增加市政协港澳委员、侨界委员的人数的同时，比较注意吸收非公有制经济人士，如乡镇企业经营者、私营企业主、"三高"农业的经营者以及个体工商户；注意吸收非公有制的人才，如乡镇企业、外商投资企业、私营企业的经营人员和技术人员；注意吸收从事农村金融服务、信息服务、技术服务、中介服务的人员；注意吸收民办科技、教育、文化系统经济单位的组织者、经营者；注意吸收文化艺术个体户，让众多的社会阶层人士代表，尤其是私营企业主、外商投资企业中方职员、"外来工"等代表能够在市政协有一席之位，充分体现政协团结的广泛性，充分展示政协民主的包容性，夯实了团结与民主两大主题的基础，巩固了市政协政治协商、民主监督、参政议政的政治地位。

带头推动沿海开放城市统一战线工作的理论创新。有着四十多年工作实践的邬梦兆深知，干革命工作光是埋头苦干还不够，还要会干和干好。要会干和干好，离不开理论指导，离不开理论创新。改革开放，赋予广州突破已有体制机制大胆地闯出一条中国特色社会主义新路的使命，作为广州负责统战工作的主要领导，就应该负起这方面的职责。一方面以邓小平新时期人民政协论述为指导，结合广州实际，创造性地开展各种具有中国特色社会主义民主政治的实践；另一方面又要担当起从实践中来再到实践中去的职责，研究实践、分析实践、总结实践、推动实践。为此，他主动争取中国统一战线理论研究会、中共中央统战部研究室的支持，亲自担任主编，组织人力物力编写出版了《新时期统一战线工作丛书》。

这套 1996 年 9 月正式出版的丛书，以邓小平建设中国特色社会主义理论为指导，立足广州，面向全国，按照理论与实践相统一、历史与现实相结合的原则进行编写，是一套政策性、指导性较强的新时期统一战线工作工具书，适合统一战线工作部门的干部，中共各级党组织和各民主党派、人民团体的领导干部及实际工作者，从事统一战线理论教学与研究的工作者，以及对统一战线工作有兴趣的广大读者阅读。

这套丛书共十个分册，包括《新时期统一战线工作》《新时期人民政协工作》《新时期民主党派工作》《新时期党外知识分子工作》《新时期非公有制经济代表人士工作》《新时期海外统一战线工作》《新时期民族工作》《新时期宗教工作》《新时期基层统一战线工作》《新时期统战工作的方法和技巧》，是新时期广州乃至全省、全国统战工作者工作实践的工具书。

除了郑万通同志担任丛书顾问，并为丛书撰写序言外，时任全国政协副主席、中共中央统战部部长、中国统一战线理论研究会会长王兆国同志也在百忙中亲自为本丛书题词。中共中央统战部研究室主任、中国统一战线理论研究会副会长兼秘书长吴黔生，不仅担任丛书副主编，而且还参与了

邬梦兆参加《新时期统一战线工作丛书》首发式（邬梦兆在主席台左起第八位）

《新时期统一战线工作》等分册的审稿工作。时任中共广州市委统战部副部长、市工商业联合会党组书记李红志，广州市政协副秘书长何邦泰，广州市社会主义学院副院长、副教授屠鹤云等也担任了丛书的副主编。中共中央统战部研究室副主任、中国统一战线理论研究会常务理事罗广武，中共中央统战部五局副局长王永乐担任了丛书编委。他们都为丛书的审编付出了心血。

邝梦兆与《新时期统一战线工作丛书》编委合影（邝梦兆在前排左起第二位）

参加丛书编写的还有广州市政协机关、中共广州市委统战部、市委党校、广州市社会主义学院、广州市民族事务委员会、广州市宗教事务局的相关人员以及广州师范学院的李太莲、张广芳、樊至光、邱立志等三十多人。

当这套丛书编写完成，付梓出版的时候，邝梦兆充满激情地写下了下面这首诗，赠送给每一个编委，对他们致以敬意和谢忱！

汗水不断，笔耕不停。

字字句句，心血铸成。

文字之缘，挚友之情。

月月岁岁，未艾方兴。

这套丛书，是在改革开放、发展社会主义市场经济条件下，广州市统一战线工作实践经验和理论研究的集中展示，是一种有益的探索。它自面世以来，得到了各界人士的好评和肯定。

邬梦兆还把自己平日撰写的有关统战工作的讲话、文章和心得体会，汇编整理为《改革开放与统一战线》专著出版，时任全国人大常委会副委员长程思远为这本专著题写了书名。

第九章
开拓创新的政协主席

  1993 年 6 月 28 日，在中国人民政治协商会议第八届广东省广州市委员会第一次会议上，邬梦兆以中共广州市委副书记的身份被选举为主席。邬梦兆深知担任第八届广州市政协主席这个职务使命光荣、责任重大，唯有刻苦学习、砥砺前行，始终坚持以毛泽东、周恩来等老一辈无产阶级革命家创立的统一战线与人民政协思想为指引，与时俱进，实事求是，开拓创新，大力发扬历届广州市政协的优良传统，才能不断开创改革开放新时期广州市人民政协工作的新局面，使广州人民政协事业发展始终处于全国的前列，才能无愧于中共广州市委和广州各界群众的期望和重托。所以，在政协八届广州市委员会第一次全体会议的闭幕会上，邬梦兆对自己和八届广州市政协委员提出了要求：一要加强学习，充分认识新时期人民政协的重要地位和作用，进一步巩固和发展爱国统一战线。二要发挥人民政协的优势，坚持服从和服务于经济建设这个中心，为改革开放和现代化建设事业献计出力；坚持发挥政协作为最广泛的爱国统一战线组织的政治优势，发挥政协委员联系面广的组织优势，发挥政协人才荟萃的智力优势。三要认真履行政治协商、民主监督职能，抓大事、议小事、办实事。四要高举社会主义和爱国主义两面旗帜，加强团结，为统一祖国、振兴中华做出贡献。五要加强政协的自身建设，进一步开创政协工作的新局面。他强调，要加强政协的思想建设，提高政协委员的思想政治素质和参政议政的能力；加强政协的组织建设，把常委会、专委会、委员队伍建设好，强化与民主党派和各人民团体的合作、与区和县级市政协的合作，重视政协机关建设，增加年富力强的骨干力量和党外人士在机关任职的比例。他是这样说的，也是这样做的。

接任政协第八届广州市委员会主席

邬梦兆是在继续担任第六届中共广州市委副书记、中共广州市委党校校长职务的同时，接任第八届广州市政协主席的。他的市委副书记职务一直延续到 1996 年底六届市委换届时才免去。这期间，他以坚忍不拔的精神、奋发向上的决心，努力地开展工作。一方面，努力完成六届市委交给他的分管统战、群团、党校等工作任务；另一方面，努力做好八届市政协的各项工作。

早在 1992 年 8 月 13 日中共广州市委召开的广州市政协工作会议上，市委副书记邬梦兆在会上就提出了"四个抓"，搞好广州市政协工作会议精神的传达贯彻，将全市政协工作提高到一个新水平。一是抓认识，增强重视、支持政协工作的意识。强调政协工作要"虚而不空、实而不陷"，紧紧围绕党的中心工作，想党政部门之所想，急党政部门之所急，及时提出有针对性、有分量、有水平的意见和建议；强调加大人民政协制度的宣传，加强人民政协与人民群众的联系，促使广大群众认识政协、了解政协、关心支持政协。二是抓领导，保证会议精神落到实处。强调各级党委要真正把政协工

1993 年 6 月 28 日邬梦兆在八届广州市政协第一次会议上讲话

作摆上议事日程，更好地在政策制度、人力物力财力、督促检查等方面为政协工作提供实实在在的支持。三是抓中心，更好地为经济建设服务。强调发挥政协作为最广泛爱国统一战线组织的政治优势，做好港澳台同胞和华侨华人知名人士二代、三代的工作；强调发挥政协联系面广的优势，积极为经济建设穿针引线；强调发挥政协作为中国共产党领导的多党合作和政治协商的组织形式的优势，支持政协履行政治协商和民主监督的职能。四是抓制度，保障政协工作的正常开展。强调民主协商制度要具体化，确保重大问题在决策之前进行协商；民主协商要规范化，做到"真心、诚心、细心"，确保真真正正地协商。

他正式接任第八届市政协主席后是如何正式开展新一届市政协工作的呢？他不急于发号施令，也不忙于制订工作计划，而是深入下去，与政协委员和各方人士多联系，多接触，多听取他们的意见，在认真进行调查研究的基础上，有针对性地、有步骤地、切合实际地抓住"三个全面"，把新一届广州市政协工作开展起来。

以扎实有效的措施，全面加强政协自身建设

副省级市政协作为与地方党委、人大常委会、人民政府平级的单位，是四套班子的一个组成部分，"牌子"够大。但与其他班子相比，副省级市政协这块"大牌子"的确有点名不副实。市委是总揽全局、协调各方的领导核心，是执政机关，由纪委、办公厅、组织部、宣传部、统战部、政法委、政研室、台办、编办、直属机关工委、信访局、党校等组成。市人大常委会是市最高权力机关人民代表大会的常设机构，是城市的立法机关和城市的国家机关组成人员的选举机构和监督机构，由办公厅、研究室、法制、内务司法、预算、经济、城乡建设环境与资源保护、农村农业、教育科学文化卫生、华侨外事民族宗教、选举联络人事任免等工作委员会组成。市人民政府是市人民代表大会的执行机关，是城市的国家行政机关，由办公厅、发改委、工信委、教育局、

科创委、民宗局、公安局、民政局、司法局、财政局、人力资源与社会保障委、国规委、环保局、住建委、交委、水务局、农业局、林业和园林局、商委、文广电新闻出版局等四十多个管理机构组成。

而市政协作为中国共产党领导的多党合作与政治协商重要机构，是协商机关，是党派性和团体性机关。1985年之前，其办事机构仅仅是一个属处级部门的秘书处，下设秘书科、行政科、人事科，属于中共广州市委统战部的内设机构。1985年6月，根据中央加强政协机关建设的要求，广州市政协办事机构被单独设置，改秘书处为办公厅，升格为市正局级单位，设秘书处、综合处、人事处、行政处。到七届时办公厅增加了提案信访处，设立了经济、法制、民族宗教、妇女青年、学习、文化教育、科技、医卫体、联络、文史资料研究、提案十一个专门委员会。各专委会除提案委、文史资料研究委设置办公室作为办事机构外，其他专委会则是二至三个专委会联合设置一个办事机构，专委会正副主任以兼职为主。办事机构少、不健全，机关工作人员编制不足，正所谓是"架子"较空，与新形势下政协工作的新要求不相适应。至于政协工作队伍，也存在年龄偏大、文化偏低的状况，机关干部队伍老化。由于缺乏干部交流，办公厅中层干部四十岁以下的处长、副处长没有，具有大学学历以上的年轻干部极少。邬梦兆兼任主席后，遵循"正确的政治路线确定之后，干部就是决定因素"的方针，以其多年来分管组织人事工作的经验，决定从加强机构建设入手，全面加强政协自身建设。

首先，把全面加强政协常委会建设摆在突出重要的位置上。在八届广州市政协首次常委会议上，他指出，政协常委会是政协全体会议闭会期间主持日常会务的机构，是一个对政协负有具体领导责任的集体，由主席、副主席、秘书长、常务委员组成，强化政协常委会的职权有利于政协组织常态化地运行起来，以经常性的履职工作表明政协不是无所事事的安置机关，而是推进改革开放和现代化建设事业向前发展的议政建言机关。政协各项重大活动都是在常委会领导下进行，常委会发挥着核心作用。完全可以说，本届政协工作能否取得新的进展和新的突破，在很大程度上取决于常委会是否认真履行自身的职权。他要求常委会组成人员认真贯彻落实《政协章程》，正确行使常委会职权，凡属副主席兼任和分管范围内的工作，各位常委都要经常联系，及时了解和商讨，分管副主席决定不了的问题，提交主席会议讨论，涉及全局性的重大问题提交常委会议协商决定；认真履行常委会的职责，加强学习，提高履职本领，正确处理本职工作与政协工作的关系，做到两副担子一肩挑，积极参加政协各种协商与监督活动，充分行使民主权利。为充分发挥政协常委会的领导作用，邬梦兆带领党组和主席会议班子成员，以健全每个季度召开一次常委会议制度为抓手，不断强化常委会的领导功能。他先后就农业生产与农村工作、建立现代企业制度、加强党的建设、加强社会治安治理、城市建设与管理、国民经济与社会发展"九五"计划纲要、开展"严打"斗争、反腐倡廉与依法治市、推动精神文明建设、创建国家旅游城市、深化经济体制改革等重大问题，组织了议政性专题协商，提高常委会参政领导力；先后就制定广州市政协贯彻落实《中共广州市委关于把政治协商纳入党政重大决策程序的意见》实施办法等制度、市政协专门委员会的设置与调整、市政协副秘书长与专委会的组成人员及委员人选等，组织了专门协商，强化常委会的管理领导力，使政协常委会真正做到有职有权，发挥了应有的作用。

其次，切实加强政协专门委员会建设。政协专委会作为政协常委会和主席会议领导下的经常性工作机构，在政协履行职能中发挥着基础性的作用，只有专委会工作经常地开展起来，政协工作才会活跃起来。由于历史原因，当时的广州市政协专委会仍属于"虚设"机构，设置不规范，专职领导少，没有单独的办事机构。邬梦兆明白开展工作离不开机构离不开人，专委会作为政协基础性组织机构，承担着政协经常性工作，在履行政协职能中起着举足轻重的作用，如果没有机构支撑，没有一定数量的专职干部，很难让其发挥出基础的和骨干的作用。据此，他着眼于强化专委会对政协工作的组织保证作用，突出抓好政协专委会及其办事机构的建设。换届之初，依据《政协章程》关于"地方委员会的工作机构的设置，依照当地实际情况和工作需要，由常务委员会决定"的规定，他以市委副书记的身份，促成八届广州市政协常委会通过了设置提案、学习、文史、联络、经济、城乡建设和管理、科学技术、教育文化体育、医药卫生、社会和法制、民族宗教十一个专门委员会的决定。1997年6月，根据中共中央印发的《关于地方各级政协机构改革的通知》、中共广东省委《关于市、县（区）政协机构改革的实施意见》的要求，结合《广州市党政机构改革方案》《关于广州市党政机构改革方案的实施意见》提出的要求，他争取市委同意八届广州市政协参照全国政协专门委员会的设置，将原本十一个专委会调整为七个，分别是提案委员会、学习和文史资料委员会、华侨港澳台胞联络委员会、经济委员会、城市建设委员会、科教文卫体委员会、法制民族宗教妇女青年委员会；同时，为七个专委会分别单独设立了办事机构，即提案委员会办公室、学习和文史资料委员会办公室、华侨港澳台胞联络委员会办公室、经济委员会办公室、城市建设委员会办公室、科教文卫体委员会办公室、法制民族宗教妇女青年委员会办公室。邝梦兆还先后从市党政部门调配委办一级领导以及从政协机关中选拔优秀中层干部二十四人担任专委会专职的正副主任，使政协专委会由虚变实，有了开展经常性工作的基础。

自此，八届广州市政协专委会工作越来越活跃，越来越规范。各专委会每年选择三个以上的重要问题，组织委员开展专题调研与视察，建言献策。以1995年为例，经济委就广州工业品贸易中心经营场地和推进广州市农村股份合作制问题，城乡建设和管理委就整治云山珠水和美化羊城问题，科技委就加快国有企业科技进步问题，教育文化体育委就促进广州市学校体育工作和中小学德、智、体全面发展问题，医药卫生委就建立广州市医疗保险制度问题，民族宗教委就搞好清真饮食业经营和管理问题，分别开展专题调研，形成了二十六篇提交市委、市政府参考的调查报告。负责提案工作的提案委全年组织视察调研三十多次，参加委员六百多人次，涉及四十多个单位；其中关于"荒地复耕"提案落实后，促使全市原有闲置土地的复耕率达到了93％。1996年后，各专委会主动承担主席会议直接抓的关系广州改革开放发展的重点、热点、难点问题的调查研究，形成主席会议案，进一步提升了专委会专业履职水准。

邬梦兆认为，加强政协专委会建设，必须突出一个"专"字，按照所承担的政协工作任务，从实际出发，恰当地确定各自的工作重点和活动方式，并着重抓好五个方面的工作：一是充分发扬民主，增强合作共事的协商精神。专委会各项工作（活动）都要贯彻自愿的原则，无论制订规划、研究问题，还是形成集体意见，都应经过讨论协商，切实尊重本委员会委员和各界代表人士的意见。在专委会内，形成畅所欲言、各抒己见、各展所长、团结合作的良好气氛，把尽可能多的委员吸引到各项工作（活动）中来。二是研究确定专题调查、专题研讨议题时，从实际出发，量力而行，注意质量，讲求实效。同时，注意从全局性、前瞻性出发，选择有益于宏观决策的协商、监督、议政题目，力求做到选择议题要精、提出建议要准、发现问题要早、建议质量要高、改进措施要优。只有做到这样，政协工作的路子才会越走越宽广，才会取得更大的成效。三是与市委、市政府等有关部门和市人大各工作委员会保持密切联系。各专委会与党政有关部门进行对口联系协商，是政协履行职能的一个重要方面。各专委会及时掌握各种信息，确定重点调研题目，自行或与党政有关部门联合进行调查。做到想党政领导之所想，急党政领导之所急，搞好"同台大合唱"。四是加强与市各民主党派及人民团体、与各区（县级市）政协的团结合作。各专委会开展专题调研时，视议题的需要，有的邀请市有关民主党派、人民团体共同开展，有的邀请有关区（县级市）政协合作开展，有的联合市各民主党派团体和区（县级市）政协互动开展，形成建言献策的合力，充分发挥政协人才荟萃、智力雄厚的优势。五是注重发挥政协人才荟萃的优势，借助政协下通各界、上达中央的有利条件，畅通反映社情民意和真知灼见的渠道。

第三，大力加强政协委员队伍建设。只有让政协委员充分认识到政协委员既是荣誉更是使命，切实履行好"一岗双责"，充分发挥其在本职工作中的带头作用、界别群众中的代表作用，才能有效发挥自身在政协工作中的主体作用，确保政协工作生机勃勃。有着四十年党龄的邬梦兆深感，政协工作是否能够有效地开展起来，全在于委员这一政协组织细胞是否能够有序地"动"起来。据此，他把加强政协委员队伍建设始终摆在政协工作的重要议事日程上。他认为，人民政协的性质决定政协委员在政协履职的关键是靠主动自觉、靠知情明政、靠综合素质，所以，他特别重视加强政协委员的学习，组织政协委员脱产学习，推动政协委员自觉学习。在邬梦兆的主持下，八届广州市政协分别于1993年10月、1995年11月、1996年9月、1997年10月举办了4期10批共有2000多人次脱产参加的委员学习班，每期他都带头出席并做开班动员讲话。其间，八届广州市政协还举办了《中共十五大报告》《1994年政协章程（修正案）》《政协全国委员会关于政治协商、民主监督、参政议政的规定》等辅导报告会13场、各种学习活动82次，参加委员达1万多人次；还免费向委员赠阅《人民政协报》《广州政协会刊》《共鸣》及《政协委员学习资料》。

为了更好地提高委员的素质和发挥委员的作用，他还抓了"五个一"建设：一是把政协建设成为委员学习政治的一所大学校。常态化组织委员学习理论，学习党的大政方针，学习全国政协、省政协的重要文件，提高委员理论水平和议政水平。二是把政协建设成为委员"知情出力"的一个重要平台。常态化邀请

邬梦兆在八届广州市政协委员学习班上做辅导报告

市委、市政府领导到市政协传达中央、省、市重要会议精神，通报全市重大情况，让委员知实情，为委员发表意见和建议创造有利条件。三是把政协建设成为委员建言献策的一座思想库。充分运用委员联系广泛、层次较高的优势，为党政决策提供智力支持，为委员发挥作用提供一个用武之地。四是努力把政协建设成为推进社会主义民主政治建设的一个重要组织。通过各专委会组织委员履行政协职能，推进社会主义民主政治建设。五是把政协建设成为委员联系广大群众的一座桥梁纽带。通过鼓励支持委员主动联系各民主党派、各界别人士，及时反映群众的意愿，积极代表和反映所在界别（单位）群众的利益诉求。

提案、反映社情民意是政协委员联系、代表各界群众履行职能的重要载体。为充分调动政协委员履职的主观能动性，在邬梦兆的推动下，1996年后，八届广州市政协开始在委员中广泛开展"我为政协形象添光彩，争当优秀政协委员"的活动，要求委员每年做到"写一份提案、提一个建议、反映一条信息"的"三个一"活动，涌现出一批委员活动积极分子、优秀提案撰写委员、反映社情民意委员积极分子。在八届广州市政协五次会议上，市政协表彰了六十二名委员活动积极分子，并及时宣传他们的先进事迹。"五个一"的建设与"三个一"活动的开展，不仅推动了委员自觉学习、自我教育、接受锻炼、提高素质，而且还增强了委员对政协的归属感，有话愿回政协说，有空愿往政协跑，呈现了委员心系政协、心挂履职、积极参与政协工作（活动）的良好势头。据统计，八届广州市政协五年中提交提案的委员达6022人次，委员提交的社情民意信息达850多条。

为了让广大政协委员能够切实做到履好职，邬梦兆要求在政协日常工作中应该努力提倡和认真实践这四种作风：一是察实情的作风。要求每个政协委员都应有强烈的社会责任感和历史使命感，密切联系群众，深入调查研究，知上情、熟下情、懂内情，积极反映社情民意，成为人民群众的知心人和代言人。二是讲实话的作风。政协机关要积极为政协委员讲实话创造条件，大力支持委员在政协的各种会议、座谈和活动中畅所欲言，发表各自不同的看法和意见，确实保障委员的权益。三是办实事的作风。要求政协委员在政治协商、民主监督、参政议政中发挥主人翁作用，在反映社情民意中发挥纽带作用，在维护团结、稳定中发挥促进作用，在统战工作中发挥桥梁作用，多为群众办实事、做好事。四是求实效的作风。要求政协策划组织的每一项活动和机关的每一项工作都要在出实效上下功夫，做到事事有交代、件件有着落、条条有效果。这种求真务实的作风，带来了政协工作的新进步，也逐步成为广州市政协履行好职能的一种新特色。

1996年6月22日《广州日报》一篇题为《钟声一到就开会》的关于广州市政协八届十七次常委会议抓政协会风转变的报道，就是这种务实求真特色的真实写照。在这次会上，邬梦兆强调，在社会主义民主政治建设过程中，恰如其分地发挥人民政协的作用，关键是摆正人民政协在社会中的位置，正确地把握"适度""力度""进度"的分寸，对职责范围内的事要多做多管、做好管好。既不高看自己，也不小看自己。尽职不越位，帮忙不添乱。对此，他提出了改进政协会风的三点要求：一是准时开会，不看人数，只看钟数，时间一到，就做报告；二是积极参会，以办公厅发文通报出席情况的形式，对出席人员进行软约束；三是精心办会，不开无准备的会，不开言之无物的会，不开冗长松散的会。

第四，努力把政协机关办成政协工作的枢纽服务型机构和政协委员之家。政协机关即政协办公厅（室），是政协的办事机构，承担着为政协组织履行政治协商、民主监督、参政议政职能服务的各项工作。基于这一特性，邬梦兆把广州市政协机关定位为服务型机关，服务参加单位，服务委员，服务专委会，服务领导（党政领导、政协常委会组成人员），服务全市各级政协，服务全市人民群众，一句话，就是为市政协履职服务。服务内容包括：行政事务、咨询参谋、联络协调、后勤保障。为把广州市政协机关建设为枢纽服务型机构和政协委员之家，邬梦兆首先是抓队伍建设，他十分清楚，事业兴衰，关键在人。没有一支过得硬的战斗队伍，再周密和出色的部署都会等于零。他把担任过黄埔区委书记、市委组织部分管干部工作的常务副部长彭家伦安排到市政协任秘书长，成为政协秘书长会议这一参谋班子、服务班子的班长，发挥其有全局大局意识，有管理干部队伍经验，与市四套班子领导、与市委市政府各部委办局各区（县级市）领导、与市政协各专委会领导比较熟悉，参谋决策和统筹协调能力都比较强的优势，更好地促成市政协机关的各项工作与市委、市政府、市政协的中心工作有效对接，全方位提升政协机关服务的水平。他让拥有教授职称、有较高理论水平的市委经济工委副书记何邦泰担任市政协副秘书长，发挥其文字功底扎实、政治理论水平较高的特长，提高政协机关起草规章制度、专题调研报告、理论文稿的水平与推动工作开拓创新的能力。他把从基层一级一级提拔上来的从化市（县级市）委副书记、政协主席张冠华安排担任副秘书长，发挥其熟悉基层、熟悉四套班子运作的特长，提高市政协机关办文办会的水平，使市政协机关的服务工作更接地气。他把市委统战部经济处处长周永亮、市委党校办公室主任李齐念，提任为市政协办公厅副主任，一个分管机关企事业单位的发展，一个分管机关财务与接待，做到人尽其才；同时，留任关振东、罗竞生、李竞华三位七届的副秘书长，还从黄埔区调进了市民革成员陈慧媛（女）任副秘书长，从省文联调进了作家吴茂信担任副秘书长和《共鸣》杂志总编。经过这一调整，八届广州市政协秘书长会议组成人员结构合理，既有党内人士也有党外人士，既有男领导也有女领导，既有党政机关调来的领导，也有长期在政协机关工作的领导，既有专业人才也有具有丰富实践经验的社会工作者，年富力强，平均年龄在四十八岁，比七届平均年龄整整下降了七岁。

与此同时，邬梦兆还根据政协机关干部"出生入死""铁打的营盘流水的官"和"近亲繁殖"、素质偏低、年龄偏大的现状，从改善中层干部结构入手，努力造就一支政治素质过硬、具有综合素质和较强工作能力等阶梯型年龄结构的机关干部队伍。他从市总工会调来了拥有多年人民团体工作经验的卢宇武担任办公厅秘书处处长（后改任人事处处长），从市社科院调来了硕士毕业生、副研究员李小鲁担任办公厅研究室主任（后参加广东省第一次公选厅官，荣任省教育厅副厅长），从团市委调来挂任荔湾区宝华街党委副书记的王志雄担任办公厅秘书处处长（后转任研究室主任），从广东平安人寿公司调来了陈延铭担任联络委办主任，提拔了到政协有一定时间、对机关比较熟悉、工作比较勤奋、责任心比较强、年龄相对年轻的杨德新任秘书处处长，史国超任人事处处长，唐谟启任行政处处长，张嘉平任提案办主任，彭颂涛任文史办主任，黄思林任经济办主任，林世雄任科教文卫体办主任，彻底改变了市政协机关中层正职平均年龄比秘书长会议组成人员还要大，干部队伍老化，素质偏低的状况，为广州市人民政协事业的蓬勃发展奠定了坚实的基础。

邬梦兆十分重视政协机关干部的教育，提出建设一支具有"特别高的政治觉悟，特别严格的纪律，特别好的工作作风，特别突出的工作成效，特别忘我的奉献精神"的机关干部队伍。他亲自主持机关的各类学习会议、教育培训，经常找中层以上的领导干部交心谈心，做细致的思想政治工作。1996 年 5 月，市政协机关举办首个中层干部培训班，他亲自参加开班仪式并做了题为《认识政协，热爱政协，齐心协力，搞好政协》的讲话。在讲话中，他强调，人民政协是中国人民爱国统一战线组织，是中国共产党领导的多党合作和政治协商的重要机构；全国人民政协第一届全体会议承担了协商建国的光荣使命，发挥了重要的历史作用；人民政协自成立以来在我国政治生活、社会生活及对外友好活动中做出了重要贡献；中共十一届三中全会以来，人民政协进一步发挥了自身的重要作用；进入新时期的人民政协，依然是中国人民团结战斗、建设祖国、统一祖国的重要法宝；人民政协是我国政治生活中发扬社会主义民主的重要形式。他要求干部们做到"三心""四讲"。"三心"：一是安心政协工作。不"朝秦暮楚"和"身在曹营心在汉"，热爱政协工作，安心政协工作，不热爱不安心者不宜留在政协工作。二是有信心从事政协工作。"世上无难事，只怕有心人"，只要用心就一定能搞好政协工作。三是专心致志从事政协本职工作。那些自己瞧不起自己岗位工作的同志，对政协工作说三道四、不下苦功的同志，是无法做好政协工作的。"四讲"：一是讲政治。站稳政治立场，把握政治方向，忠实做好政协履行职能的服务工作。即服务好委员站在人民立场上代言，服务好政协团结一切可以团结的人，以实现党和国家确定的宏伟目标。二是讲学习。中层以上的干部要带头学，联系实际学，带动普通干部学，争当学以致用的模范。三是讲正气。把政协机关建设成为"团结、廉洁、文明、务实"的机关，不搞尔虞我诈、钩心斗角、当面一套背后一套，不搞损公肥私、贪污受贿、公权私用，要穿戴整洁、知书达理、礼貌谦让，要肯干会干、能干实干。四是讲奉献。立足本职，多做贡献。政协机关权力小、头绪多、任务重，需要树立奉献意识，具备奉献的思想、修养和能力，铸就不尚空谈、不事张扬、谦和严谨、朴实无华的工作作风与习惯。总之，在他心目中，就是要把为政协委员履行职能、发挥作用而服务，作为政协机关每一名工作人员的崇高职责，时刻按照政协委员履职的需要开展工作、提供服务，做到想委员履职之所想、忙委员履职之所忙、急委员履职之所急，让政协机关真正成为"政协委员之家"。

他从广州市政协机关的工作实际出发，一方面加强对机关工作人员的日常教育和思想政治工作，引导广大机关党员干部群众不断增强服务意识，自觉为政协工作、政协委员服务；不断增强主动意识，主动找任务，主动给自己压担子，主动为搞好政协机关服务献计出力；不断增强团结意识，加强同各民主党派、无党派民主人士、人民团体和各族各界人士的联系，搞好服务政协的合作共事。另一方面，推动机关认真开展基层评议机关的活动，切实改进机关工作作风，提高服务水平和工作效率。广州市政协机关在1996年的市直机关双评活动中荣获"广州市突出贡献先进单位暨机关为基层服务最佳单位"。全面开展干部的民主考评，每年年底上至主席、副主席、秘书长、副秘书长、办公厅正副主

163

任、各专委会正副主任，下至机关处长、副处长、主任科员、副主任科员、科员、办事员等干部，都要进行一次民主考评，让干部在相应的范围内述职，开展群众评议和无记名投票，最后评定等次，作为干部晋升、提薪的依据，从而促进了机关建设和反腐倡廉的落实。

邝梦兆与彭家伦秘书长还趁市政协机关机构改革之机，在完善机构的同时，在"规范"二字上做文章，加强制度建设，以规章管事管人，先后制定了《广州市政协办公厅会务工作细则》等十八个工作制度，《广州市政协机关公文处理规定》等八个办文制度，《广州市政协机关工作人员保持廉洁的若干规定》等二十项机关管理制度，为提高广州市政协机关的水平，努力造就一支思想好、业务精、作风良、纪律严的政协机关工作队伍打下了坚实的基础。1997 年 6 月，邝梦兆抓住全国党政机构改革这一难得的机遇，从党和人民对政协工作的要求越来越高，政协机关任务越来越重，压力越来越大，已有的机构设置与政协承担职能不太匹配的实际出发，争取市委支持、市机构编制委员会的理解，出台了一个力度很大的充实广州市政协机关机构建设的改革方案。方案在保留秘书处、研究室、人事处、行政处的同时，规定每个专委会设立一个有五个编制、有正副主任的正处级办事机构。增设信息信访处，负责反映社情民意信息和委员群众来信来访工作，与秘书处合署，增加一名副处长编制；增设离退休干部处，负责离退休干部的服务工作，编制八个，正副处长各一名；增设接待处，负责全国各级政协组织与委员来穗考察参观的接待工作，与行政处合署，增加一名副处长编制；增设机关党委办公室，负责日常党务工作，与人事处合署，增加一名副处长编制；增设二沙岛工程管理处，为十八个事业编制的正处级单位，负责二沙岛市政协办公大楼、国际俱乐部的筹建工作。经过这次调整，市政协机关行政编制增加至八十个、单列行政编制十八个，共九十八个。广州市政协"空架子"变为了"实架子"。

此外，市政协办公厅还注意搞好与专委会之间的协调。专委会领导基本都是长期从事领导工作的老同志，或是在某一领域颇有建树的专家学者，阅历很深，学识渊博，经验丰富，认识问题的角度不同，思考问题的方式不同，对问题的看法不同，参政议政热情比较高。据此，邬梦兆亲自抓广州市政协机关与各专委会之间工作的协调，每年年初、年底各组织一次秘书长会议成员与专委会专职领导座谈会，引导他们围绕市政协年度工作思路，着眼于全局工作组织建言献策，协助他们选择调研课题，组织开展调研，突出重点，集中力量，量力而行，求深求精，不求多不求全，避免课题重复、地点集中、时间冲突，保护他们参政议政、建言献策的积极性；同时，总结经验，理清思路，查找问题，推动工作。

最后，密切政协机关与市委、市人大常委会、市政府机关的协调。政协工作是党和政府全局工作的一个组成部分，离不开党委、政府部门的关心和支持。政协不是一个单一、独立的政治机关，不能停留在自弹自唱、自我欣赏的状态，而是要通过紧扣党委、政府中心工作参政议政，促成党政部门把政协建言献策的成果转化为决策制定、决策实施的重要参考。邬梦兆借助兼任市委副书记的优势，带动市政协机关进一步密切与市委、市人大常委会、市政府机关的沟通协调，促使广州市政协机关搞好与市委和市政府部门之间的协调。在他的推动下，市委、市人大常委会、市政府、市政协、市纪委五套班子建立了秘书长联席会议制度；市政协党组与市委统战部、各区（县）委统战部联席会议制度，市政协及其机关进一步完善了市政协重大事宜向市委请示报告的惯例，完善了市委、市政府领导在市政协常委会议通报与协商议题关联的工作的制度；健全了市委、市政府领导出席政协全体会议并参加小组讨论，听取委员意见的制度；健全了党政部门支持政协提案办理、视察考察、调研学习等制度，使政协工作成为党政部门工作的有机组成部分。

就这样，在邬梦兆带领的八届广州市政协党组和主席会议的领导下，广州市政协通过全面加强自身建设，把履行政治协商、民主监督、参政议政职能的工作，以及组织开展以爱国主义为主题的教育活动，做得有声有色，取得了党委、政府和各界群众有目共睹的突出成效。政协工作与政协委员"报章有文、广播有声、电视有影",社会地位和社会形象日益提高。

以踏实留痕的过硬作风,全面履行政协各项职能

八届广州市政协履职这五年中,适逢邓小平"南方之行",发表了"不坚持社会主义,不改革开放,不发展经济,不改善人民生活,只能是死路一条。基本路线要管一百年,动摇不得。只有坚持这条路线,人民才会相信你,拥护你""改革开放胆子要大一些,敢于试验,不能像小脚女人一样。看准了的,就大胆地试,大胆地闯""计划多一点还是市场多一点,不是社会主义与资本主义的本质区别。计划经济不等于社会主义,资本主义也有计划;市场经济不等于资本主义,社会主义也有市场""如果从建国起,用一百年时间把我国建设成中等水平的发达国家,那就很了不起!从现在起到下世纪中叶,将是很要紧的时期,我们要埋头苦干。我们肩膀上的担子重,责任大啊"等一系列重要讲话,以及中国共产党召开第十四次全国代表大会,提出建立社会主义市场经济体制,以邓小平建设中国特色社会主义理论为指导思想,进一步解放思想,把握有利时机,加快改革开放和现代化建设步伐,夺取有中国特色社会主义事业的更大胜利。

邬梦兆领导的八届广州市政协党组带领市政协组成单位及委员,始终把学习贯彻邓小平"南方谈话"重要精神,学习贯彻中共十四大精神,贯穿于政协工作的全过程。坚持高举邓小平理论旗帜不动摇,以邓小平关于新时期人民政协的论述为指导,认真贯彻以江泽民同志为核心的中共中央关于政协工作的重要指示;坚持在继承中发展,在发展中继承;坚持按照政协章程和规定,结合市情,实事求是地履行政协的职能,做到政协就是政协,不比不套,保持政协的性质和特点;坚持中国共产党领导,服从和服务于全市工作的大局,从实际出发,争取有关部门的支持和配合;坚持履行职能同社会主义民主政治建设进程相适应,

与市委、市政府总体工作部署相一致，做到"尽职而不越位，帮忙而不添乱，切实而不表面"。

围绕地方大政方针郑重开展政治协商。邬梦兆牢记邓小平"没有民主就没有社会主义，就没有社会主义现代化"的教诲，强调广州市政协必须适应沿海开放城市作为建设中国特色社会主义理论的"试验场"、改革开放的"窗口"，建立社会主义市场经济体制"先行一步"的新形势。把握沿海开放城市经济成分多样的特点，加强政协组织构成的包容性；把握沿海开放城市民主党派参政议政积极性高的特点，加强政协重大会议（活动）中的党派合作性；把握沿海开放城市各阶层利益矛盾比较复杂的特点，加强政协履行职能的民主性；把握沿海开放城市市场竞争受法律制约的特点，加强政协工作的规范性；把握沿海开放城市人才比较集中的特点，加强政协智库建设的实效性；把握沿海开放城市与海外交往比较紧密的特点，加强团结联谊活动的开放性。

政治协商是人民政协的首要职能，是我国政治协商制度的重要组成部分。中共中央《通知》和《全国政协关于政治协商、民主监督、参政议政的规定》下发后，邬梦兆着眼于把中央关于"对国家和地方的大政方针以及政治、经济、文化和社会生活中的重要问题，要在决策之

1997年12月8日邬梦兆与广州市各民主党派、工商联负责人协商座谈（邬梦兆在前排左起第六位）

前在人民政协进行协商"的要求落到实处，带领八届广州市政协积极运用全体会议、常委会议、主席会议以及专题会议等民主协商形式，主动紧扣市委市政府的中心工作，按照协商在中共党委决策之前、人大通过之前、政府实施之前的原则，对关乎全市长远发展的国民经济和社会发展计划、关乎全市年度发展的《政府工作报告》等地方重大事务进行充分协商讨论，从政治上为全市的大局工作提供有广泛民主基础的支持。

1996 年，是全国各地各级政协依据全国政协《规定》履行主要职能的第一年，当年广州市需要制订"九五"计划和 2010 年远景目标发展纲要。据此，邝梦兆带领八届广州市政协班子成员对照《规定》创造性地开展党政高度重视、各界群众极大关注的政治协商活动。他主动邀请市委书记高祀仁为市政协委员做学习中共十四届六中全会的报告，及时传达中央关于加强社会主义精神文明建设的指示精神和广州市加强社会主义精神文明建设的意见；主动邀请新任代市长林树森到市政协做《关于建设国际大城市》的报告，为市政协参加单位及委员开展协商"交底"。同时，以常委会议协商方式，邀请主持起草工作的市政府领导做说明，组织与会人员协商讨论《广州市"九五"计划和 2010 年远景目标（征求意见稿）》，形成了"切实抓好以国有企业为重点的各项改革，加快经济体制的转变；促进经济增长方式的转变，提高经济运行的质量和效益；多方融通资金，确保经济和社会发展的需要；全方位扩大开放，拓展国内市场；进一步抓好城市建设和管理；大力加强精神文明建设；加强民主法制建设；改进机关作风，推进廉政制度建设"八个方面的修改建议，为市委、市政府所采纳。以主席会议方式，对促进两个根本性转变进行重点协商，推进广州市"九五"计划和 2010 年远景目标发展纲要的实施。以专委会对口协商方式，就组建工业和商业集团、推动科教兴市、依法治市、国有企业改革等议题组织专题协商讨论会十九次，参与委员两千一百人次。

据统计，五年中，八届广州市政协共举行全体会议五次，重点就

《广州市"九五"计划和 2010 年远景目标（征求意见稿）》、年度广州市《政府工作报告》等重大事项，进行协商讨论，收到书面发言一百三十三份。举行常委会议二十五次，就学习贯彻中共十四届三中、四中、五中、六中全会和十五大精神，建立健全社会主义市场经济体制、发展高科技农业和加强农村基层建设、国有企业转换经营机制、建立现代企业制度、城市旧区改造和新区建设、创建国家优秀旅游城市、国际大都市建设、精神文明建设，以及反腐败斗争、社会治安与严打斗争等重大问题进行协商讨论。在此基础上，郑重地提出了意见建议，并结合政协实际，做出了工作安排和部署。市政协还组织部分委员、市民主党派负责人同市政府及其相关部门负责人对《市直属机关事业单位住房货币分配试行方案（讨论稿）》《市职工医疗保障制度改革试行方案》进行了专题协商讨论。为提高全体会议、常委会议等政协例会的协商成效，八届广州市政协在实践的基础上，形成了邀请市五套班子领导、老领导出席政协全体会议开（闭）幕大会，会议期间召开市领导与各界别委员代表座谈会、市领导与市政协港澳地区委员座谈会、市委市政府领导参加委员小组讨论的基本载体与形式；形成了议政性常务委员会会议，由一名以上的市委、市政府领导通报与协商议题有关的工作情况，市有关职能部门参加小组讨论的基本载体与形式。

邬梦兆依据全国政协《规定》，带领八届广州市政协开展履行政治协商职能新实践，既为新千年新世纪广州未来发展提供了真知灼见，也为广州人民政协政治协商未来发展提供了新样板。

把握群众关注的热点问题，创新民主监督。人民政协民主监督是我国社会主义民主监督制度的重要组成部分，是基于"长期共存、互相监督、肝胆相照、荣辱与共"的中国共产党与中国民主党派和无党派人士关系的"十六字"基本方针而确定的，是一种有组织的协商，一种有序的合作性政治监督。根据政协民主监督的这一属性，邬梦兆结合广州改革开放加速后出现的种种新情况，大胆探索新历史条件下的人民政协民主监督。

他创立了政协主席会议案的履职方式。以问题为先导，以学习调研为平台，以专委会为依托，组织政协相关单位与委员、有关区（县级市）政协及委员，通过对口调研座谈，广泛听取各方意见尤其是委员的意见。在摸清情况的基础上，形成解决问题的对策性建议举措，提交市政协常委会议协商后，经市政协主席会议审定，形成主席会议建议案，报请市委、市政府办理。八届广州市政协这一创新，改变了市政协议政性常委会议协商成果一般以"会议综述"或"会议纪要"的形式简单上报市委"就了事"的惯例，收到了把政协协商"单剧"转变为政协协商＋议政＋监督的"连续剧""系列剧"的效果，为以专题调研提高协商水平、以监督落实协商意见、以建言再提升协商成效、持续推动政协建议案收到实效提供了抓手。据统计，八届广州市政协这五年，先后向市委、市政府提交了《关于加快理顺产权关系，建立新的国有企业产权制度》《关于进一步加快个体和私营经济发展》《关于尽快建立与我市经济发展水平相适应的社会保障体系》《关于加强我市爱国主义教育基地建设》《关于进一步加强"菜篮子"物价调控》《关于采取有力措施做好城市房屋拆迁安置工作》《关于加强我市职业道德建设》《关于加强我市城乡接合部社会主义精神文明建设》《关于推进我市素质教育》《关于珠江新城开发建设》等十一件主席会议建议案，收到了显著的成效。例如，市委、市政府完全采纳了《关于进一步加强"菜篮子"物价调控的建议案》所提的建议。又如，市人大财经委、市政府研究室、市工商局等有关部门在《关于进一步加快个体和私营经济发展的建议案》的基础上，组成了联合专题调查组，再一次对广州市私营企业和个体经济的发展情况进行深入调查，最终形成了报请市人大常委会审议通过的《广州市私营企业权益保护条例（草案)》，加快了广州个体、私营经济试验区的建设步伐。再如，市委宣传部根据市政协《关于加强我市爱国主义教育基地建设的建议案》提出的建议，做出了"进一步提高加强爱国主义教育基地建设的责任感"等九条改进广州爱国主义教育基地建设的具体措施；市长、分管副市长则在市政协《关于采取有力措施做好城市房屋拆迁安置工作的建议案》上批示："对存在问题的分析是实事求是的，也符合实际情况。所提的几条建议很好，也是可行的，应组织有关方面认真研究和落实。"实践证明，一方面，主席会议建议案作为一种高层次的政治协商、民主监督、参政议政形式，自然会引起党政部门的重视；另一方面只要把主席会议抓的重点调研作为"精品"，深入调研，努力提高质量，使之能通过主席会议建议案这一有效载体提出，就一定能够确保人民政协履职的实效。

有序组织年度重点议题视察，加大民主监督力度。从政经历丰富的邬梦兆深知无论是党内监督、群众监督，还是舆论监督、民主监督，必须有序有度可控才能产生正能量，无序无度不可控会适得其反，产生不可估量的破坏作用。尤其是人民政协民主监督，委员们若不是在政协平台上以小组讨论发言、大会发言、反映社情民意、提案等形式充分表达，若不是以相互包容的合作性态度提出建设性批评意见，若不是通过党委政府舆论等渠道反映上去，要么就会被"碎片化"，产生不了什么作用，要么就会被"妖魔化"，产生极大的破坏作用，达不到"帮忙而不添乱"的目的。据此，1996 年上半年，邬梦兆组织了对年度重点议题视察的监督探索，以市政协名义组织七个视察团，由主席、副主席带队，分别就贯彻《中共广州市委关于把政治协商纳入党政重大决策程序的意见》、深入开展反腐败斗争、培育大型企业集团、加强城市绿化、深化科研机构体制改革、做好青少年教育工作、改善广州投资环境等问题，组织上百名委员到市属四十多个单位进行视察，直接点出问题，提出建设性批评意见，对改进政府工作起到了积极的作用。不少被视察单位的党政领导都反映，市政协的视察实际上是对他们工作的促进，真正起到了民主监督的作用。据统计，八届广州市政协五年来围绕发展经济和保护环境、下岗职工的再就业、打击假冒伪劣商品、地铁建设与居民拆迁、健全社会保障体系、建设广州艺术博物院等热点问题，就妇女权益保护法、行政处罚法、环境保护法、未成年人保护法、残疾人保护法等国家法律贯彻执行情况，共组织视察团（组）740 个，参加人数达

24575 人次，形成专题视察报告 175 份。

他十分重视发挥提案的载体作用，带领八届广州市政协大力推动提案办理工作程序化、规范化建设。通过与党政职能部门联合召开提案交办会、工作表彰会，办理人员培训班等做法，争取党政部门、承办单位的支持，加大跟踪办案力度，及时处理好主办和协办单位的关系，杜绝互相扯皮现象；通过召开提案办理研讨会、座谈会，开展问卷调查，在充分论证的基础上，有针对性地提出办复意见；通过向提案单位（人）发放反馈意见表，征询提案者对提案办理的意见，接受提案者的监督，提高"满意率"，使办复率达到 97%，收到了良好的效果。如关于加强社会保障体系宏观管理的提案，推动了全市健全社会保障制度，成立了社会保障局；关于积极安排好广州市劳动力就业的提案，劳动部门结合我国用工制度改革，确定广州市用工选择"先市内、后市外，先省内、后省外，先城镇、后农村"并严格按比例使用外来劳动力；关于把西湖灯光夜市建成商业旅游区的提案，在市委、市政府支持下，越秀区政府及时投资 300 万元，更新了夜市的货架和整顿了布局，确定并建立了北京路、教育路、西湖路商业旅游步行区，并把北京路办成了广州首条商业步行街；关于建立科技成果转化风险基金的提案，市政府及时采纳，成立了"广州市科技成果转化风险基金"，募集了 1450 万元，其中安排了 1000 万元贷款支持 9 个项目的实施。据统计，八届广州市政协这五年，提交提案的委员多达 6022 人次，交来提案 2273 件，立案办理 1873 件，其中主席会议建议案 11 件，民主党派提案 130 件，人民团体提案 32 件，市政协专委会提案 66 件。

配合党政专项重要工作积极参政议政。全国政协八届二次会议审议通过的《中国人民政治协商会议章程（修正案）》，把"参政议政"与"政治协商、民主监督"并列为人民政协的主要职能，是政协工作的经验总结，拓宽了政协工作的渠道和领域。邬梦兆认为，人民政协参政议政的主要内容和基本特征就是政治协商、民主监督，是协商、监督的另外一种表现形式，但参政议政又不简单等同于政治协商、民主监督，而是它的拓展和延伸。就一般而言，政治协商、民主监督以国家和地方的大政方针、重大问题为中心议题，以各级领导机关为具体对象，以会议为主要形式，并依据一定的程序和规则进行。参政议政则不完全受上述条件的局限，对象更加广泛，内容更加丰富，形式更加多样，方法更加灵活。把参政议政列入人民政协的主要职能，为政协参加单位与委员及其所联系的各界人士参与国事、发挥专长提供了更多的机会，为人民政协切实有效地组织政治协商、民主监督，从题目的选择、信息的收集、材料的积累、人员的组织等方面创造了良好的条件。

因此，在邬梦兆的领导下，八届广州市政协适时提出把专题调研作为全体会议、常委会议闭会期间参政议政的主要形式，每年以主席会议名义直接抓若干个重要课题的调查研究，成熟的直接转化为主席会议建议案，寓政治协商、民主监督、参政议政于履职的全过程；成立若干个专门调研组，实行委员中有关专家学者和工作经验丰富的领导同志在主席或副主席带领下协同履职；由常委会议、主席会议、专门委员会多层深入协商，形成政协一体化整体协商。如上述八届广州市政协形成的11个主席会议建议案，就是这方面的"杰作"，其中不少意见建议对市委、市政府及有关部门决策起到了重要参考作用，有的意见建议被直接吸收到市委、市政府文件，有的意见建议被市委、市政府领导肯定并采用。

为使参政议政生动活泼、富有成效地开展起来，邬梦兆特别重视发挥专委会的示范引领作用，主动选择人民群众关心、党政部门重视、政协能够做到的题目，交专委会制订方案，促使市政协的参政议政活动有计划有重点地进行，形成了一批得到市委、市政府采纳的对策性建议。比如，经济委提出的《关于进一步加强农业科技推广网络建设，促进科技兴农的建议》，城建委提出的《关于加强我市高速公路建设的几点建议》，科技委提出的《关于〈广州高新技术产业开发区管理体制改革方案〉的意见》，教文体委提出的《关于清除文化垃圾，促进文化市场健康发展的建议》，医卫委提出的《关于进一步解决医院业务用房的建

173

议》，社会和法制委提出的《关于切实扶助我市残疾人脱贫解困的建议》，民族宗教委提出的《关于进一步做好清真饮食食品经营的建议》等等。据统计，八届广州市政协五年，各专委会形成专题调研报告（提案）共432份（件）。由于八届广州市政协能够主动选择党政部门重视的中心工作履行参政议政职能，想中心工作之所想，急中心工作之所急，使政协工作真正做到了"切实而不表面"。

把握团结和民主两大主题，发挥最广泛的爱国统一战线组织的作用。人民政协是涵盖当代我国社会各党派团体各族各界的政治联盟，联系着社会各个阶层的人士，在组织上具有最广泛的代表性，在政治上具有巨大的包容性，是中华民族大团结的象征。人民政协的性质决定其一切工作都要体现广泛联系、求同存异的特点，要把出发点和落脚点放在调动一切积极因素，团结一切可以团结的力量，建设中国特色社会主义，统一祖国，振兴中华上。面对建立社会主义市场经济体制和对外开放体制的历史新时期，邬梦兆认为，牢牢把握团结和民主两大工作主题十分必要也十分重要，人民政协只有充分发挥自身最广泛爱国统一战线组织的作用，才能有效协助市委市政府做好协调关系、化解矛盾的工作，才能有效协助市委市政府做好集思广益、群策群力的工作，才能有效协助市委市政府做好招商引资引技引智的工作，巩固稳定的社会政治局面，为改革开放创造良好的社会环境。

努力拓宽团结联谊的渠道。人民政协作为中国共产党领导的最广泛的爱国统一战线组织，包括香港特别行政区同胞、澳门特别行政区同胞、台湾同胞和海外侨胞在内，是全体社会主义劳动者、社会主义事业的建设者、拥护社会主义的爱国者、拥护祖国统一和致力于中华民族伟大复兴的爱国者的联盟。在邬梦兆心中，做好祖国统一和海外联谊工作，是人民政协义不容辞的责任。八届广州市政协工作的五年间，香港进入后过渡期。在他的倡议下，在郭焕之副主席的推动下，在副主席、市委统战部部长廖志刚的支持下，1995年6月，八届广州市政协在香港敦煌酒楼创立了全国政协系统首个香港委员联谊组织——广州地区香港政协委员联谊会，由在香港享有盛誉的八届广州市政协梁尚立、周宝芬两位副主席分任正副会长，专司负责安排香港委员履职和开展活动，联系团结各界爱国爱港人士，联谊会会址设在敦煌酒楼。联谊会把平时分散活动的广州八区四市287名香港地区政协委员组织了起来。联谊会以每月组织一次小组聚会、每半年召开一次联谊会理事会、每年举行一次会员大会等方式，固化委员的定期交往交流，加强了广州地区各级政协与在香港的委员联系沟通。联谊会通过邀请市委、市政府、市政协及其有关部门领导参加联谊会的活动，向会员介绍广州市经济发展和城市建设的情况，通报广州市政协工作的情况，倾听会员对广州市经济建设与市政协工作的意见和建议，鼓励广大会员积极为香港回归、为祖国建设多做贡献，支持会员到广州和内地其他城市投资设厂，促进两地经济文化合作和共同发展。日后的发展情况表明，联谊会成为广州市政协在香港开展团结联谊活动的平台、进行招商引资引才的平台、加强穗港合作的平台、促进香港繁荣稳定的平台。联谊会的成立，促使八届广州市政协的港澳工作越来越活跃，"三引介""三引进"工作成绩斐然，仅1994年就引介投资合作项目50多个，引进资金近1.9亿美元，其中美国伟文公司投资1000万美元的伟文有线电视设备厂当年动工当年投产。而这期间，八届广州市政协港澳委员在大陆的投资金额亦增加到人民币250亿元，向国家上缴税利6亿多元。

邬梦兆十分重视发挥港澳委员的作用。他不仅亲自为新任的八届广州市政协港澳委员上"人民政协基本知识"辅导课，而且还在政协全体会议期间举办了广州市领导与广州市政协港澳委员座谈会。每年全会他都要亲自主持这一座谈会，安排广州市五套班子领导与港澳地区政协委员进行交流，围绕"广州社会主义现代化建设""深化广州改革""优化广州开放环境""加强穗港澳三地经济文化合作"等进行广泛协商，港澳委员的独到见解、利益诉求，引起了与会各级领导的高度重视，不少建议都被采纳，有力地推动了广州各项事业的发展。为了让广大港澳委员能够更精准地提出提案，准备好发言，八届广州市政协根据港澳委员一般都比较忙的特点，每年全会前后或全会期间组织一次港澳委员在广州视察，让他们更多地了解广州、认识广州，以便于他们为广州发声出力；每年秋天组织一次港澳委员赴内地参观考察，让他们切身体会全国发展大势，激发他们的爱国热情和报国情怀。以1996年为例，是年八届广州市政协分两批组织港澳委员视察岭南饼干厂等合资企业和增城市（今改为增城区）的"三高"农业。视察后，港澳委员提出了《进一步改善我市投资环境》《发展我市"三高"农业》等19件提案，均被市政府及有关部门采用。据统计，八届广州市政协先后组织港澳委员考察团（组）17个、85人次，赴内地（含广州）考察10次。

在邬梦兆的言传身教下，八届广州市政协的对外联络工作开展得有声有色，效果明显，平均每年接待50多个港澳团（组）逾千人次。受邀前来交流合作、商务考察、观光旅游的团组数百个，几乎包括社会的各行各业，他们在更广泛的社会活动中看到了国家发展的美好前景，不少香港同胞自觉地靠拢祖国，支持祖国建设。据统计，八届广州市政协78位港澳委员和特邀委员中，有35位在国内有投资项目，投资金额多达200多亿元，捐赠国内公益事业5亿多元。

开启人民政协民间外交的新实践。人民政协具有深厚的社会基础和丰富的政治资源、文化资源、人才资源，在公共外交领域具有得天独厚的优势。人民政协融官方外交和民间外交于一体，集政治精英和社会精英于一身，是我国公共外交的重要组成部分。作为归侨的邬梦兆对此感受良多，有着切身的体验。1996年，他以广州市委副书记、市政协主席的身份应邀率广州市友好交流团，出访新西兰奥克兰市、澳大利亚悉尼市，增进了广州与这两个友好城市之间的友谊和合作。1993年至1998年，八届广州市政协还先后接待了到访的越南祖国阵线代表团、巴基斯坦议会代表团等外国友人1200多人次，受到了全国政协办公厅外事局的好评；组织经济考察团5个、75人次，出访了美国、加拿大、澳大利亚、新西兰、日本、韩国、新加坡、泰国和马来西亚等国，揭开了广州人民政协民间外交的新篇章。

以探索开拓的精神，全面构建政协工作的新格局

勇于开拓，奋发进取，全方位推进政协工作的创新发展。发展社会主义民主，是建设中国特色社会主义的重要内容，是中国共产党和各民主党派、各人民团体的共同任务，也是进行各项建设和各项改革的必要条件。没有民主就不能充分调动人民群众的积极性，就不能实现最广泛的团结；没有民主就没有社会主义，就没有社会主义的现代化。人民政协是我国发扬社会主义民主的重要组织形式，自其成立以来特别是改革开放以来，在推动我国社会主义民主建设方面积累了许多有益的经验，在全面加快改革开放步伐的历史新时期，需要随着社会的发展而不断探索，不断开拓，不断将人民政协事业推向新的发展阶段。邬梦兆正是以这种历史担当，勇于探索，奋发进取，带领八届广州市政协紧紧依靠党的领导，坚持一切为了人民，一切依靠人民，与时俱进，实事求是，创建工作新格局，全方位推进广州人民政协工作的创新发展。

探索创新政协主要职能规范化、制度化的途径。切实履行政治协商、民主监督、参政议政职能，是人民政协的主要工作和基本活动，推进履行职能的规范化、制度化建设，是新时期加强政协工作，更好地发挥政协作用的有效举措。这对于坚持和完善中国共产党领导的多党合作和政治协商制度，巩固和发展最广泛的爱国统一战线，加强社会主义民主政治建设，推进我国经济和社会发展都具有十分重要的意义。据此，邬梦兆在《中共中央关于认真贯彻执行〈政协全国委员会关于政治协商、民主监督、参政议政的规定〉的通知》发出后，立即召开党组会议、主席会议和常委会议进行学习，做出部署，明确把推进履行政协职能规范化、制度化作为头等大事来抓，提出"紧靠两头，三步推进，狠抓落实"，有计划分步骤地推进广州人民政协履职"两化"建设的工作思路。

"紧靠两头"，是指上靠邓小平理论和中共中央的路线、方针、政

策的指引这一头，下靠立足广州实际这一头。一方面，八届广州市政协党组学习中心组和委员学习班，每年都认真组织学习邓小平理论、中共中央以及全国政协的有关指示，明确政协职能"两化"建设的精神实质和原则要求。同时，注意发挥"广州市人民政协理论研究会"的作用，每年围绕政协"两化"建设的有关专题开展理论研究，其成果为顺利进行"两化"建设提供了良好的条件。另一方面，注重结合广州的实际情况。由于广州是较早实行改革开放的地区，社会生产方式和生活方式都发生了深刻的变化。经济体制改革的发展，要求社会主义民主政治建设相应加强，也迫切要求政协履行职能必须规范化、制度化。因此，只有把加强履行政协职能的"两化"建设，作为第一件大事来抓，才能"适应新情况，落实老精神"。

"三步推进"，是指按照政协三个职能的顺序，代市委起草三个"两化"建设的文件（这个意见得到了市委的赞同），每年完成一个，循序渐进，逐步深入。邬梦兆认为，政协三个职能的"两化"建设，既有共性，也有个性。所以，在政协"两化"建设中，应把共性的普遍要求和各个职能个性的特点结合起来，才能制定出符合每个职能特点的规范。

"狠抓落实"，是指在市委有关政协履行"两化"文件颁发后，市政协随之制定《实施办法》，经市政协常委会议审议通过后实施，务求一步一个脚印地把市委文件落到实处。特别是每年年底，市政协都与市委统战部一起，联合组织专题视察，检查市委文件落实情况，从而有力地推动"两化"建设，克服了履行职

1997年11月邬梦兆在九届全国政协地方政协主席座谈会上发言

能的主观随意性，加强了规范性，提高了工作效率。

以上"两化"建设的做法和经验，得到了全国政协领导的肯定和赞许，并安排邬梦兆在1997年11月召开的全国政协地方政协主席座谈会上做了发言，介绍了广州市政协在推进"两化"建设方面的具体经验。

1995年，也就是中共中央《通知》和全国政协《规定》发出的第一年，邬梦兆以广州市委副书记兼市政协主席的身份亲自挂帅，组织市委、市政协有关职能部门负责人就推进人民政协履行政治协商职能规范化、制度化开展专题调查研究，深入市各民主党派和有关人民团体听取群众的意见，深入各区（县级市）听取党委、政府、政协负责同志的意见，深入市政协委员、区（县级市）政协委员中听取意见，同时广泛征求市属统战部门的意见，在此基础上组织专门班子，结合广州实际，代市委起草了《关于把政治协商纳入党政重大决策程序的意见》，经理论研究会专家论证、主席会议审议、常委会议协商，然后上报市委。市委接到《意见（代拟稿）》后，经书面征求市直属各单位意见后，由市委常委会审议通过，最终以市委〔1995〕12号文件的形式下发执行。该《意见》在重申全国政协对"政治协商"的相关规定的基础上，明确提出"实行协商'三在前'"的原则：协商在党委决策之前、人大通过之前、政府实施之前；明确提出"实施协商'三在前'"原则要因循确定议题、准备材料、组织协商、成果形式、跟踪落实等五个程序；还明确提出了贯彻执行"实施协商'三在前'"原则的各项保证措施。市委这一《意见》下发后，八届广州市政协不仅运用各种形式组织市政协参加单位与委员、各区（县级市）政协、机关工作人员深入学习，而且还及时从政协实际出发制定了《政协广州市委员会关于贯彻落实中共广州市委〔1995〕12号文件的实施办法》，加大贯彻落实的力度。各区、县级市根据市委《意见》、市政协《实施办法》，结合各自实际，定出了党委、政协具体的实施细则，有力地推动了广州市人民政协履行政治协商职能规范化、制度化建设。

1996 年，邬梦兆再次按照上一年的做法，推动市委以〔1997〕4 号文的方式下发执行《关于人民政协民主监督规范化、制度化的意见》。该《意见》明确提出了广州市人民政协民主监督的五个程序和三条保证措施。八届广州市政协据此制定了《政协广州市委员会关于贯彻落实中共广州市委〔1997〕4 号文的实施办法》，促使我市人民政协履行民主监督职能规范化、制度化向前推进了一步。

1997 年，邬梦兆又一次推动市委制定实施了《关于人民政协参政议政规范化、制度化的意见》。该《意见》对地方政协参政议政内容、方式、程序做了规范。通过前后三年的工作，为广州市人民政协开创政治协商、民主监督、参政议政工作的新局面打下了坚实的基础。

与此同时，邬梦兆还带领八届广州市政协根据政协章程的有关规定，建立和完善了广州市政协全体会议制度、广州市政协常务委员会会议制度、广州市政协主席会议制度、广州市政协党组会议制度、广州市政协秘书长会议制度、广州市政协与市各民主党派及有关人民团体秘书长联席会议制度、广州市政协提案工作条例、广州市政协委员视察简则、广州市政协专门委员会正副主任工作简则、广州市政协各专门委员会简则、广州市政协加强对政协委员联系等各项制度，使政协的会议制度、视察制度、提案制度、专门委员会活动制度、联系委员制度，更加适应履行政治协商、民主监督、参政议政职能的要求。

探索创新人民政协理论研究。长期从事党务工作的邬梦兆担任政协主席后意识到，推动新时期人民政协事业的新发展，需要理论支撑，需要探索理论创新的路子，需要把成熟的经验上升为理论，以便指导人民政协工作开拓前行。在全国还没有把人民政协理论从统战理论范畴划分出来，单独作为一个理论体系的时刻，他率先把人民政协理论从统战理论中剥离出来，提出把加强人民政协理论研究纳入政协工作的重要议事日程，作为人民政协工作的一个重要组成部分，作为加强人民政协自身建设一个重要环节，作为搞好人民政协工作的一项根本性举措来抓。

他亲自主持筹建"广州市人民政协理论研究会"，并出任创会会长。这是一支由广州市政协与各民主党派领导、政协与统战专职工作者、民主党派与人民团体成员、学校与科研机构专家学者组成的队伍；这是一支既有专家型领导，又有来自一线实践人员，既有参加政协党派团体每个层次的组成人员，也有社会科学理论工作者的兼专相辅、优势互补的人民政协理论研究队伍。1995年4月14日，研究会宣告成立。邬梦兆出席了成立大会并做了题为《人民政协工作需要理论，人民政协工作呼唤理论》的讲话。他指出，这是广州政协的一件大事、一大进展，也是广州理论界的一件大事、一大开拓。他强调，加强人民政协理论研究十分重要，人民政协理论研究要志存高远，加强人民政协理论研究要讲究方法。八届广州市政协副主席、民进市委会主委范兴登，副主席、市委统战部部长廖志刚，秘书长彭家伦等当选为副会长，当选副会长的还有市委宣传部常务副部长崔瑞驹、市社科院院长李权时。会议通过了《广州市人民政协理论研究会章程》。不久，全市12个区和县级市都先后成立了人民政协理论研究会（或分会）作为市人民政协研究会的分支，形成了600多人的广州地区人民政协理论研究工作网络。

邬梦兆认为，人民政协理论研究会的生命力在于研究，在于有计划、有重点、有目的地开展活动。为此，他要求并落实研究会每年举办一个专题学习讲座，组织一项主题研究活动，召开一次研讨会，出版一本研究专著。同时，明确研究会工作的指导思想就是邓小平建设有中国特色社会主义理论和党的基本路线，以《中共中央关于坚持和完善中国共产党领导的多党合作和政治协商制度的意见》《中国人民政治协商会议章程》为依据，坚持解放思想、实事求是的思想路线，落实"百花齐放、百家争鸣"的方针，发扬"民主、务实、求真、创新"的会风，加强人民政协的基础理论和应用理论的研究，为人民政协事业的发展提供科学的理论支撑和政策性的建议。

在邬梦兆的总体部署下，研究会各项工作有条不紊地推进。1995年，组织了政治协商、民主监督、参政议政主题研究，召开了关于政治协商规范化、制度化问题的研讨会，与会论文后来结集为《政协"两化"建设初探》一书公开出版。1996年，组织了人民政协运作规律与履行职能规律主题研究，召开了关于政协工作规律和履行民主监督职能规范化、制度化的研讨会，与会论文后来结集为《政协工作规律初探》一书公开出版。

1997年，时任全国政协办公厅研究室主任卞晋平提出与广州市人民政协理论研究会联合举办首次全国性"人民政协的理论与实践"研讨会的想法，邬梦兆觉得这是一个宣传广州、推动广州政协工作跨世纪发展的一个难得机遇，欣然同意，并举全市政协系统之力筹组这次会议。1997年8月27日至29日，"人民政协的理论与实践"研讨会如期在广州文化假日酒店举行。全国政协党组副书记、副主席叶选平应邀到会并做了题为《加强理论研究，推动工作发展》的讲话，全国政协机关党组副书记、副秘书长梁金泉在会上做了《深入理论研究，指导政协实践》的讲话，全国政协办公厅研究室主任卞晋平以《人民政协的理论与实践研讨会情况综述》对会议进行了小结，广东省委常委、市委书记高祀仁在开幕会上做了《研究政协理论，开拓政协事业》的致辞，广东省政协副主席黄浩在开幕会上做了《探索理论，开拓前进》的致辞，林树森市长到会祝贺。龙志毅、李殿魁、赵凤翔、潘寒操、林祖基等部分省、自治区、直辖市和副省级市政协领导，中央有关部门和高等院校、研究机构专家学者100多人参加了研讨会。邬梦兆给研讨会提交了题为《沿海开放城市人民政协工作的实践与思考》的论文。文章提出"把握沿海开放城市经济成分多种多样的特点，在政协组织构成上加强包容性；把握沿海开放城市民主党派参

1997年8月邬梦兆出席全国首次人民政协的理论与实践研讨会（邬梦兆在主席台左一）

政议政积极性高的特点，在政协重要活动中加强党派合作性；把握沿海开放城市各阶层利益矛盾比较复杂的特点，在政协各项工作中加强民主性；把握沿海开放城市市场竞争需要法律制约的特点，在履行政协职能中加强规范性；把握沿海开放城市人才比较集中的特点，在政协广开才路中加强实效性；把握沿海开放城市与海外交往比较紧密的特点，在政协海外联谊中加强开放性"。会议共收到论文 78 篇。与会代表普遍反映，会议规模大、规格高、质量好，对于人民政协理论研究是一次开拓、推动和检阅，其成果必将有力地指导人民政协的工作实践，推动政协工作向理性、有序、规范的高水平前进。会后，会议把收到的论文、会上的大会发言汇编为《人民政协的理论与实践研究论集》一书，邬梦兆、卞晋平任主编，由人民出版社出版，并成为国家社科规划基金"九五"重点项目"人民政协的理论与实践"的阶段性研究成果。

探索创新人民政协反映社情民意的工作。1995 年 3 月，全国政协明确"反映社情民意是人民政协参政议政的重要形式，是人民政协履行职能的重要基础和关键环节"之后，邬梦兆觉得这是创新政协工作，让政协工作"接地气"，促使政协真正成为党和政府联系人民群众桥梁纽带的大好时机。在他的领导下，1996 年 8 月，八届广州市政协召开了首次全市政协系统信息工作会议，专题学习全国政协主席李瑞环"关于政协要加强学习工作，了解和反映社情民意"等重要论述，传达贯彻省政协、市委信息工作会议精神。会议确定今后每年都举办一次全市政协系统信息工作座谈会，交流经验、交换信息、表彰先进。会议聘请了一批基层信息员，构建了全市政协信息网络，促进了全市政协信息工作的开展。

1995 年广州市政协委员专线电话开通，邬梦兆与政协委员在通话

1996 年 10 月 28 日，八届广州市政协开通了全国首条"市政协委员专线电话"，邬梦兆亲自主持开通仪式并接通电话。广州市政协委员专线电话以"汇集群众心声，反映社情民意"为宗旨，具有及时广泛收集反馈政协委员与各界群众意见的功能，深受政协参加单位及其成员的欢迎，开通一年就接到来电 780 多个，经广州市政协办公厅分类整理后送有关部门研究和参考，得到了市委市政府的肯定。在此基础上，八届广州市政协从 1997 年第三个季度开始，每季向委员发出一份"广州市政协委员反映信息与社情民意用笺"，即把每一季度征集政协反映社情民意信息的要点提供给委员参考，让委员心中有数，提高委员提交社情民意信息使用的精准度。广州市政协办公厅还按照邬梦兆的提议，创办了《社情民意》专刊，用"直通车"的方式将重大社情民意信息以摘要的形式，呈送市委办公厅《每天快报》，呈报市委市政府领导，上报全国政协办公厅及省政协办公厅。以 1997 年为例，是年广州市政协办公厅编辑 27 期《社情民意》专刊，其中关于整治石室地区环卫问题、增加诊疗费的问题、村规民约违法问题等，分别被市委、市政府责成有关方面予以采纳或认真处理；被全国政协办公厅《今日重要信息》采用 13 条；被《每天快报》采用 27 条，其中 2 条被评为优秀信息。

健全市政协反映社情民意信息工作运行机制。在邬梦兆主导下，广州市政协办公厅利用机关机构改革增设了信息信访处，专门负责委员信息信访的服务工作；先后制定了《关于加强信息信访工作的意见》《政协委员专线电话工作制度》《信访工作制度》。强化信访服务，仅 1997 年广州市政协办公厅就收到群众来信 380 件，接待群众来访 260 人次；同时，还对办公厅编发的《周报》进行了改版，增加了专辑，扩大了发行面，改版后每年平均编发 150 期，发布信息 2000 余条，加强了党政部门的横向沟通，也加强了与全国政协、省政协、区和县级市政协的纵向沟通。

以具有重大纪念意义的主题系列教育活动探索创新政协爱国主义教育。邬梦兆认真贯彻中央"两手抓，两手都要硬"的方针，着眼于促进广州的精神文明建设，把开展爱国主义教育作为八届广州市政协常项工作，坚持每年举办一项具有教育意义的主题纪念活动。1994 年，举办纪念广州籍民族英雄邓世昌殉国 100 周年系列活动；1995 年，举办纪念中国人民抗日战争和世界反法西斯战争胜利 50 周年系列活动；1996 年，举办纪念中国革命先行者孙中山先生诞辰 130 周年系列活动；1997 年，举办迎接和庆祝香港回归祖国系列活动。

配合爱国主义教育活动的全面深入开展。邬梦兆还十分重视政协文史资料的征编工作，推动政协参加单位尤其是市各民主党派各人民团体积极参与。据统计，八届广州市政协五年中共征集史料 228.8 万字，编辑出版《广州文史》10 辑。

实践证明，人民政协在爱国主义教育中办实事，不仅很有必要，而且也大有可为。通过一年抓住一个主题开展爱国主义教育活动，可以弘扬中华民族精神，让社会各界群众受到一次生动深刻的爱国主义教育；可以将广大政协委员和人民群众的心凝聚在一起，极大地提高了人民政协的影响力。

担任过县委书记、在市委分管宣传工作的邬梦兆十分清楚舆论的重要性，他说："毛主席讲宣传工作是党的'第一个重大的工作'，是一件绝大的事，是我们'团结自己，战胜敌人必不可少的'一项重要工作。"早在 1992 年 8 月，他联系市政协时，就促成市政协与市委宣传部联合召开了市政协宣传工作座谈会，从市委的角度把市政协宣传工作作为一项重大任务来抓。

1994 年 10 月，全国政协、省政协分别出台关于加强政协宣传工作的意见，省委办公厅下发了《关于进一步加强我省人大、政协宣传工作的意见》，邬梦兆以贯彻落实这三个"意见"为理由，又一次组织广州市政协与市委宣传部联合召开 1994 年广州市政协宣传工作会议。会议于同年 10 月 26 日至 27 日顺利召开，邬梦兆在会上做了讲话。他回顾了近年来广州市政协宣传工作所取得的成绩；指出政协宣传工作历来就是党的宣传工作的重要组成部分，是党的光荣传统；强调新时期迫切需要加强人民政协宣传工作，这是贯彻执行中国共产党领导的多党合作和政治协商基本政治制度的必要措施，是发挥人民政协作为"中国共产党领导的多党合作和政治协商的重要机构"的职能作用的重要条件，是广州市初步建立社会主义市场经济体制、十五年基本实现现代化的重要推动力量。他对加强政协宣传工作的内容进行归纳概括：一是政协例会；二是政协组织的联合调查与视察活动；三是政协主办的全市性活动（会议）；四是宣传介绍政协委员先进人物；五是宣讲普及政协基本知识与基本理论。他要求各级党委加强对政协宣传工作的领导，各级政协主动做好新形势下的政协宣传工作，新闻单位切实做好宣传报道，全面加强广州市政协宣传工作。此后，广州市政协与市委宣传部每年联合召开一次市政协宣传工作会议成为八届广州市政协的工作惯例。这次会上，还正式成立了广州市政协宣传工作领导小组，由一位副主席任组长，一位副秘书长任副组长，领导小组下设办公室，负责日常工作。领导小组负责制订年度宣传报道计划和重点工作计划，有组织、有领导、有分工、有总结、有表彰地开展政协宣传报道工作。

邬梦兆十分重视政协的宣传阵地建设。一方面，从政协机关自身入手，把由广州市政协主办的公开期刊《共鸣》、内部会刊《广州政协》由双月刊改为月刊，同时创办《学习参考资料》，增加宣传报道频率；另一方面联合广州日报社创办每月四期的《政协委员之声》专栏，联合广州电视台创办每月一次（30分钟）的《城市话题·政协之声》电视专题节目，联合广州人民电台创办每月两期的《政协之声》广播专题节目，开辟人民政协的社会宣传舆论阵地。他还主动邀请《人民政协报》在广州设立记者站，促成《人民政协报》于1998年6月在广州建站。

其间，他还亲自出马，走访在穗中央、省、市新闻单位，促使这些媒体与广州市政协办公厅研究室（市政协机关负责新闻宣传的处室）建立固定联系渠道，实行跑线记者制度，规定市政协每次重要例会、重大活动安排跑线记者负责专门报道，具体报道事宜由研究室协调，并在市政协机关各处室设立通讯员负责协同，以便进一步放大人民政协在公众传媒中的声音，传播政协对各项改革、开放和建设的主张，促进政协提案和社情民意信息的办理，树立政协良好的社会形象。与此同时，邬梦兆还推动各区、县级市政协成立宣传工作领导小组，加强基层政协宣传报道工作，组建基层政协宣传报道队伍；推动市各民主党派、有关人民团体机关设立负责协同市政协开展新闻报道的通讯员，打造全市政协系统的宣传报道立体网络，形成做好广州人民政协新闻报道的合力。为充分发挥这张网的作用，他还推动八届广州市政协举办了市政协宣传工作网络会议，每年两次，由分管宣传报道的广州市政协副主席主持召开，交流经验、表彰先进，研究改进举措，加强网络队伍建设。

为扩大政协的履职实效，邬梦兆、分管副主席郭焕之同媒体一起，策划实施了把广州市政协建言的"外来工子女教育""文物保护""旧城改造和市政建设"等群众关心的热点问题进行系列立体报道的政协宣传报道方案，通过中央、省、市所属报刊、电视、广播立体式追踪深入系列报道，得到了社会各界的支持，引起了市委、市政府的高度重视，促进了问题的及时解决，开了广州人民政协民主监督与舆论监督有机结合的先河，是政协监督与舆论监督形成叠加效应的首个成功案例，树起了广州政协委员敢讲真话、敢做诤友的良好形象。广州政协委员在报纸、电视台、广播等舆论阵地上直接发表建设性意见，拉近了政协与人民群众的距离，让老百姓感到政协反映民意、代表民心、体贴民情，市民群众亲切地称赞政协委员说出了他们的心里话；同时，也使广大政协委员更加珍惜党和各界群众赋予自己的话语权，更加敢于直言坦陈政见。政协委员经常在媒体出现的"广州现象"引起了新华社的关注，评论说："广州市政协委员，羊城视听明星。"

探索一整套加强对区（县级市）政协联系和指导的工作机制。1954年12月4日，周恩来在《关于政协章程和政协第二届全国委员会委员名单问题》的讲话中曾就政协上下级的关系做过概括和解释。他指出，人民政协"上下之间有指导和被指导、指示和接受指示、报告和接

187

受报告的关系"。此后，这一概括和解释写进了政协章程。邬梦兆深刻认识、全面把握其"要求上一级政协既要利用各种方式自觉主动联系下一级政协，使之与上一级政协在事务性、政务性、政策性的工作上完全协调一致，形成上下联动的系统合力，又不能越俎代庖，替代同级党委对其所属政协的领导"的精神实质，在加强广州市政协与各区（县级市）政协之间关系方面做了许多开创性、基础性的工作：一是制定《关于加强与区、县级市政协工作联系的制度》，明确指导内容、方式与方法，使指导内容更丰富，指导形式更具体，指导更"有力"，指导更加常态化、制度化、规范化；二是建立区（县级市）政协主席列席市政协常委会议、全体会议制度，以常态化的履职会议指导基层政协工作；三是创办一年一度的市、区（县级市）政协工作经验交流座谈会，互通情况，商讨工作，交流经验，相互促进；四是规范市政协文件资料的制发范围，明确市政协及其办公厅的文件、刊物等发至各区（县级市）政协及其机关，让基层政协掌握市政协工作的总体部署和具体安排及未来走向，强化市政协对基层政协的履职指导；五是建立市政协与区（县级市）政协秘书长（办公室主任）会议平台、市政协各专委会与区（县级市）政协各专委会会议平台，邀请区（县级市）政协专委会参加市政协及其专委会组织的专题调研活动，加强对基层政协的对口指导；六是组织区（县级市）政协委员和机关干部参加市政协的报告会、学习会、培训班，加强对基层政协队伍的学习培训指导；七是以联合举办主题教育活动或邀请参加市政协举办的重大爱国主义教育、文化艺术活动等方式，加强对基层政协组织的活动指导；八是聘请区（县级市）政协委员担任市政协反映社情民意特约委员，聘请区（县级市）政协工作人员担任市政协办公厅特约信息员，《广州政协》会刊特约通讯员、特约宣传员，编印《政协简报》等，加强对基层政协的信息工作指导。

此外，在进行上述各项工作的同时，为了改善市政协的办公环境，他积极争取省、市支持兴建广州市政协办公大楼。为促成此事的落实，他安排担任过市商委主任的陈棠副主席专门负责这项工作。经八届广州市政协班子的再三努力，1995年市委、市政府同意广州市政协在1987年市政府同意划拨给市政协的一个地块上兴建办公大楼。1995年12月19日，市政协新办公大楼举行了奠基典礼，国务院参事室副主任王海容、省长朱森林、省人大常委会副主任薛焰、市长黎子流、市人大常委会主任黄伟宁等领导出席，邬梦兆致辞并与嘉宾一起为奠基石揭幕。

1996年3月14日，大楼正式兴建。在修建地下部分时出现严重的地下水渗漏情况，处理不好会导致前期基础工程全部崩塌，后果不堪设想。邬梦兆与陈棠副主席一起，第一时间赶到现场，与施工人员一道研究处理方案。在工程队全体成员奋力拼搏下，在部队同志的大力支持下，终于克服了险情，使工地转危为安。办公大楼在邬梦兆离任时已基本完成土建和部分装修工程。八届市政协还在新建的市政协办公大楼会议室举行了一次常务委员会会议。后来，在九届市政协的接力下，2000年2月23日，广州市政协机关整体搬进新的办公大楼上班，广州政协人有了自己的"新家"。而此时距邬梦兆离开市政协主席岗位已经有620天，真是应了古人"前人栽树，后人乘凉"那句成语。但邬梦兆并没有遗憾，他认为当公仆就需要有这种甘为人梯、成就后人的情怀，他为能够成为广州市政协委员感到无比光荣，为能够为政协事业发展尽自己的一份心意感到无比自豪。

八届广州市政协取得的每一个成就，都凝聚着邬梦兆的满腔心血。1998年6月14日，在中国人民政治协商会议第九届广州市委员会第一次会议的开幕式上，当他代表政协八届广州市常务委员会做完工作报告时，会场响起

1998年3月邬梦兆出席九届全国政协第一次会议

189

了热烈的掌声。开幕大会结束，新一届广州市政协委员远眺默默离去的邬梦兆，邬梦兆的内心也是依依不舍，但无怨无悔，因为"任内我毕竟让政协委员声音更响亮了"。

担任第九届全国政协委员

当邬梦兆在广州市政协主席这个岗位上工作了四年九个月之后，1998 年 1 月举行的全国政协第八届第二十三次常委会议，以协商的形式通过了他作为侨联界的代表成为第九届全国政协委员。1998 年 3 月，全国政协第九届第一次全国委员会议上，他出任第九届全国政协港澳台侨委员会委员和侨联组副组长。自此，他又在这个岗位上工作了整整五个春秋。

这五年，他在每年举行一次的全国政协全体委员会议上，作为侨联组副组长，协助组长主持侨联组委员的每一次小组会，与全组委员一道学习、讨论、提建议、议提案；及时准确地把大会主席团会议的有关指示、部署和安排传达到每一个组员；全面收集组员的意见、建议和要求，及时、准确地向大会主席团反映、报告。

这五年，他为了更好地履行九届全国政协侨联组副组长、全国政协港澳台侨委员会委员的职能，加强了与本届界别群众及各阶层人士的联系和接触，倾听他们的心声，接纳他们的意见，收集他们的建议和要求，及时、准确地向当地党委、政府及政协机关反映、报告。

这五年，在每年一次的全国政协全会上，他都向大会提交一至两份深入调查研究后形成的既有质量又有见地的书面发言、建议或提案。如1998 年 3 月在全国政协九届一次全会上就提交了题为《扩大政协与海外华人华侨的联谊与交往》的书面发言，以及《关于完善受赠进口物资税收政策的建议》《关于让五星红旗在天安门广场上空高高飘扬的建议》。1999 年 3 月在全国政协九届二次全会上提交了《开发人力资源，广开进贤之路》的书面发言。这篇发言后来以记者采访的形式摘要刊登在同年 3 月 12 日的《人民日报》上。2000 年 3 月在全国政协九届三次会议上提交了《弘扬中华茶文化，大力发展茶文化事业》的书面发言，这是在全国政协全会上第一个专门论述茶文化，表达全国茶文化工作者、爱好者心

2002 年 7 月参加"中国政协友好访问团"访问日本神户中华同文学校

声的发言，开了这方面的先河。再如 2002 年 3 月向全国政协九届五次会议提交的《培育名茶品牌，重振中国茶雄风》的书面发言，获得了不少与会人员的好评，《人民日报》《中华合作日报》还及时做了报道。

这五年，他积极参加全国政协召开的各个会议，组织开展的各项活动。他参加了由时任全国政协副主席罗豪才率领的侨办高校现状考察团，深入广东省汕头大学、嘉应学院等院校考察。2002 年 7 月，他参加了由九届全国政协常委、港澳台侨委员会主任朱训率领的中国政协友好访问团，访问了日本和韩国。在随团访问日本神户中华同文学校时，他了解到该校乃清末梁启超先生东渡日本时所创建，距今已有 103 年的历史，自 1946 年以来，先后已有 5000 多名学生在该校毕业，为社会培养了一大批优秀人才，该校在广大旅日华侨的关心支持下，克服了种种困难，坚持以华文教学，致力于弘扬中华文化，深获侨胞及各界人士的好评后，很为该校教职员的辛勤耕耘、默默奉献的精神所感动，即席撰写了这首诗：

东瀛远播华文化，
赤子丹诚赛万金。
喜看校园添秀色，
欣闻学子报佳音。

严师沥血浇嘉树，

慈母开怀注爱心。

只盼英才泉水涌，

欣欣桃李满园林。

这五年，他还牵头举办了全国 15 个副省级城市政协工作协作会议，开展了副省级城市政协的联谊、学习和考察活动，交流了城市政协各具特色的工作经验，使大家都感到获益良多。

这五年，他还亲自为政协委员办了一件实事、好事。那就是凭着他对人民政协的亲身经历、切身感受，凭着他对政协工作的高度热爱、深刻理解，他激情满怀地撰写了一首《政协委员之歌》：

我们是政协委员，身负重托，奋发向前；

胸怀国家大事，反映人民意愿。

编织纽带架金桥，党政群众心相连。

我们是政协委员，履行职能，重任在肩；

建设民主政治，积极献策进言。

丹心焕发光和热，振兴中华做贡献。

我们是政协委员，勤奋学习，躬行实践；

团结各界人士，共谱四化新篇。

阔步迈向新世纪，宏伟蓝图定实现。

歌词写好后，辽宁省沈阳市政协委员、荣获国家文化部"文华奖"的两部歌剧《归去来》《苍原》的曲作者、沈阳音乐学院教授、我国著名作曲家徐占海先生闻讯，立即表示要为这首歌词亲自谱曲。征得邬梦兆同意后，便以其高度的热情，在很短的时间内，将曲子谱写了出来。

经过试唱试听，它那平白如话的歌词，激昂悠扬的曲调，美妙动听的旋律，深深地感动了听众，获得了大家的认可。于是，新时代影音公司立即精心组织制作、出版，制成了《政协委员之歌》卡式录音带，第一版就制作了数

九届全国政协侨联组全体组员合影（邬梦兆在前排左六位）

千盒。1998 年 3 月，经全国政协办公厅审定，复制成精美的《政协委员之歌》激光唱碟，发给了参加全国政协九届一次会议的全体委员和工作人员。于是，这首《政协委员之歌》很快便在全国各级政协系统、政协委员间传唱开来，流行起来。1998 年 5 月 21 日，《人民政协报》发表署名文章，赞扬这首歌歌词言简意赅，曲调雄壮有力，朗朗上口，人们在朗诵和歌唱的时候，易学易记，达到良好的宣传效果，是一首奏响民主团结的进行曲。

这五年，他与九届全国政协侨联组的 31 位委员，和睦相处，互相学习，共同切磋，共商国是，积极进言，建立了深厚的感情。在 2002 年 3 月九届政协的最后一次全会上，大家都有依依惜别之感。作为侨联组的副组长，在会议即将结束之际，他应组员之邀，以一首《七律》相赠，表达了他的拳拳情意。诗曰：

同组多年喜结缘，
南腔北调暖心田。
齐商国是千夫托，
共送民声百姓牵。
赤子情深图报国，
委员义重建微言。

甘当一粟归沧海，

化作红霞耀九天。

　　就这样，邬梦兆在担任九届全国政协委员的五年间，朝气蓬勃地做了一个委员应该做的工作，默默地承担了作为一个委员应有的责任。可是，有的人并不知道，当他在九届全国政协任期届满时，他已经是跨入七旬门槛的一位古稀老人了。

第十章
海峡两岸暨香港、澳门的文化使者

以文化做媒，大力推动海峡两岸暨香港、
澳门文化广泛深入交流与合作

  邬梦兆分管广州市统战工作的年月，恰好是香港、澳门进入回归倒计时的关键时期，是大陆和台湾两岸关系逐步升温阶段。他面对新时期我国统一战线工作的新形势，立足广州丰富的统战资源，以文化做媒，大力推动广泛深入交流与合作。

  以恢复广州近现代民主革命文物为纽带，巩固和发展国民党高层人士及其子女的联系。邬梦兆在分管政协、统战工作期间，协助市政协、市委统战部促请市政府整治和修复十九路军淞沪抗日阵亡将士陵园，促请市有关部门按照国家文物局批示的"原位置、原尺度、原面貌"的原则重建了黄埔军校校本部，促请中共中央宣传部批准依托海珠区邓氏宗祠兴建邓世昌纪念馆，天河区政府出资在东郊公园重建邓世昌衣冠冢并在墓前平台塑邓世昌全身立像。

  特别值得一提的是，邬梦兆根据广东省政协、广州市政协1986年联合提出的《关于孙中山元帅府旧址的修复问题建议案》进展缓慢的现状，利用1996年纪念孙中山诞辰一百三十周年之机，通过组织省、市政协委员系列视察活动，让新闻媒体讲好"大元帅府是孙中山1917

邬梦兆在孙中山诞辰130周年纪念大会上致辞

年、1923 年两次就任大元帅的办公之地"的故事，讲好"大元帅府是广州作为中国民主革命策源地光荣标志"的故事，讲好"恢复大元帅府旧址不能再错失时机"的故事。广州地区媒体对修复孙中山元帅府旧址的系列报道和媒体的海量报道，引起了市长的高度重视，他立即召集广州市政协提案委有关同志前去汇报情况，召集省、市各有关单位负责人到现场办公，从而促使这个历时长达十年的提案，终于得到了全面的落实。孙中山大元帅府旧址当年如期全面修复，并用于开展当年的孙中山诞辰纪念活动，得到了海内外爱国人士的充分肯定。

以唱响爱国主义主旋律为纽带，更加广泛团结爱国人士。邬梦兆利用既分管政协又分管宣传、统战工作的优势，把三个单位的力量集聚在一起，每年组织一个主题鲜明、内容丰富、人多面广的爱国主义教育活动。1994 年，正值广州籍民族英雄邓世昌殉国一百周年之际，市政协、市委宣传部、市委统战部联合召开了纪念邓世昌殉国和甲午海战一百周年座谈会，组织了邓世昌墓迁建暨塑像落成仪式，举办了邓世昌殉国一百周年大会暨邓世昌纪念馆开馆仪式，举办了"甲午英风"电视文艺晚会，编辑出版了《气壮山河》一书。通过一系列的教育活动，加深了爱国人士对这一民族英雄的认识。

1995 年，为中国人民抗日战争和世界反法西斯战争胜利五十周年，市政协、市委宣传部、市委统战部联合举办了"广州市各界人士纪念抗日战争暨世界反法西斯战争胜利五十周年"座谈会；分别举办了"怒吼吧！黄河——纪念世界反法西斯战争、中国人民抗日战争胜利五十周年"文艺晚会和"纪念中国抗日战争和世界反法西斯战争胜利五十周年"图片展览和画展；举办了以"纪念抗日战争胜利五十周年"为主题的"增强中华民族凝聚力"学术研讨会，编辑出版了《广州抗战纪实》一书（该书获得全国政协优秀文史资料图书奖），制作播出了《抗日战士话当年》电视专题节目，激发各界群众的爱国情怀，受到爱国人士普遍的欢迎。

1996 年，正值中国革命先行者孙中山先生诞辰一百三十周年，邬梦兆再次牵头市政协、市委宣传部、市委统战部联合举行广州市各界人士纪念孙中山诞辰一百三十周年座谈会、孙中山爱国统一思想研讨会、孙中山三次在广州建立革命政府展览、"孙中山在粤港澳"图片展览、纪念孙中山画展，编辑出版了《孙中山在广州》一书，在《广州日报》出版纪念孙中山诞辰一百三十周年三个专版。其中"孙中山在粤港澳"图片展览还在香港、澳门展出，在爱国人士中引起了积极的反响。

1997 年是香港回归之年，市政协继续联合市委宣传部、市委统战部以"迎接和庆祝香港回归祖国"为主题组织一系列的活动。其中，比较大型的有香港形势报告会、广州市各界人士庆祝香港回归祖国座谈会、香港的历史与发展图片展、庆祝香港回归祖国书画展、香港回归及其光辉前景研讨会、庆祝香港回归杯龙舟国际邀请赛、广州市各界人民欢庆香港回归祖国联欢夜大型活动、庆祝香港回归祖国大型广场音乐会等。这些主要以广州各界群众参加，同时邀请台港澳人士出席的爱国主义教育活动，进一步激发了各界群众的爱国热情。

以推介文化艺术精品为纽带，构筑文化自信的爱国主义平台。在邬梦兆分管政协、统战工作期间，他还于 1994 年推动市政府兴建广州艺术博物馆，为了帮助该馆实现"筑巢引凤"的征集目标，把自身打造成为华南地区一流的艺博馆，邬梦兆盯住了那些家住台湾、香港、澳门的艺术大师。家在香港的赵少昂先生就是其中的一位，这位当代著名艺术大师誉满国内外，早年师从岭南画派创始人之一高奇峰先生，力学精研，学与年俱进，后受高剑父先生等所倡导的"国画现代化"理论启发，专心致力于中国绘画的革新，成效昭著。在比利时万国博览会参展获金牌，继而又在巴黎、伦敦、柏林、莫斯科等地举办画展，均获成功。赵少昂先生漫游大江南北及华北幽燕，行程万里，深入生活实际，或切磋、或交流、或凝思、或体会，逐渐在继承中提炼出自我风格。赵少昂先生的作品艺术"笔墨横肆，构图奇伟，色彩丰富，气韵生动，布白通灵，渲染润泽、书画合一，题款精当"，被徐悲鸿先生赞许为"花鸟草虫中国第一人"。

邝梦兆首先通过广州艺术博物馆筹建人员与赵少昂先生的亲属联系，通报建馆信息，表达收藏赵少昂先生作品的愿望。1994 年底，广州市政协诗书画室、广州美术馆、陈树人纪念馆联合在香港举办纪念陈树人先生诞辰一百一十周年展览，邝梦兆亲赴香港参加展览会开幕式。其间，在香港知名人士、曾经师从赵少昂先生的梁洁华博士引荐下，邝梦兆及市政协何邦泰副秘书长、广州美术馆卢延光馆长等一行拜访了赵少昂先生。宾主谈笑间，邝梦兆向赵少昂先生谈起了广州市近年来的经济建设情况，重点介绍了文化建设的前景和广州艺术博物馆的建设，并希望赵少昂先生予以支持。赵少昂先生即时同意馈赠一批艺术作品给广州艺术博物馆，以尽一份赤子之心，开创了广州艺术博物接受捐赠画作之先河。

1995 年 2 月，广州艺术博物馆筹建人员依据邝梦兆的吩咐，派人赴港与赵少昂先生联系，商议接受馈赠事宜。由于赵少昂先生年届九旬，诸多事务皆交其长子赵之斡先生、长女赵汉屏女士料理，他们秉承赵少昂先生的旨意，精选了赵少昂先生佳作 120 幅。同年 4 月，这批作品顺利地移交给广州艺术博物馆。为表彰赵少昂先生热爱家乡，支持文化艺术事业的善举，同年 6 月 8 日，邝梦兆带领市政协、市文化局、市美术馆负责人，在梁洁华博士的热情支持下，在香港丽晶酒店举办赵少昂先生画作捐赠仪式和答谢宴会，时任新华社香港分社副社长张浚生应邀参加了这一活动。同年 8 月，广州美术馆又举办了"赵少昂先生捐赠书画展"，由姚蓉宾副市长向赵少昂先生的代表赵之斡、赵之泰先生赠送了感谢匾，市委、市政协、市政府领导以及各界人士参加了展览开幕仪式。而今这批艺术精品被陈列在广州美术博览中心之"赵少昂艺术馆"。

赵少昂先生的捐赠义举，推动了广州艺术博物馆的征集工作。1995 年12 月，在邝梦兆的指导下，市政协为赵少昂先生的弟子、台湾著名画家欧豪年在广州美术馆举办为

2000 年 5 月邝梦兆在香港拜访著名国画家赵少昂先生

期一个月的个人画展。欧豪年十七岁师从赵少昂，善画花鸟、山水、人物、畜兽，对书法与诗文亦多有研究，艺术成就多元而丰富。二十岁左右即参加东南亚巡回展，往后数十年不断应邀在海外各地展出画作，备受国际艺坛之肯定与推崇，1993 年荣膺法国国家美术学会巴黎大宫博物馆双年展特奖。欧豪年既是艺术家又是教育家。他的画作架构精严，笔墨纯任自然，显示理性感性的协调。已故国画大师张大千先生评论他的画作"才一落笔，便觉宇宙万象奔赴腕底，诚与造物同功"。日本著名美术评论家植村鹰千代则说"欧豪年之彩墨作品，在表现近代感觉中，尤使人感到中国人的豪迈与庄严"。作为中国知识分子的他，一方面重视时代的步调，而同时又冀望透过画作能得尚友古人。邝梦兆以市委副书记、市政协主席的身份，亲自参加了这位来自台湾的当代中国著名画家在广州举办的画展。

在邝梦兆的主导下，赵少昂先生的另一个弟子梁洁华博士也于1997 年 9 月，在广州美术馆成功举办了个人画展。梁洁华博士系已故香港著名金融巨子、慈善家梁銶琚博士之爱女。梁銶琚出生于银业世家，二十多岁时已在银业及贸易界崭露头角。第二次世界大战后即任香港恒生银号协理，并主持国内各大昌贸易行业务。1991 年底梁銶琚博士的恒昌集团（恒生、大昌）出让股权时，资产净值已达 70 多亿港

199

元。梁铢琚热心公益事业，主张"财物得之于社会，应当用之于社会"，多年来为家乡顺德社会公益事业捐资达 4000 多万港元。梁铢琚也是香港大学和香港中文大学的主要捐建人之一。他捐资 600 万港元帮助中山大学的建设，捐赠 2000 万港元为清华大学建设建筑馆和成立图书基金。1994 年，梁铢琚与何善衡、何添、利国伟各捐资港币一亿元，成立"何梁何利基金"，用于奖励中国杰出科技工作者，得到国务院高度赞许，受到社会各界的热烈欢迎。

梁洁华博士幼承庭训，得梁铢琚博士之谆诲，雅好艺术，修养深厚，尤其对绘画孜孜不倦，曾师从徐东白、赵少昂、伍步云等大师研习中、西画，受业于林仰山、罗香林等名师研习中国历史文化，博采众长，融会贯通，创造出自己的风格和特色。其取材命意，古雅而独特，意境清丽而华美。且乐善好施，桑梓长怀，1995 年至 1997 年，她就先后为广州市美术馆、广州书画学院、广州华侨文化发展基金会各捐赠港币 100 万元。为办好 1997 年 9 月在广州市美术馆举办的"梁洁华画展"，邬梦兆做了大量的工作，他邀请全国政协副主席叶选平为画展和画册赠了题签，同时协助梁洁华博士在开幕式上请来了国家科委、广东省、广州市现任领导，请来了任仲夷、寇庆延等老同志，请来了著名国画大师关山月、黎雄才、赖少其等艺术家。

创建"粤台港澳文化交流会"平台，
加强民间交往和文化交流

为稳定粤台港澳四地文化高层之间的交往，进一步带动扩大民间的文化交流，1992 年邬梦兆促成建立了一个名为广东省文化学会的民间社团组织（挂靠在广州市社会科学院），并被聘为该会名誉会长。然后他牵头联合香港文教传播联会、澳门基金会、台湾中华学术文教基金会发起创办了"粤台港澳文化交流会"，旨在定期组织四地专家学者开展民间交往、学术交流，加深了解和增进友谊。研讨会一年举办一次，由参与发起的社团组织在各自所在城市轮流举办。

首届粤台港澳文化交流会于 1994 年 6 月在香港举行。第二届粤台港澳文化交流会于 1995 年 10 月在广州举办。后者是为期四天的研讨会，适逢广州金秋时节，秋风送爽，菊花盛放，来自粤台港澳四地的专家、学者 100 多人聚会"花城"，共同探讨"中国传统文化在现代经济发展中的作用""现代工业文明与道德建设""中国传统文化与现代社会的接轨"等四地都关注的文化议题。市委、市政府对这次研讨会给予高度的重视。市委书记高祀仁、市长黎子流等出席了开幕式。邬梦兆、新华社香港分社副社长张浚生全程参加了研讨会。

第三届粤台港澳文化交流会于 1997 年 6 月在台北举行，会议定性为"迈向 21 世纪文化交流研讨会"，由台湾中华学术文教基金会主办。邬梦兆以广东省文化学会代表团团长的身份，率市政协副主席郭焕之、市委宣传部常务副部长崔瑞驹、市台办主任郑友然、广州市社科院院长兼广东省文化学会会长李权时及中山大学、华南师范大学的专家学者一行十三人，赴台湾参加了这一为期八天的研讨会。

出访前，邬梦兆多次召集有关人员研究赴台的各个细节，做了周密安排，设想了各种可能会发生的情况及处理的办法；召开了团员会议，

1994 年 6 月广州主办的第二届粤台港澳文化交流研讨会全体人员合影（邬梦兆在前排左起第七位）

明确了此次赴台的任务和应遵循的原则、纪律。临行前，接到了钱其琛副总理办公室发来的三点指示，他马上组织代表团所有成员学习，并研究贯彻落实的具体措施。

这是广州市乃至广东省对台交往中的一次规模较大、规格较高、影响广泛的文化交流活动，受到台湾各界的关注和重视。台湾地区多家报纸及电视台等新闻媒体对代表团赴台及会议的进行都做了报道，台湾"海基会"设宴招待了全团成员。在台期间，代表团除参加研讨会外，还参观考察了台湾大学、台湾师范大学、台北故宫博物院以及在广州有投资项目的统一企业集团公司、旺旺集团控股公司等单位，拜会了吴大猷（广东高要人，著名物理学家、教育家，被誉为中国物理学之父）、欧豪年等广东籍台湾名流。

6月11日上午，研讨会开幕，邬梦兆致开幕辞。

在邬梦兆的带领下，代表团全体成员共同努力，使得这次赴台开展的民间文化交往、学术交流活动，取得丰硕的成果。广东文化学会代表团提交的论文无论数量还是质量都占优势：提交论文14篇，占四地代表提交论文总数的一半；论文突出阐述对中华民族的文化认同，阐述中华文化的复兴与发展，阐述如何增强中华民族凝聚力和实现祖国统一，阐述儒道关系、中国传统价值观、道德建设、企业文化、文物发掘和保

1997年6月台湾主办的第三届粤台港澳文化交流研讨会全体人员合影（邬梦兆在前排左起第六位）

护等，观点新颖，论证严密，涉及面广，学术质量高，受到港、澳、台学者的充分肯定。香港学者在发言中，还多次引用和赞扬广东代表团论文中的观点，使与会不少港、澳、台学者纷纷表示迫切希望进一步扩大同广州的学术交流。

台湾"海基会"于6月11日设晚宴招待了出席会议的四地代表，实际主要是招待广东文化学会代表团。"海基会"副秘书长李庆平、主任秘书吴恕、文化服务处处长孙起明出席了宴会。邬梦兆团长在宴会致辞中强调，广东省文化学会代表团这次是应台湾中华学术文教基金会的邀请，来台湾进行民间的学术交流，共同研讨弘扬中华优秀传统文化，促进中华民族的繁荣发展。

代表团在加强与台湾文化交流的同时，还开拓和加强与台湾一些大企业家的联系，动员他们来广州投资，促进广州经济的发展。比如，借机推介了广州的发展情况，宣传了广州的投资环境，使所到之处接触到的台湾人士都知道广州是祖国大陆改革开放开始得最早、经济发展得最快的地区之一。台商在广州投资兴办了近一千家企业，效益都很不错。邬梦兆多次对台商们说："由于广州市有良好的投资环境，要想发大财，请到广州来。"还说，广州人不会有"红眼病"，台商发了财，广州也有利，双方都受益。已经在广州投资的台商，如广州台资企业协会副会长万海水、刘信正两位先生，在陪同代表团参观过程中也与代表团成员一起做工作，鼓励台商到广州投资。有一批企业家，如新东阳股份有限公司总经理麦石来、联宾塑胶股份有限公司董事长江盛吉、信廉事业机构总裁刘会近等，听了介绍后，都表示近期内要到广州看一看，流露出投资意向。

研讨活动结束，广东省文化学会代表团回到广州后，邬梦兆还及时组织全体成员就进一步搭建好"粤台港澳文化交流会"这一民间交往、学术交流平台，促进祖国统一大业，向省委、市委提出了意见和建议：

一是利用民间学术文化交流的方式，增进相互之间的了解和交往。据了解，台方关于两岸交流的政策，是把文化交流放在第一位的。我们可以利用其这一政策，加强两岸学者之间的交往，以便形成对中华传统文化的认同，对弘扬中华优秀文化的共识，有利于祖国统一。几年来，"粤台港澳文化交流研讨会"已开过三次，为四地之间的民间往来搭起了一座桥梁，产生了良好效果。台湾有些学者，对祖国大陆的文化发展和学术水平不甚了解，通过交流，他们不得不佩服祖国大陆学者对中国传统文化的精深研究，同时也了解到祖国大陆对中国传统文化的保护和弘扬。代表团参观了台湾的一些企业和大学，也感到台湾在发展经济和教育方面的某些做法和经验值得借鉴。总之，只要彼此增加接触，就能取得更多的共识，对祖国统一有好处。代表团建议，今后广州可多派出一些学术界代表团到台湾访问交流，同时也可多邀请台湾文化界、教育界、企业界的人士到广州来，加强文化交流和经济合作。广州代表团的组成，可参照此次的做法，既有党政领导（以民间身份出现），又有科研单位的负责人，还有相当数量的专家、教授，这种形式较好。

二是切实改善广州的投资环境，吸引更多的台商来广州投资。这次赴台，代表团会见了不少企业界人士。总的来说，他们对广州的投资环境是满意的，对于广州市各级政府、各个部门对在广州投资的台商的有力支持，特别是市台办对他们的热情接待和各种帮助，表示衷心感谢。同时他们也提出一些需要改进之处，主要是有的配套设施不完善，部分劳工素质不高，个别地方治安状况不够好，等等，应引起我们的重视。广州作为对外开放较早的地区，应加强与台湾一些大企业家的联系，动员他们来广州投资，促进广州经济的发展。

三是明年（指 1998 年）第四届"粤台港澳文化交流研讨会"将在澳门举行。在澳门回归祖国的前夕召开这次四地会议，具有重要意义。广州作为会议的发起地之一，作为祖国大陆的唯一代表，在会议中担任着重要的角色。因此，我建议从现在起，就开始着手为明年的四地会议做好准备，包括确定代表团成员、撰写高质量的论文、选择对口交流单位、确定需拜访的人士等。

1998 年 6 月，第四届粤台港澳文化交流会在澳门召开，邬梦兆率广东省文化学会代表团参加了本次研讨与交流。这次研讨会的主题是对青少年教育与大众传播媒介问题的探讨，与会论文会后结集出版为《青少年与大众传播：粤台港澳四地文化交流会论文集》。在 26 日上午的开幕致辞中，邬

1998 年 6 月澳门主办的第四届粤台港澳文化交流研讨会主席团成员合影（邬梦兆在左三）

梦兆指出："祖国的富强，民族的兴旺，社会的进步，历史的发展，我们这一辈人人有责，但归根结底有赖于后来人的接力，一代一代的承前启后，继往开来。人们常说，现代化不仅是经济现代化，更重要的是人的现代化，尤其是人类社会跨入知识经济、信息时代更是如此。为了祖国、民族明天的希望，重视和关怀青少年的教育，加强人的建设，提高群体的整体素质，乃是全社会的神圣职责。"

第五届粤台港澳文化交流会于 2000 年 1 月 5 日至 6 日在香港举行，会议围绕"演艺事业的昨日、今日、明日"这个主题，进行全面、系统的研讨。会上，60 多位与会者发言踊跃，气氛热烈。邬梦兆作为广东省文化学会代表团团长，当本团成员在大会发言后做小结时，用以下这首诗，就会议的主题做了简短的总结，表述了自己的观点：

2000 年 1 月邬梦兆参加香港主办的第五届粤台港澳文化交流研讨会活动

昨日堪回首，
今朝论短长。
明天谋上策，
演艺定辉煌。

第六届粤台港澳文化交流会于 2001 年 12 月 15 日至 17 日在广州举行。邬梦兆作为本次会议的东道主，在闭幕式上即席以一首六言古体诗表达他的祝贺之情。他说：

粤台港澳四地，
俱属浃浃神州。
共根共源共脉，
同声同气同舟。
弘扬中华文化，
你我意合情投。
先后六届会议，
历经八度春秋。
紧密合作携手，
深入钻研考究。
互相沟通信息，
开展经验交流。
细议妙方良策，
畅谈心得感受。
集思广益增识，
喜获成果丰收。
祈盼再接再厉，
一届一届更优。
实现祖国统一，

吾辈梦寐以求。

振兴中华大业，

合力奋斗不休。

2000 年 3 月 11 日，邬梦兆在参加全国政协九届三次会议期间，接受中央电视台《海峡两岸》栏目记者采访，谈及以文化为媒，沟通海峡两岸同胞关系，共同为实现祖国完全统一而努力，并以一首小诗作为这次采访的结束语：

两岸亲兄弟，

唇同齿相依。

民心思统一，

众志反分离。

两制行中国，

方针合此时。

重新圆破镜，

尽早莫迟疑。

邬梦兆对党的事业的忠诚，对博大精深的中华文化的热爱，对祖国的早日统一和中华民族伟大复兴的渴望，使他成为首个打造海峡两岸暨香港、澳门民间文化交往，搭建文化交流平台的拓荒人，无愧于文化使者的美誉。

第十一章
华侨华人的知心朋友

乐做侨界知心人

如前所述，邬梦兆出生在一个华侨家庭，本身就是一个归侨，对华侨和华人充满感情。而他的成长地大埔县，既是客家之乡，也是华侨之乡。据《大埔县华侨志》记载，"大埔旅外华侨、华人有51万多之众，遍布世界五大洲20多个国家和地区，境外人口与国内全县人口几乎相等"。其中分布于马来西亚、印度尼西亚、泰国、新加坡等地的华侨人数较多。

客居在外的大埔华侨、华人在各行各业辛勤劳作，为当地民族独立、经济繁荣、社会进步做出了积极贡献。他们之中，有李光耀、李显龙、张弼士、田家炳等政商界著名人物，也有萧畹香、廖乐年等一大批情系祖国、热心桑梓的华人先贤。这些先贤的优秀事迹激励着大埔人民在自己的工作和学习中努力拼搏、奋发向上，并在取得成绩之后回报家乡。

大埔华侨虽身居异国他乡，心中却时时刻刻惦记着家乡故土，思念着在家的亲人朋友。华侨在海外谋生，一有余钱，就会回乡探亲和祭祀祖先。有的华侨不愿年老后客死他乡，趁自己健在回乡养老，有的叮嘱儿孙在他死后要把骨骸归葬家乡。为了使在外的子女不丢失中华文化，有不少人送子女回国接受教育或在国外的华文学校读书，华侨与家乡的联系从未间断过。

大埔华侨取得一定的成就之后，仍然关心家乡发展。他们积极参与家乡文化教育、道路桥梁、医疗卫生以及其他社会公益事业方面的建设，为当地的经济发展做出了巨大的贡献。以教育为例，大埔县接受捐资百万以上的学校就有进光中学、华侨第二中学等20多所。马来西亚和昌机构每年捐助进光中学经费超过100万元，并倡议创立进光中学萧畹香教育基金会。大埔县教育事业整体走上了逐步完善发展的道路。

大埔华侨心系祖国。早在新中国成立之前，大埔华侨就时刻心系祖国的经济建设。如张弼士早在1892年就投资300万两白银在山东烟台种植葡萄，创办"张裕葡萄酿酒公司"，开创华侨在祖国投资兴办实业的先河。著名企业家田家炳先生不仅是一位商人，也是一名慈善家。他在中国大陆31个省、市、自治区捐资捐建项目达数百宗。他们的精神激励着一代一代大埔后辈学习和传承。

在这样一种环境中成长起来的邬梦兆，在大埔华侨精神的熏陶下，逐渐塑造了一种不惧艰苦、排除万难的精神，即面临险境，总是选择迎难而上，想方设法排除万难的精神；一种勇于开拓、积极进取的精神，即不安于现状，始终敢为天下先的大无畏精神；一种深明大义、爱国爱乡的精神，即永远心系祖国、心系家乡，在祖国家乡最需要的时候挺身而出的精神。

为加强与侨居国外的大埔乡亲的联系，大埔县党政领导决定，从1995年起，每三年举办一次大埔同乡联谊会。邬梦兆本着对桑梓两个文明建设的高度关注，怀着一股炽烈的故乡情愫，尽管工作繁忙，但他总是挤出时间，几乎每次都应邀出席。而且，每次都应邀在大会上发表热情洋溢的致辞，并和乡亲一起参与各项联谊活动；和乡亲一起促膝谈心，沟通感情；和乡亲一起为建设文明和谐、富庶美丽大埔献计出力，获得乡亲们的好评。2005年10月2日，他参加了第五届大埔同乡联谊会开幕式，应邀在会上致辞时，动情地吟诵了这首诗：

莘莘乡子思乡切，

跨越重洋汇万川。

喜睹故园容貌美，

欣闻新秀凯歌传。

山河巨变千家乐，

事业腾飞万众欢。

世界乡亲同奋勉，

振兴桑梓共登攀。

邬梦兆从事侨务领导工作的广州，一直以"毗邻港澳，华侨众多"著称，是全国最大的侨乡都市，华侨华人数量是大埔的好几倍。据2015年末统计，广州有海外华侨华人、港澳同胞和归侨、侨眷、港澳眷属近400万人，其中市内归侨侨眷、港澳眷属近160万人，占广州户籍人口近1/5，海外华侨华人、港澳同胞近240万人，分布在世界130多个国家和地区，主要集中分布在亚洲、北美洲、大洋洲。

当过广州分管侨务工作的市委领导、当过全国政协台港澳侨委员会委员的邬梦兆，知侨、爱侨、助侨、护侨。在他的具体领导下，20世纪90年代中叶，市政协、市委宣传部、市委统战部共同策划和举办了轰动当时整个海外华侨华人社会的《千秋家国梦》首发式暨许氏家族回穗寻根活动。1994年11月，广东人民出版社出版发行了由女作家伊妮撰写的《千秋家国梦》。这是一部记叙广州高第街许氏家族三百年沧桑巨变的长篇历史小说，可称是广州乃至中国近代史的一个缩影。

这个许氏家族祖先来自潮汕地区，在清朝至民国年间被历史学家誉为"广州第一家族"。该家族兴于一个名叫许拜庭的广州著名盐商，他在高第街的中段买下几处当时没落人家的屋宇，打通后连成建筑群。从此人们称这一带为"许地"。"许地"以许应骙时期最为辉煌。许氏家族知名后人有许祥光，道光十二年（1832）进士，广州抗英运动领导者之一；有许应骙，进士出身，曾任闽浙总督兼福州将军及船政大臣等职，官至一品；有"许青天"许应镕、清官许应锵；有辛亥革命元勋、民国粤军总司令、国民革命军陆军上将、国民政府军事部长许崇智；有辛亥革命元老许崇灝；有"铁血将军"、东征名将许济，红军名将许卓；有鲁迅妻子许广平，曾任政务院副秘书长、全国人大常委、全国政协常委；有参加过辛亥革命，曾任广州市教育局局长、广东省教育厅厅长和中山大学校长的著名教育家许崇清等。

1995年3月，邬梦兆让市政协牵头，以举办《千秋家国梦》首发式为由，邀请许氏家族回穗寻根。这次应邀前来的有全国政协副主席朱光亚、中央统战部副部长刘延东一行11人，以及美国国际家庭娱乐集团总裁罗伯逊一行7人。这次许氏家族回穗寻根团成员中，有许家海外亲属36人、境内亲属22人。

市政协、市委宣传部、市委统战部根据邬梦兆的要求，精心策划，周密组织，热情接待，使之达到了预期的效果：成功地以文化活动为桥梁，进一步加强了与海外侨胞、外国友人、港澳人士的沟通，使他们对改革开放中的中国和广州有了更深刻的了解；进一步激发了他们对祖国、对家乡的热爱，充分体现了中华民族优秀文化的吸引力，体现了乡情、亲情、民族情感的凝聚力。

分布在世界多个国家和地区的许氏家族子孙千里迢迢来穗出席《千秋家国梦》首发式，并借此机会寻根、观光，表明他们不但铭记着先人的历史，铭记着祖国的历史，还关心着祖国的今天和未来，关注着正在改革开放发展中的广州。这种爱国热忱，在当今祖国迈向现代化的过程中，特别是香港即将回归祖国和海峡两岸密切谋求沟通协商之际，更显珍贵。

许氏后人在广州短短的几天里，祭祖先，参观旧居，出席《千秋家国梦》首发式，重温家族的悲欢历史，重叙宗亲的手足情谊。他们认为这是40年来最难以忘怀的时刻。这次许氏家族回穗活动的发动和组织者之一、香港艺联传播集团行政总裁、原中山粤军总司令许崇智的侄孙许子皓先生及许氏家族的全体成员，非常感谢广州市给了许氏家族这么隆重的礼遇，使他们家族一些从未谋面的成员得以欢聚，寻根祭祖，继承起许氏家族200多年来"强国富家"的理想。他们称赞各项接待活动安排得非常好，表示会把这几天在广州的所见所闻，告诉所有的海外亲人，动员许氏家族的成员多回来看看，多为国家的富强献计出力。

这次举办《千秋家国梦》首发式和接待许氏家族寻根、观光团，在海内外产生了广泛影响。许氏海外后人改变了对家国建设的看法，表示要为家国做出贡献。此次相聚在广州故乡的许氏成员虽然来自不同党派，有不同的信仰，分散在世界各地，但通过参加《千秋家国梦》的首发式，再次走到了一起。他们表示"我们肯定，经过这次聚会，分布在全世界的许氏家族亲属将会再次团结起来，继续我们历代长辈对国家民族的贡献"。他们计划与广州电视台合作摄制以《千秋家国梦》为蓝本的30集长篇电视剧，除在全国播出外，还会向全世界华语市场发行，旨在激励海内外中华儿女弘扬中华民族爱国主义的精神，奋发图强，振兴中华。他们还筹划与中国工程院合作，成立"中国许崇清工程技术教育基金会"，资助建立交互式卫星教育电视网络，向全国的边远贫困地区中小学生和教师做交互式教学及师资培训，推广农业工程技术和人才培训，为中华民族的下一代教育及中国的农业工程技术做出贡献。

《千秋家国梦》首发式和接待许氏家族回穗寻根观光团，可以说是多方合作、共同完成的一次较为成功、影响深远的工作，开拓了通过文化活动做好华侨华人统战和对外宣传工作的新路子。

就这样，邬梦兆以"侨"搭"侨"，通过"请进来"和"走出去"，做了许多暖侨、助侨的工作。在邬梦兆分管侨务工作期间，他每次出访和每到一地，都会争取多些机会见见当地的华侨华人。每次见到当地华侨华人，邬梦兆都会给予高度评价，称赞他们勤劳刻苦，有聪明才智，成为当地工商界和政界名人，为祖国和家乡增添了荣誉。而言谈之间，邬梦兆又会启迪大家说"广州市有华侨150多万人，分布在世界各地，他们都有强烈的爱国心，有一份拳拳赤子情，改革开放以来，广

212

州市经济高速发展，成就为世人所瞩目，现在广州社会、经济发展的远景规划已出台，经济的大发展意味着机会难逢，正是海外赤子回乡大显身手的时候"。有一次参加"新西兰奥克兰华侨会所"永远名誉会长陈霭筠先生牵头组织的两百多人参与的联谊活动，邬梦兆幽默地对

1997 年邬梦兆率领中国广州艺术团赴毛里求斯参加中毛建交 35 周年演出后与毛里求斯代总统戈尔·布伦合影（邬梦兆在右一）

大家说："听说在奥克兰，多数华人、华侨不愁吃，不愁穿，可相比起来，只能攒小钱。我建议，想要赚大钱，请到广州来，来广州投资，只要经营、管理得当，肯定会有丰厚的回报。"在场的华人、华侨都被邬梦兆的平易、亲切和儒雅所感染，被他幽默、风趣的话语所打动，脸上绽开了会心的笑容，并报以热烈的掌声。

1997 年 4 月，受国家文化部派遣，他以总领队身份率领中国广州艺术团赴毛里求斯参加中毛建交 35 周年活动及到留尼旺、马达加斯加、科摩罗、新加坡、马来西亚和中国香港地区进行 25 场访问演出。这次文化交流活动，在所到地区的华侨华人社会引起极大的震动，大家纷纷前来观看演出并给予高度评价。毛里求斯代总统戈尔·布伦观看了艺术团的演出并给予很高的评价。新华社报道这次"演出引起了巨大反响"。

创建研究传承广州华侨华人文化的载体

邬梦兆深知，中华民族是伟大的民族。中华民族在世界文明发展的过程中创造了灿烂辉煌的民族文化。中华文化是中国各族人民经历几千年坚忍不拔、勤劳奋斗共同创造的，是中华民族百折不挠、自强不息精

神的体现，成为维系海内外炎黄子孙的精神桥梁和纽带。

基于这样的认识，他组织市政协、市委宣传部、市侨联等单位，于1995年5月创设了广州华侨文化发展基金会。这是一个旨在弘扬中华民族优秀文化，繁荣华侨文化事业，促进社会主义精神文明建设，促进海内外文化艺术交流，联系、团结港澳台同胞和海外侨胞，增进炎黄子孙的相互理解和骨肉情谊，为社会主义现代化建设和实现祖国的和平统一大业服务的非营利社团。在邬梦兆的呵护下，这个具有法人资格，带有社会公益性质的民间文化团体新生事物，很快就得到广大归侨、侨眷、海外侨胞、港澳台同胞以及社会各界人士认同，他们热心支持、广泛参与，不到一年，就筹集了八百万元人民币的基金，为广州华侨文化事业的发展奠定了物质基础。

为搞活基金会，邬梦兆常常以召开理事会、理事扩大会等方式，加强基金会的建设。他向理事们强调，广州是全国著名的侨乡城市，华侨有着热爱祖国、热爱桑梓的光荣传统。改革开放以来，广州市坚持以经济建设为中心，发挥"侨"字的优势，兴办为"侨"服务的企、事业，引进外资、侨资，加快社会主义现代化建设。在抓好物质文明建设的同时，注意抓好精神文明建设，着力办好侨报、侨刊、侨讯、侨史刊物，开展华侨历史研究，进行学术上、文化艺术上的交流等，做了许多有益的工作。广州华侨文化发展基金会助力党和政府的中心工作，贯彻为"侨"服务，"量力而行，尽力而为，多办实事、好事"的精神，通过各种形式，扶持文化宣传阵地，支持群众性文化活动的开展，积极拓展对外文化、体育、艺术交流，形成具有广州"侨"字特色的文化氛围，使之成为宣传广州、联系海外侨胞的文化阵地和窗口。

在邬梦兆的主导下，基金会创办出版了《广州华侨文化发展基金会专刊》。通过图文并茂、雅俗共赏的形式，介绍基金会的诞生、成长和开展工作、活动的情况，让关心基金会的人士了解基金会，支持基金会，积极投身广州的两个文明建设，为弘扬中华民族文化，振兴中华民族，促进祖国和平统一鼓与呼。

邝梦兆认为，中华文化不仅是中华民族的珍贵遗产，也是全人类宝贵的文化财富。任何文化都既是民族的，又是世界的。中华文化只有在世界范围的交流与融合中，才能保存和发展，并促进世界文化的繁荣兴盛。所以，他要求基金会在发展华侨文化事业的过程中，紧紧把握住弘扬、交流、切磋、发展这几个环节，让中华文化走向世界，同时更好地吸取世界文化的精华来充实自己，以崭新的姿态进入 21 世纪，为社会主义文化事业做出新的贡献。2010 年 5 月，在广州华侨文化发展基金会成立十五周年的时候，邝梦兆曾撰诗一首如下：

> 十五春秋弹指间，
> 峥嵘岁月绘新篇。
> 繁花竞放争娇艳，
> 南国侨文分外妍。

邝梦兆创立广州华侨文化发展基金会，除了宣传华侨华人和广州之外，还有一个很重要的目的就是开展华侨华人文化研究，把广州打造为全国乃至全球华侨华人研究中心。在他的布置下，广州华侨文化发展基金会、广州市社会科学院、广州华侨研究会、广州市华侨历史学会，于 1997 年 9 月在广州举办了第一届国际华侨华人文化研讨会。来自东南亚、港澳地区和国内的华侨华人文化研究知名专家学者欢聚一堂，就华侨华人文化方面的问题进行了广泛而深入的研讨，提出了许多富有理论深度和实践意义的观点。

与会专家学者一致认为，文化认同问题是当前华人世界面临的十分重要的问题。作为中华民族文化的重要组成部分，华侨华人文化研究在当前具有重大的理论和实践意义。与会专家学者探讨了华侨华人文化的含义、特征，华侨华人文化与中华民族文化的关系，华侨华人文化在中华民族文化中的地位，华侨华人文化与华侨华人经济关系等问题。这次研讨会还对华侨华人文化的结社文化、教育文化、文学艺术、华文报刊、饮食文化、民俗等方面的内容进行了深入的具体的研究。应该说，无论从哪个方面来看，此次国际华侨华人文化研讨会都具有很高的理论价值和实践意义。

第十二章
和田打井的热心人士

我们的国家、我们的中华民族是一个水乳交融、血浓于水的和睦大家庭。改革开放以来，广大人民群众的生活水平有了显著提高。但是，至20世纪90年代，老少边穷地区还有8000多万人民的温饱问题未得到解决。新疆农村安全饮水就是一个特大问题。

其时，新疆相当部分农牧区群众饮水条件极差，春、夏、秋季节主要饮用河水、渠水、涝坝水，冬季吃涝坝里的冰，人畜共饮一坑水的现象十分普遍。据1983年统计，喀什地区230万人中有114万人饮用涝坝水，约占50%。据1987年统计调查资料显示，由于饮水不卫生，当时新疆农村牧区痢疾年平均发病率每10万人中有1528.2人，居全国首位；伤寒年平均发病率每10万人有13.017人，居全国第二位。

为改善农牧民生存环境，提高农牧民生活质量，中共十一届三中全会后，中共中央、国务院和新疆维吾尔自治区党委、政府把解决新疆农村饮水安全问题，作为党和国家为广大农牧民办的一件实事、大事提上议事日程。1987年，新疆正式成立人畜饮水工作机构，改水防病工作正式列入水利建设计划。1988年至1990年的三年间，新疆共向南疆三地州投资7100万元，占国家总投资的80%以上，修建完成重点改水防病工程310多项，使158万人口受益，占累计需要解决改水人口总数的70%。三地州农村填平不卫生涝坝4000多个，占农村涝坝的四分之一，仅洛浦县就填平550多个涝坝，占该县涝坝的一半以上。

1994 年 8 月 21 日至 28 日，中共中央政治局常委、全国政协主席李瑞环到新疆视察。8 月 26 日，在和田县布扎克乡，他看到当地群众饮用污染严重的涝坝水，心情非常沉重。当得知和田县有打井队，李瑞环同志当即表示：想办法通过刚发起的"光彩事业"活动，给每个自然村打一口井，先从和田县试点搞起。"资金到位后，地县领导要上下动员，集中力量解决这个问题。"

　　当年 4 月 22 日晚，方小文、王力、王命兴、刘永好、汪远思、张芝庭、张江平、范建中、周晋峰、韩伟等 10 名参加全国工商联七届二次常委会的民营企业家，在北京国谊宾馆的一个小会议室发表了"让我们投身到扶贫的光彩事业中来"倡议书，第二天的大会上，这 10 位民营企业家向全国非公有制企业发出了这份倡议。倡议号召全国先富起来的民营企业家践行邓小平同志"先富帮后富"理念，到老少边穷地区兴办项目，开发资源，为缩小地区差异、促进共同富裕做贡献。

　　李瑞环同志当即要求中共中央统战部、全国工商联通过"光彩事业"，组织社会各界和非公有制代表人士为和田县改水防病工程进行募捐。

　　在李瑞环同志的组织发动下，光彩事业发起了第一个大型公益项目——"和田打井工程"。1994 年 10 月 12 日，全国工商联向省级工商联发出"关于发动组织民营企业家为新疆和田县的打井饮水工程捐款的通知"，号召全国非公有制经济人士，向和田人民伸出援助之手。

　　同年 12 月 26 日，全国工商联副主席胡德平来穗，向市工商联会长谈及此事。他指出，和田人民所面临的，已经不是富裕不富裕的问题，而是基本的生存大事，希望广州为捐款打井带个头。市工商联马上请示市委统战部，并随即向市委做了汇报。得知这一信息的邬梦兆，非常重视，当即指示市委统战部、市工商联领导要以高度的政治责任感，立即组织发动。其后，他又在多个场合强调要抓好支援新疆和田打井工程，发扬广州人"稻穗鲜花献人民"的奉献精神，为被国务院授予全国第一个"民族团结进步模范市"的广州再添光彩，力争捐款 200 万元，帮助和田农牧民兄弟打井 100 口。

带领广州非公人士"旁水"润和田

南国春早，珠江水暖。在邬梦兆的指导下，市委统战部、市工商联利用元旦至春节这段时间，开展了一系列的宣传、发动、组织、落实等工作，最后确定乙亥年春节假期后的第二天，即 1995 年 2 月 7 日，由市工商联牵头邀请非公有制经济代表人士参加春茗，动员私营企业家及港澳知名人士慷慨解囊，为和田打井改水献出一片爱心。

1995 年，农历正月初七，适逢传统佳节的"人日"。在依傍着珠江水的新荔枝湾酒楼，广州市工商联举行春茗，向全市非公有制经济的代表人士拜年。邬梦兆代表市委向老板们恭贺新春，祝大家"猪年引来幸福水，不尽财源滚滚来"。随即，他把话题马上转到了对和田人民饮水困难的惦念。他说："从北京传来的消息，新疆和田地区群众至今仍饮用'涝坝水'，因此经常会发生多种传染疾病，能喝上一口清澈的井水，成为农牧民兄弟的最大奢望。"邬梦兆语重心长地说："广州领改革开放风气之先，非公有制经济发展很快，大家都富裕起来了。但我们不要忘记和田的少数民族兄弟喝不上清洁水，希望老板们发扬扶贫济困的精神去帮助他们。"

邬梦兆话音刚落，全国政协委员、市私营工商业会会长谢仲余第一个接过话筒，他说："私营企业是党的十一届三中全会的直接受惠者，赚了钱去扶贫是情

1995 年 2 月 7 日邬梦兆与广州市民营企业家一起参加春茗活动合影（邬梦兆在前排左起第四位）

理之中，我带头捐款 4 万元，帮助打两口井。"有了领飞的"头雁"，大家情绪更高昂。随后邵建明代表 1994 年缴税 400 万元的海印实业公司捐款 10 万元，帮助打 5 口井，他表示，为善不甘人后，办企业的理想便是取之于民用之于民。区国铭、区国强兄弟俩也表示，企业发展有今天，全靠党的好政策，扶危济困义不容辞。经营"太爷鸡"的高德良，更是激动地说："我是一个共产党员，更要听市委的话。"语音刚落，邬梦兆带头为他鼓掌。来自增城的蓝妙华说，算上去，自己是畲族的后代，现在新疆和田群众饮水有困难，同为少数民族兄弟，更要发扬民族团结友爱的精神。黄文仔是广州第一家注册资金亿元的私企老板，心情却显得异常平静，他只说认捐 20 万元，帮助打 10 口井，便没话了。话虽不多，却赢来了最热烈的掌声。市工商局副局长、市工商联副会长何全保，为老板们的举动感到自豪，当即代表市私协和市个协捐 6 万元，帮助打 3 口井。加上市工商联、市私协、市个协以团体名义的认捐，再加上梁国豪先生最后认捐 20 万元，帮助打 10 口井，终于实现了全市捐款 200 万元、打井 100 口的目标。在邬梦兆的主导和深入发动下，广州非公有制经济的代表人士以他们的善举成就了"和田打井"这一"光彩事业"。

为了尽快使新疆和田少数民族同胞饮上清洁水，将广州人民的爱心第一时间送到边疆，"春茗"后的第三天（即 2 月 10 日），邬梦兆以市委副书记、市政协主席的身份率团，带着广州市非公有制企业人士援疆的深厚情谊进京汇报，中共中央政治局常委、全国政协主席李瑞环亲切接见，并听取了邬梦兆的专题汇报。随后，他还就此即席发表了一篇重要讲话。李瑞环同志说："我们要特别提倡扶贫济困、乐善好施的高尚精神，这种精神体现了中华民族的传统美德，体现了社会主义人与人之间的关系……"此行，邬梦兆还代表广州非公有制经济人士将资助新疆和田打井工程的 200 万元捐款，亲自交给了全国政协副主席、中共中央统战部部长王兆国同志，请他转交新疆有关方面。王兆国同志说："广州市不仅物质文明建设走在前面，精神文明建设也走在前面；非公有制经济人士富裕了不忘贫困地区，爱国爱民，表现出崇高的风格。广州市是全国第一个以市为单位捐款打井的，为边疆贫困地区人民送去了爱心，送去了春风。这一举动带了个好头，将会推动全国各地的捐资打井活动。"当晚，中央电视台就此做了专题报道，第二天，《人民日报》《广州日报》等报纸，也在第一版的显著位置上做了详细的介绍，收到了良好的效果。

在解决新疆和田地区饮水的行动中，邬梦兆带领广州非公有制经济人士起到了开路先锋的作用，使和田地区的老百姓三年后都喝上了清洁卫生的饮用水。

"和田打井"，一石激起千层浪。1994年10月，一个由新疆自治区计委、水利、卫生、地矿、土地、电力等部门组成的新疆农村人畜饮水规划建设管理领导小组及办公室迅速成立，时任自治区主席的阿不来提·阿不都热西提担任组长，自治区党委一名常委、自治区两位副主席和有关领导同志担任副组长。各地州、县市也相应组建由行政一把手担任组长的领导小组和办事机构，并抽调工作骨干和专业人员充实办事机构，从组织机构上保证工程建设的顺利开展。新疆先后制定了《新疆农村人畜饮水规划建设管理办法》《新疆农村人畜饮水资金管理办法》《新疆农村人畜饮水工程竣工验收办法》及《新疆农村人畜饮水工程运行管理办法》等有关工程建设、运行管理、资金筹措的各种管理办法和优惠政策指导工程建设。农村饮水工程向更加规范、更大规模的方向迈进。

为多渠道筹措资金和提高广大群众的参与意识，新疆各级政府还多次举行社会捐资动员活动，全疆共计为农村改水捐款4097万元，使解决农村饮水问题成为全疆人民共同关注的一件事。

农村饮水安全工程建设使很多农牧民结束了长期以来饮用沟渠水、涝坝水的历史，喝上了符合国家卫生标准的井水、自来水，有效地减少了各种介水传染病和水致地方病的发生和流行，改善了广大农牧民的生存环境和生活条件。农牧民开始改厨、改厕，购置洗衣机，传统落后的生活方式悄然变化，农牧民的生活质量有了明显提高，为稳定人心、稳定社会、促进边疆社会繁荣，起到了非常重要的作用。

第十三章
中华茶文化的传播高手

廿载茶之耕读时，

钟情老叟变茶痴。

香瓯在手酣然品，

玉液通喉蓦地滋。

百饮独迷茗饮事，

千情只理莽情丝。

晚年日子舒心过，

传播茶文学弄诗。

这是邬梦兆高龄之际写下的一首诗，抒发了一个退出日理万机政治舞台的老人，优哉游哉地围坐在茶台品茗吟诗的舒坦心情。这既表达了他在人生转折关键时刻的一种顿悟，同时也描绘了他由于与茶结缘找到了晚年生活的目标追求而兴奋不已的心情，表明将以过去干革命工作的劲头，投身于自己钟情的中华茶文化事业，造福我国经济社会的发展、造福人类、造福自己，把中国茶经济与茶文化发展推向新的境界。

1998 年夏，邬梦兆退出了广州市的领导岗位。当年 10 月，他受中国国际茶文化研究会会长、浙江省政协原主席王家扬之邀，出席了第五届国际茶文化研讨会，也就是在这个会上，他被补选为第一届中国国际茶文化研究会副会长。从此，他便与茶结上了缘，走上了一条茶耕读之路。

创新中华茶文化研究的茶学理论

邬梦兆从政坛走上茶坛，是从爱茶、读茶、耕茶、研茶、写茶这条路上一步步走过来的。他虚心向茶界的老师、茶友学习，认真研究茶叶与茶文化其中的学问，经过十多年来的实践与磨炼，出版了《茶耕读之路——邬梦兆茶文化论文集》。他在书中指出，中国是茶的故乡，中国是世界上最早发现、开发和利用茶叶的国家，茶业也是中国乃至世界最古老的产业。茶叶的开发和利用，是中华民族对人类文化和社会进步的重大贡献。据史料记载，早在6000年前生活在我国浙江省余姚田螺山一带的先民就开始种植茶树，田螺山是迄今为止考古发现的、我国最早人工种植茶树的地方。

书中介绍说，自古以来，中国人就有着"柴米油盐酱醋茶"的生活实践；当今时代，随着人们生活水平的提高，中国人更把"琴棋书画诗曲茶"列入生活日常。人们把茶当作日常的物质生活和精神生活不可缺少的组成部分，"宁可三餐无肉，不可一日无茶"。发展至今，"饮茶"被称为"国饮"。茶已成为世界三大饮料（茶叶、咖啡、可可）之一，是最受欢迎的全球性饮料。如今，全世界有近五十个国家和地区产茶，一百多个国家和地区需要进口茶叶。

讲到广州人喝茶的历史，书中更是如数家珍，指出广州是一个有两千多年历史的文化名城，是海上"丝绸之路"的发祥地，岭南文化的中心地，近现代中国的革命策源地和改革开放的前沿地。同时，在中国茶史上，广州也有过"独领风骚"的辉煌。广州人饮茶可上溯到西汉初期，"饮茶"这句古汉语方言在广州一直流传至今。岭南茶文化始于唐代，盛于明清。唐贞元五年（公元789年）茶圣陆羽应岭南节度使李复之请，赴广州李复幕中，其所创造的那一套茶学、茶艺、茶道思想，由此便在广州流传，茶文化在岭南地区从而萌生和发展，陆羽遗风历久而弥新。清代同治、光绪年间，广州兴起了"二厘馆"、茶居。后来，随着社会生产力的发展，人们收入、生活水平的提高，特别是改革开放以来，各种类型的茶楼，茶艺馆如雨后春笋，应运而生，遍布城乡。时下，广州人在"叹"茶中忙里偷闲，在"叹"茶中体味人生，在"叹"茶中得到美好的物质享受、文化享受和精神享受，茶成为人们日常生活中不可或缺的必需品。广州茶楼、茶艺馆成为乐叙天伦、结交朋友、洽谈生意、消闲怡神、陶冶情操的场所。近现代许多伟人、名流、骚人、墨客到广州也喜欢上茶楼品茗。毛泽东的"饮茶粤海未能忘"著名诗句，鲁迅的"广州的茶清香可口，一杯在手，可以和朋友作半日谈"名言，为中国茶史留下了千秋佳话，为广州茶文化增光添彩。

历史上广州既是我国乃至全球一个品茶中心，也是一个产茶要地。明末清初著名文人屈大均在"古代广东百科全书"——《广东新语》中写"广东种茶自唐代始"。并指出珠江之南有三十三村，土沃人勤，多业艺茶。《采茶歌》亦有云："广州有女多采茶，采茶之户千万家。"这都反映了当时广州茶业之盛和"衣食于茶"之众。鸦片战争后，广州制茶手工场日趋兴盛，还制造了"珠兰名茶"。据《广东新语》载："绿芽紫笋，薰以珠兰，其芬馨绝胜松萝之荚。每晨，茶估（姑）涉珠江以鬻于城，是曰河南茶。""河南"即今广州芳村一带的"千年茶乡"。过去，该地还广种茉莉花，加工花茶，销路颇为畅旺。

书中指出，历史上广州还是我国乃至全球茶叶的集散中心，是我国最古老的出口茶埠，它对发展茶经济，传播茶文化，促进中外贸易和文化交流，起着重大的作用。自18世纪以来，广州就是我国最重要的对外通商口岸，设立了粤海关。华茶在清代居出口货的首位。从18世纪到19世纪七八十年代是华茶出口贸易的发展期和繁荣期，因而也是广州经济发展的最辉煌的历史时期之一。在这个史称"一口通商"的环境下，"万船来埠，众商云集"，关税收入大增，出现了"广州富庶天下间""银钱堆满十三行"，成为"天子南库"。当时的外国人眼中已是世界十大城市之一的广州，是个"令人着魔的地区"。

书中强调，一定的文化现象必然产生于一定的客观物质条件，反过来又会成为社会的一种"客观要素"，其某些特性或其诸多因子总会对人们的社会生活乃至新的文化产生影响。广州茶文化如此深厚的历史积淀，如此丰富的人文资源，无疑也是新时代新广州新发展的一大优势。全面系统深挖这一巨大的潜力优势，能够打造广州经济文化发展的新动能，再造广州实体经济发展的新辉煌。

书中把中国茶文化发展的历程与内涵定位为"华夏文明的剪影"，指出追寻中国茶文化的源头，首先要廓清中国茶叶的源起。关于茶叶的源起众说纷纭，但流传最广的还是"神农说"。唐代陆羽《茶经》就说："茶之为饮，发乎神农氏，闻于鲁周公。"而断定神农氏的依据是《神农本草经》和《神农食经》。前者载："神农尝百草，一日遇七十二毒，得茶而解之。"后者载："茶茗久服，令人悦志。"这一传说一直流传到当代。神农时代是中华民族成长史中极为远古的时期。茶叶的发现及开始应用，应看作是整个神农部落时代的历史活动。

书中介绍说，有关研究表明：在中国茶文化的发展历程中，三国以前以及晋代、南北朝时期应属于茶文化的启蒙和萌芽阶段。大量资料证实，中国西南地区（更确切地说是云南省）是世界茶树原产中心，但茶文化的起点却在四川，这是由于当时巴蜀的经济、文化要比云南发达。大约在商末周初，巴蜀人已经饮茶，公元前1066年，周武王伐纣时，巴蜀人已用所产之茶作为"纳贡"珍品；西汉初期（公元前53年），蒙顶山甘露寺普慧禅师（俗名吴理真）便开始人工种植茶树。公元4世纪末以前，由于对茶叶的崇拜，巴蜀已出现以茶命人名、以茶命地名的情况。可以说我国的巴蜀地区是人类饮茶、种植茶最早的地方。

到两晋、南北朝时期，江南饮茶风盛行。并且，这一时期茶开始进入文学和精神领域，中国最早的茶诗在这一时期出现，其代表是西晋杜育所作的《荈赋》。到了唐代，中国茶文化已基本形成。具体表现在以下几个方面：一是有了较丰富的茶叶物质，茶叶生产、加工有了一定的规模；二是茶叶科学已形成了较为完整的体系，茶事活动由实践开始上

226

升到理论；三是饮茶在精神领域有了较完美的体现，如提出茶道、茶礼，茶文化与中国的儒、禅、道哲学思想紧密结合；四是有较多的茶文化著作和茶诗、茶画作品产生等；五是作为上层建筑的茶政开始出现。在这一时期，世界第一部茶叶、茶文化专著——《茶经》问世，它由唐代陆羽所著，成书于公元780年。《茶经》内容十分丰富，是一本茶叶百科全书。它涉及生物学、栽培学、制茶学、分类学、生态学、数理学等，同时，还记载了唐代以前有关茶的不同神话、寓言、史籍、诗赋、传记、地理、数理等书籍，是中国乃至世界文化宝库中的珍品。

到宋代至明初，中国茶文化的发展到了鼎盛时期。人们说："茶兴于唐、盛于宋。"在这一时期，茶叶产品开始由固茶发展为散茶，打破了团茶、饼茶一统天下的局面，同时出现了团茶、饼茶、散茶、末茶。茶区也大面积地进行了南移，使茶叶上市提前一个月。这一历史时期茶文化空前繁荣，宋徽宗赵佶在大观元年（公元1107年）亲著《大观茶论》一书。到元代、明代，中国传统的制茶方法已基本具备，同时更多的文人投身于茶文化的研究与创作，文徵明的《惠山茶会话》《陆羽烹茶图》《品茶图》以及唐寅的《烹茶画卷》和《事茗图》等传世作品诞生。到了清代，中国茶文化发展更加深入，茶与人们的日常生活紧密结合起来。例如清末民初，城市茶馆兴起，并发展成为社会各阶层的活动场所，它把茶与曲艺、诗会、戏剧和灯谜等民间文化活动融合起来，形成了一种特殊的"茶馆文化"，"客来敬茶"也已成为普通人家的礼仪美德。由于茶叶制作技术的发展，清代已基本形成现今的六大茶类，除最初的绿茶之外，还出现了白茶、黄茶、红茶、黑茶、青茶（乌龙茶）。

书中指出，茶类的增多，泡茶技艺的差别，又加上中国地域和民族的差异，使茶文化的表现形式更加丰富多彩。虽然至清代茶具类别减少，但十分强调突出壶、杯的艺术感，品茗更加注重精神与文化层面的体味。这一时期，茶叶出口贸易也得到较大发展，已成为一种正式行业。饮茶更为普及，各种饮茶习俗与社会生活关系更加密切，茶文化爱好者人数众多，茶事活动频繁，可以说这一阶段的茶文化，作为一种大众文化步入普及阶段。同时，由于更多文人参与茶事活动，茶文化在高雅层面也得到很大的发展，如新的咏茶诗大量涌现，其中乾隆皇帝便写下了不少咏茶诗篇，是中国历代皇帝中写茶诗最多的一位，他六次出巡，游名山，封御茶，有力地推动了中国名茶发展。

书中指出，纵观中国茶文化形成和发展的历程，可以看到，茶文化内涵极为丰富。概括地说，茶文化是人类在社会历史发展过程中所创造的有关茶的物质财富和精神财富的总和。茶文化的结构体系包括有关茶的物质文化、制度文化和精神文化三个层次。茶文化的物质形态表现为茶的历史文物、遗迹、茶诗词、茶书画、茶歌舞、各种名优茶、茶馆、茶具、饮茶技艺和茶艺表演等。精神形态表现为茶德、茶道精神、以茶待客、以茶养廉、以茶养性、茶禅一味等。还有介于中间状态的表现形式，如茶政、茶法、茶的礼规习俗等内容。

书中强调，中国茶文化是中华民族优秀传统文化体系的组成部分，是东方文化的精粹。它源远流长，内涵丰富，是物质文明和精神文明和谐统一的文化载体。茶的发现和利用，以及此衍生的茶文化，不但推进了中国的文明进程，成为中华五千年文明史的重要组成部分，而且也极大地丰富了整个世界的物质精神生活，对人类文明和社会进步做出了卓越的贡献。如今，茶不仅是我国人民日常生活饮品，而且成为世界一百多个国家和地区、二十五亿多人的全球性饮料。不少专家学者预测，21世纪，饮料将是茶的世界。新世纪茶产业的发展，必将推动茶文化进入一个崭新的阶段，促进人类生活质量的提高，促进精神文明和社会进步，促进茶科技茶经济的繁荣，促进中外广大茶人的沟通、团结，这将是天下茶人共同努力的目标和发展方向。

书中指出，同时代前进步伐相适应，中华茶文化也要"与时俱进"，既要继承传统，又要在弘扬中创新，在开拓中发展。只有这样，才能发挥文化独特的"文化潜力"，永葆其青春，再铸新的辉煌。

他在书中写到，茶学是一项实践性和创造性的事业，是一门不断发展的学科。陆羽的《茶经》，是我国最早的茶学专著。嗣后，茶学典籍不断问世，为后世留下了丰富的文化遗产。这些典籍，真实记录了我国茶业发展的历程，以及中国茶道、茶礼、茶艺、茶俗等传统文化的形成和演化，凝结了一代又一代茶人的经验和睿智。这对于我国乃至世界的茶业茶学的发展，都发挥了重要的作用。

但在当今市场经济激烈竞争和我国加入 WTO 新形势下的现代茶学理论探索却非常薄弱。因此，构建现代新茶学，注重茶文化的学科建设，应该是当务之急。我们应当把握当前茶文化发展的良好机遇，汇集全国茶学界、医学界、文化界中的高级专家、学者，在继承前人研究成果的基础上，对当今茶文化的新成就，对《茶经述评》出版以来茶学研究的新发展，深入进行探讨，并吸纳国外在这方面的一切有益的成果，用新世纪的学术锐气、良知智慧，发扬为学术奉献的精神，集思广益，开拓创新，编撰出具有时代特点、富有学术价值、贴近生活、适应改革开放和市场经济的发展、适应我国加入 WTO 后的严峻挑战，并且能够规范和影响未来的现代新茶学作品。这是现代茶学具有强大生命力之根本所在，也是弘扬中华茶文化之根本所在。

他在书中指出，经济生活之变革和发展，必然促进生活习惯和社会时尚的嬗变。在中国，饮茶之道自汉唐以来，经历了简—繁—简多次的变化。最明显的是从宋代品饮程序之繁复到元代趋向简约，明代则发展到"崇新改易，自成一家"，茶由烹煮向冲泡发展，"开千古饮茶之宗"。清代品饮因袭前代，流风至今，更平民化，更普及，扩展到广泛的社会层面。当今，由于世界社会生活的改变，饮食风习向简便快捷的方向发展，速溶茶、冰系液体茶、袋泡茶等茶系列饮品的面世，就是一种明显的信号，这种"时尚"的存在和发展，是现代人物质生活的一种需求，是饮料市场开辟茶叶消费新路的必然趋势。它虽然不可能取代或改变热饮、细品缓啜的饮茶之道，但传统的饮茶也应做相应的调整和变革。

茶文化的母体在民间，茶俗的根基在大众。明代泰州学派说过的

1999年7月23日邬梦兆与出席广州茶文化促进会成立大会全体人员合影（邬梦兆在前排左起第十一位）

"童子捧茶即道""百姓日用即道"，其精髓是很值得人们细品的。任何一种文化，只要创造这种文化的群体存在着，这种文化不仅有绵长的过去，也有生动的现在和变化的未来。传统的饮茶文化要从现代的视觉和审美观念进行具体的分析，删除其中负面的、不合时宜的、烦琐的，以及带有神秘甚至迷信色彩的内容和形式，贴近和趋同现代社会文化心理、生活方式和社会时尚；而更重要的是存其个性之异，保留和发扬"以茶养生""以茶明道""茶为体道为用"那些合理内核，并注入时代精神，扩大、丰富其内涵，以"尽茶之真，发茶之善，明茶之美"，把提升茶文化的价值和升华人的精神境界结合起来。茶文化的嬗变和更新，应该是民族性与时代性、"传统"和"时尚"的相融合、相统一。

他在书中探索茶产业、茶文化发展新路子，指出发展现代茶产业是弘扬茶文化的基础，而茶文化的弘扬又反过来促进茶产业和相关行业的繁荣。发展现代茶产业必须发扬我国古代的"天人合一"生态观，树立可持续发展的"生态经济"观，把现代茶产业的建设作为世界"绿色运动"的科学实验和生产实践。

市场经济发展到今天，文化产业化是文化现代化的必由之路。现代茶产业从其实质看，是以茶叶、茶饮料、茶食品、茶药物、茶具、茶艺馆、茶书刊、茶工艺品和茶艺术品等为载体的现代文化事业；而茶文化深厚的内涵、丰富的文化资源，完全可以开发新的消费市场，促进茶文化产业化。

创建中华茶文化发展的交流平台

邬梦兆从政坛走上茶坛的另外一个表现就是重视搭好"茶台",唱好"茶戏"。1999 年 7 月 23 日,在他的倡导下,在省、市领导和各方的重视、支持下,经过精心筹备,广州茶文化促进会成立了。他亲自出任会长,欲穷尽迟暮之年个人之余热,把这个促进会办好,充分发挥其在我国茶经济发展与茶文化研究方面的作用。成立大会上,他做了讲话。

他在讲话中指出,茶的历史久远,通过历史上的"茶叶之路",茶在五洲落户,茶文化在全球传播。历史上同中国文化交流密切的日本、韩国、朝鲜、东南亚诸国,更广泛而深远地受中国茶文化的影响,而且根据民族特点加以发展。可以说,中华民族在茶的发现、培植、制作、品饮和茶文化的创造上,为人类文明史留下灿烂的一章。

茶文化是具有实践性和创造性,单纯的茶叶生产经营和单一的品饮功能,不可能构成完整意义上的茶文化。只有赋予茶叶以审美上的意义,将茶饮从解渴疗疾的日常生活层面上升到精神寄托的高度,体现一种特定的文化心理,包含一种特定的文化意蕴,茶文化才能得以产生和发展。茶发乎神农,兴于唐宋,延续至今,经过几千年的悠久历史和各民族文明进程的沉积,经过宫廷、寺庙、士人和民间四股力量的相互作用和推动发展,茶的培植、制作、品饮、茶艺、茶俗和相应的文化艺术的创造,构成了中国独特的绚丽多彩的茶文化。我国的茶文化是中华民族共同创立的,是中华民族优秀传统文化的重要组成部分,是中华民族物质文明和精神文明和谐统一的文化载体。

他指出,在世纪之交成立广州茶文化促进会,并不是为了发思古之幽情,而是要宣传茶文化、弘扬茶文化、研究茶文化、促进茶文化,在新的历史条件下创新,以适应改革开放和社会主义市场经济的发展,为两个文明建设服务。具体说来,成立广州茶文化促进会是基于以下四个

"需要"：

一是弘扬茶文化，在继承的基础上创新发展的需要。茶之作为文化，加以倡导，加以弘扬，古已有之。最早的是唐代陆羽。他总结了唐代以前千余年有文字记载的中国人品饮茶、研究茶、颂扬茶的历史，并且做了长期的广泛的实际考察和实践，系统地加以介绍，并从理论上阐述有关茶的全部知识和学问，把中国人的饮茶从原来只是作为一种生理需要、生理现象，提高到一种文化需要、文化现象，从而著成了三卷十章、洋洋七千余字的《茶经》。这部《茶经》流布海内外，被奉为世界上第一部茶叶专著，是茶的百科全书，其本人也被尊为"茶圣"。《新唐书·陆羽传》说，陆羽《茶经》"言茶之源、之法、之具尤备，天下益知饮茶矣……其后尚茶成风"。"天下益知饮茶矣"的"益知"，是强调了茶作为一种文化现象的普及和升华，渗透到物质文明和精神文明的各个方面，是我国茶史乃至世界茶文化史的巨大飞跃。从陆羽以来的一千二百余年中，历代均有茶专著问世，于今可见的便有二百余种。当代的茶专家吴觉农先生，毕生致力于茶事业的复兴，著有《茶经述评》等论著，1940年创立了我国第一个高等学校茶叶系（复旦大学农学院茶叶系），1941年创办了我国第一个茶叶研究所，新中国成立后任过农业部副部长兼中国茶叶公司总经理，为茶叶生产、科研、教育、贸易等方面做出了巨大的贡献。改革开放以来，随着茶经济的发展，饮茶的普及，茶文化得到进一步的发扬，茶科技、茶文化等论著不断面世，这对普及茶知识、扩大茶文化的影响，促进中国茶事业的整体提高和发展，起着重要的作用。

文化本身就是这样的不断积淀、不断延续而又不断发展的一个动态结构。随着经济的发展和科技的进步，茶文化的内涵也不断扩大和延伸，要更多地反映社会文明，促进时代的进步。我们弘扬茶文化，不仅是为了继承中华民族的优秀传统文化，更重要的是着眼于茶文化理论的学科建设，对茶文化的现实深入探讨，进行综合、归纳、提炼，不断地丰富其内涵，"尽茶之真，发茶之善，明茶之美"，不断地升华茶文化的境界。我们弘扬茶文化，要在新的历史时期，融合新的审美观念，吸纳各国、各地茶文化的有益成分，创造出具有民族特色，更富有时代精神的新的岭南茶文化，以适应改革开放和社会主义市场经济的发展。这是茶文化具有生命力的根本所在，也是我们弘扬茶文化的根本所在。

二是提高人们的精神素质，加强精神文明建设的需要。茶文化的内容是进行爱国主义教育和思想道德教育的一种好载体，对人们不同程度地起到提高修养、陶冶情操、净化心灵的作用。这是一个健身与健心的相互渗透、相互作用、相互促进的过程，从日常生活营建精神文明、提高人们精神素质。陆羽《茶经》开篇就说，茶饮最宜"精行俭德之人"，把茶饮当作励志、雅志的一种手段。宋代的《大观茶论》说饮茶"祛襟涤滞，致清导和""中淡闲洁，韵高致静"，强调品茶人的意境与心态。品茶出于人品，论茶品先论人品，把"人品"列为第一。茶，"性洁不可污"，是人生道德理想的象征；人生酷似茶，品茶即是以审美的态度对待人生。历代茶人讲究的是茶本身的至味和内在的韵味，把深层的文化素质与人格熏陶作为根本，寻求"物我相合"的仙境。中国茶文化贯穿着以和为贵的和合文化，中国茶德——清、和、敬、美精神，都同源于中华民族优良的道德传统，又将作用于今天的社会主义精神文明建设，起着促进人与人之间的和谐，创造出更祥和的社会，巩固和发展安定团结的政治局面的积极作用。特别是在现代社会中，生活节奏快，竞争压力大，有的人为所谓"搏到尽"，心力交瘁；有的人存在失落感，心理不平衡；有的人为利禄所驱，心浮气躁，等等。这都可以通过茶道、茶艺、茶文化的活动，通过茶的色、香、味、形的物质内涵和清廉、平和、冲淡、雅致的精神内涵，调节生活节奏，消除疲劳，缓解心理之压力，使心情趋于淡泊、恬静、平和，提高生活情趣和品位。

三是提高"国饮"地位，倡导人们养生保健的需要。茶具有独特的药用和保健的功能。茶和天然药物在人类生活中的应用，是中华民族在探索大自然的奥秘中获得的最伟大也最具有创造性的科学发现。相传距今四五千年前，"神农尝百草，日遇七十二毒，得茶而解之"。先民早就发现和利用茶，认识了茶饮对人体健康的作用。据不完全统计，我国有16种古医书，记载着茶叶的20项、219种药效，诸如提神明目、止渴生津、清热消暑、杀菌解毒、去腻醒酒、利肠消食、通便利尿、去疾治痢、祛风解表、坚齿止痛、疗疮治瘘等。几千年来，人们不断地利用茶，不断地对茶有新的发现和新的认识。现代医学通过对茶的科学分析，更清楚地指明茶叶中含有机化合物450多种，无机矿物质在15种以上。它含有人体所必需的营养成分（如蛋白质、氨基酸、脂类、维生素类等），还含有对人体有保健作用的药用成分（如咖啡因、脂多糖、茶多酚等），对防止血管硬化、减少高血压发病率、抑制动脉粥样硬化，对放射损伤、肿瘤、细菌性与病毒感染、免疫功能降低的防治和提高都有功效。特别是茶多酚作为一种高效的天然自由基清除剂，更具有防癌、抗癌和延缓衰老的功能。寓养生、保健、防病功能于品茗之中，这是其他饮料无法取代的。在古代，国人就把饮茶作为养生保健的一种途径，提出"以茶散郁气""以茶养生气""以茶除病气""以茶养身体"。现在积极倡导以茶养生，"不吸烟，少喝酒，多饮茶，会饮茶"，已为越来越多的人所接受。当今世界人们追求的是"绿色"饮料和"绿色"食品。"绿色"乃天然、安全之意。茶是纯天然的、符合人体生理健康的卫生、安全、保健、无公害的饮料。茶不仅是中国的"国饮"，而且是世界性的饮料。有人预测，21世纪将是茶饮的世纪。

四是促进茶科技、茶经济繁荣发展的需要。"发展才是硬道理""科学技术是第一生产力"。茶文化促进会必须服从于、服务于经济建设这个中心，围绕进一步提高"国饮"的地位，促进茶科学和茶经济的繁荣发展。从广州的地理环境和历史地位来看，茶文化与茶科学、茶经济必须有机结合，茶文化与饮食文化、旅游文化必须有机结合。这两个"有机结合"做好了，就能互相促进，共同发展，从而有利于广州两个文明建设的深入发展。当然，这不仅要靠茶文化研究者、生产者、经营者乃至爱好者的共同努力、加强合作，而且茶学界还要同医学界、生物学界、经济学界、社会科学界等进行广泛的联系，还要同饮食业、

234

旅游业携手协作，才能收到良好的经济效益和社会效益。例如，茶生产者（包括茶农、茶场、茶厂），茶经营者（包括茶商、茶叶公司、茶楼、茶艺馆），必须生产、销售、使用无污染、无公害的茶叶和茶饮料，让顾客买得放

2003年邬梦兆出席广东省茶文化促进会发起人会议（邬梦兆在前排左起第四位）

心，饮得放心，扩大茶的消费量。茶研究者、茶科研单位要开展各种科研活动，不断提高茶的品质，并同医学界、生物学界、企业界等加强协作，积极研究和开发茶的新药物，拓展茶的新用途，以茶的保健除病的功能拉动茶经济的发展，同时促进茶科研的繁荣。

在邬梦兆的主持下，广州茶文化促进会先后在广州成功举办了第六届、第七届、第九届国际茶文化研讨会，以及泛珠三角（9＋2）茶文化高峰论坛等活动，为我国特别是广东与广州弘扬茶文化、发展茶经济做出了重大的贡献。

2003年，随着茶文化事业的蓬勃发展，在邬梦兆的大力倡导、积极推动下，广东省茶文化促进会成立了。从此，岭南地区又搭建起了一个"茶台"，为促进茶文化的发展创造了一个良好的条件。

邬梦兆把广州茶文化促进会的工作任务定位为"普及茶知识，弘扬茶文化，研究茶科学，促进茶经济"，把每年举办一次国际茶文化节作为该会年度性工作安排。经过深入发动，广泛组织动员，2000年9月24日至26日，由广州市政府、中国国际茶文化研究会主办，由广州茶文化促进会承办，主题为"健康·生态·发展·茶文化"之"首届广州国际茶文化节及茶博会"，在中国出口商品交易会流花展馆拉开了帷

幕。这次茶文化活动，吸引了众多国内外茶文化界知名人士参与。他们中有日本茶文化专家仑泽行洋教授，日本静冈茶之乡博物馆馆长小泊重洋，日本茶道三大流派掌门人小川后乐、丹下明月、姊崎有峰，韩国茶人联合会代表朴权钦，中国台湾的范增平，中国香港的梁洁华教授，中国内地的张宏达、文怀沙教授以及著名美籍华人陈香梅女士等。中国国际茶文化研究会会长王家扬，中共广州市委书记、市长林树森，市政协主席陈开枝等广州市及兄弟省市的领导，任仲夷、梁灵光等广东省老领导参加了开幕式，各国驻广州领事馆官员，来自日本、韩国、法国、加拿大、马来西亚、新加坡、乌克兰、美国、英国、泰国等十多个国家以及港澳台茶界人士参加茶文化各项活动。茶文化节期间，举办了国际茶文化表演，计有国内外 20 支表演队参加，先后表演 31 个场次，观众达 10 万多人次。

第二年，即 2001 年 12 月 14 日至 16 日，广州茶文化促进会又在芳村区新落成的南方茶叶市场中心馆，承办了主题为"水秀·花香·健康·活力·茶文化"之第二届广州国际茶文化节、博览会。这次承办单位增加了广州市芳村区政府、广州市商业局、广州市旅游局，参展商为来自福建、云南、浙江、广东、台湾等地的茶商，展馆内 230 多个展位与展馆外 1500 多家茶铺同时开放迎宾。展销期间，南方茶叶市场免费提供茶点心、茶饮料 1 万份，供市民、参展观众品尝。首次举办的"万人品茗"成为市民一时佳话，其活动的火爆程度也让万人品茗成为历届茶博会的招牌节目。"花乡茶香"，芳村茶叶市场一举成名，七天展期人流量 10 多万人。优质茶评比揭晓后，三大茶王进行了拍卖，其中"铁观音王"更是以 12 万元一斤的天价拍卖成功，创历年中国铁观音拍卖会之最。

第三年，即 2002 年 11 月 22 日至 28 日，广州茶文化促进会与广州市芳村区政府、广州市商业局、广州市旅游局作为主办单位，广州市芳村区政府石围塘街道办事处、广州市芳村区外经贸局、南方茶叶商会、南方茶叶市场作为承办者，在南方茶叶市场中心馆举办了第三届广州国际茶文化节、博览会，以"繁荣茶商贸·创名茶品牌·促进茶流通"为主题，开幕式上举行了"茶乡情浓芳村夜"万人品茗晚会。博览会期间还举行了茶展销会、茶艺表演、茶品牌推介会、紫砂工艺现场表演、"放心茶、健康茶"专场报告会、茶品大赛、茶王拍卖会、中国画拍卖会、茶品大赛获奖名茶品尝会以及茶文化知识有奖活动等，观众超过 10 万人次。

第四年，即 2003 年 11 月 22 日至 24 日，广州茶文化促进会承办了由广州市政府、中国国际茶文化研究会、中国茶叶流通协会主办的第四届广州国际茶文化节、博览会，这届的主题为"饮茶粤海未能忘·与时俱进茶文化"。这次茶文化活动还有一个独特之处，就是在新落成的广交会琶洲展馆举行，1 万多平方米的展览大厅，设展位 326 个，参展企业 200 多家，参观人数达 26 万人次。中国茶叶流通协会会长梅峰、文史学家文怀沙教授做了茶学术报告会，举行了江畔万人品茶会，分六大品茶区设 400 多张茶桌；来自日本、韩国和国内 15 支表演队展示了不同特色的国际茶艺茶道；茶诗书画联展展出了 30 位名家的国画、书法作品；另外还设有茶科普知识长廊，举办名茶、茗壶拍卖会以及全国茶艺馆馆主会和茶文化之旅等活动。

第五年，即 2004 年 11 月举办的第五届广州国际茶文化节、博览会，在原有活动项目的基础上增加了茶业项目投资招商推介会活动，为茶产区政府、茶企业提供招商引资的活动平台；进行茶叶批量交易性拍卖；来自 44 个国家和全国 12 个省、市、自治区及港澳的茶商茶人以及专家学者参加了本届博览会；举办了"外商品茗雅会"和茶文化英语讲座。这一届的茶博会第一次与广交会同时间、同地点举行，展馆与广交会农产品、茶叶专区仅一街之隔，充分利用了广交会带来的国际客源，为参展商发展茶叶外贸提供了有效平台；延长了展出时间，将原来的三天展出时间延长至六天，借广交会东风为参展商提供更多的贸易洽谈机会。

第六年，即 2005 年 11 月举办的第六届广州国际茶文化节、博览会，是与全国三绿工程博览会茶叶专业展览会同台举办，也是与普洱和单枞茶产区政府联合举办，活动期间举办普洱茶和单枞茶的茶王评选活动，举办"雅韵铭陶"百首茶诗百把壶展和第三届茶诗书画联展。来自德国、韩国、肯尼亚、印度、美国等 10 多个国家和我国云南、福建等全国众多产茶区，以及港澳有关政府部门、茶企业、茶社团的领导和专家参加了本次茶文化节。展览面积 3 万多平方米，展位数量 630 多个，观众近 30 万人次。

第七年，即 2006 年 8 月举办的第七届广州国际茶文化节、博览会，是广州市欢迎瑞典"哥德堡号"仿古商船访穗系列活动之一。是年 8 月 11 日，瑞典驻穗总领事司马武先生、"哥德堡号"船长彼得·卡利先生及 30 多名船员莅临广东芳村区茶叶城，参加了当日茶博会的各项活动。来自瑞典、法国、韩国、日本、德国、斯里兰卡等 11 个国家和我国云南、福建等 8 个省市，以及港澳台地区的有关茶企业、茶社团，全国各地茶界知名人士、茶界朋友参加了本次茶博会。弘扬中华茶文化的"茶文化书籍展"首次在茶博会上亮相，以"推广食品安全准入制度为核心"的"中华名茶品尝、评选、推介活动"，评选出了 60 个"广州优秀茶品牌"。

2007 年 8 月 8 日至 9 日，由广州市政府、广东省农业厅、中国国际茶文化研究会主办，广州茶文化促进会承办的首届"泛珠三角（9＋2）茶文化茶产业高峰论坛"，会聚了来自全国 22 个省、市、区和港、澳、台地区的 200 多位茶文化茶产业界精英及 100 多个社团，有关大专院校负责人，大家围绕"茶文化、茶产业与社会和谐"这个主题，畅所欲言，各抒己见，总结经验，提出建议，使论坛呈现出"规模大，规格高；时间短，效率高；来稿多，质量高；反响大、评价高"这四个特点。这是茶界精英的一次聚会，也是茶品牌的一次展示，更是茶业发展经验的一次总结，对茶文化的传扬、茶产业的发展是一个有力的促进。

从 2000 年至 2018 年先后举办的共 19 届广州国际茶文化节、博览会及"泛珠三角（9+2）茶文化茶产业高峰论坛"的创办，不仅

2007 年 11 月邬梦兆在首届"泛珠三角(9+2)茶文化茶产业高峰论坛"上致辞

强化了广州作为全国乃至全球最大的茶叶批发市场和消费市场的地位，而且还进一步提升了广州乃至广东、全国茶文化的软实力。

时时处处讲中华茶文化的故事

邬梦兆从政坛走上茶坛还有一个重要表现，就是致力于时时处处讲茶的故事。他常挂在嘴边的是喝茶能够让人延年益寿的故事，以笔画来比对"米"与"茶"，得出的结论是爱"米"者享"米寿"八十八岁、爱"茶"者享"茶寿"一百零八岁。这个故事通俗易懂，一句笑话就点出了喝茶的好处。在广州他讲的比较有影响的茶故事，就是 2006 年 3 月离休后他以市人大代表的身份，领衔在广州市第十二届第五次人民代表大会上提出《关于努力打造广州茶文化品牌》的议案。

他在议案中指出，广州地区茶文化、茶贸易有着悠久的历史。据史料记载，早在秦汉时期就有福建、云南、江浙地区的茶商进入俗称"南蛮之地"的广州，用茶叶以易货贸易的形式与当地居民交换大米、食盐和海产品。清代康熙年间，广州茶贸易地位更显突出，广州港是当时清政府特批的中国大陆对外经济贸易的唯一口岸，是茶叶出口的唯一通道。当时，清政府对海上贸易利润极为丰厚的商品——茶叶给予高度的

关注，多次批阅关税条目，留下大量珍贵的历史文献、文物。例如瑞典商人来广州经商购买茶叶的奏折和当年皇帝的朱批，以及从广州出口茶叶到欧洲的绘画、茶叶包装箱等等，充分显示了历史上广州城茶贸易繁荣和茶文化活跃的盛况。

当下，广州地区仍然是中国茶叶最大的集散地，是中国茶叶出口量最大的口岸，是中国茶叶消费量最大的省份，是中国茶文化最活跃的地区。广州作为茶贸易发展的龙头地位当之无愧，作为弘扬茶文化、打造茶文化品牌的带头作用毋庸置疑。虽然，茶产业在广州市国民生产总值中所占比例不大，但茶叶的消费却是全国最高，饮茶的习俗遍及千家万户，目前广州市民几乎是"不可一日无茶"。但如何做到饮茶的方法更科学，习惯更健康，饮用的茶品更优良，茶文化的清、和、敬、美精神更好地融入当前社会主义道德建设中去，构建和谐社会，应该是广州国际大都市文化建设的重要内容之一。

努力打造茶文化品牌，建设一个具有国际影响力的中华茶文化中心，也是摆在广州面前的一项具有深远历史意义和重大现实意义的光荣任务。因为，这既是一项具有历史韵味的传承性文化建设，又是一项很有特色的贯通中西方交流的国际性文化建设，也是一项有着深厚群众基础的民族性文化建设，更是一项最有活力和竞争力的时尚性文化建设。而且，它又是一项为人民群众造福的公共建设事业。仅以广州地区这六年来连续举办六届的广州国际茶文化博览会（节）为例，每一届参展商都踊跃参加，参展单位逐年增多，2005年达630多个；参会群众争先恐后，人声鼎沸，热闹非凡，2005年高达30万人次，均居全国同类会展展位数、参展人数之最。这也在一定程度上体现了广州茶文化的广泛性、群众性、高雅性和国际性，是中华文化走向世界的又一条广阔大道。努力打造茶文化品牌，建设中华茶文化中心，应从一项项基础工程抓起，从一件件实事做起。

议案提议着力办好"一会"，建好"一馆"，种好"一园"，管好"一所"。

"一会"，就是继续办好一年一届的广州国际茶文化博览会和两年一届的国际茶文化节。通过此项活动，把全国在新的一年所培植、加工出来的茶叶新品种，在茶生产、加工、改良品种过程中所创造的新科技，新出产的茶工艺品、茶文化产品，有影响力的茶品牌汇集起来，进行展示、宣传、推介，让人们及时享受到茶业方面崭新的物质成果和文化成果。

　　"一馆"，就是在广州市荔湾区建设一个具有国际影响力的茶文化博物馆。博物馆内展出中华茶文化的珍贵的历史文物文献以及现代茶业新产品，包括各种名茶、茶器、茶具、茶工艺品、茶家具以及茶诗、书、画、剪纸、彩绣、陶艺篆刻、茶 CD、VCD 等茶文化产品。馆内还设茶艺表演、茶诗书画院、茶点茶食茶饮雅座、茶知识讲座课室、茶艺馆、茶坊、茶养身保健场所等，让进馆内参观的来宾充分感受到浓郁的具有高雅品位的茶文化。

　　"一园"，就是在广州市近郊开辟种植一片示范茶园。广州近郊有不少红壤沙土质园地，适合种植岭南单枞茶和其他名茶。虽然气候偏热和水分偏多对茶种植有一定影响，但现代控水控温技术相当发达，在近郊种好一片观赏性茶园的条件是具备的。种好一片茶园，可以大大增加群众对茶生产加工、品饮的兴趣，也可使中外来宾就近亲身感受茶叶的自然香韵，对带旺休闲旅游、促进现代乡村建设、普及科学知识，都是一个很好的推动。

　　"一所"，就是管好茶叶市场产品质量监测所。广州是茶销售最畅旺的地区之一。目前，茶产区生产的茶产品进入消费市场的各种渠道和环节比较杂乱，茶叶质量控制工作难度大、任务重。2006 年 6 月，按国家食品安全条例规定，所有进入消费市场的茶产品都要获得食品检验合格证书（QS 认证），面对众多中小茶叶批发商走街串巷式的销售，设立产品质量监测所随时抽查零售商摆卖的茶叶商品显得尤为重要。建设好并管理好茶叶市场产品质量监测所，是保证饮茶健康、促进茶业发展的重要措施。

此前，2003 年 11 月，他曾在《广州日报》发表《呼吁广州乃至全国要有自己的知名茶品牌》的讲话。

邬梦兆不仅把办好茶事作为广州的大事来讲，而且还将其作为"国是"来参议，先后在全国政协九届四次、五次会议做两次大会发言，上交提案，进一步办好"茶事"。

2001 年 3 月，他在全国政协九届四次会议大会发言的题目是《弘扬中华茶文化，是加强社会主义思想道德建设的一条重要渠道》。他的发言指出，茶是我国人民日常生活的一个组成部分。以人为本、以茶为体的茶文化则是中华民族优秀传统文化的组成部分，是物质文明和精神文明相统一的文化载体，因此，很有必要按照"三个代表"的要求，把弘扬中华茶文化，作为加强思想道德教育、建设社会主义精神文明的一条重要通道、思想文化建设的一个重要阵地、宣传教育的一种有效方法和手段，结合人民群众的日常生活实践和茶人群体的特点，潜移默化地进行思想道德教育，在充分发挥茶对人们保健养生、提高生活品质作用的同时，发挥心灵养生、提高思想道德素质的特殊作用。

他建言，一是要倡导科学用茶，提高人民的身体素质。因为我国传统医学向有"药食同源""茶医一体"之说，茶具有药用、食用和饮用的三大功能。自古以来，人们不仅以茶解渴生津，而且把饮茶看成是防治疾病的重要方法和"养生尽年"的手段。现代医学证明，茶叶含有机化合物 500 多种，无机盐类 30 多种，微量元素 20 多种，其中的营养成分有 300 多种。茶叶可以消炎杀菌、抑制病毒、抗御辐射、减肥健美、防治心脏病、防治糖尿病、预防老年性白内障、降低血压、防治动脉粥样硬化、增加白细胞、抑制血栓形成、治疗肝炎、防癌抗癌，等等。要大力宣传茶是低脂肪、低热能的天然的第一保健饮料，是人类最安全、最理想的绿色饮料，提倡"不吸烟，少喝酒，多饮茶，会饮茶"，以茶养生，用茶保健。

二是要实践茶道精神，提高人民的思想道德素质。古今之营养学者，既重视形体养生，更重视心灵养生。"心灵养生"就是心灵保健，其关键在于心理平衡。发扬茶道精神，实践茶德，是人们在日常生活中育德长智、修身养性、提高思想道德素质的心灵养生术。与茶相关的真、善、美，是茶文化和茶道的核心和魅力所在。茶道另一个重要方面，就是"以茶载道"，"道"寓于茗饮之中。修炼身心是茶道的第一目的。陆羽在《茶经》中倡导"精行俭德"，概括了茶道的精蕴。茶道的本质精髓是"德"，据典载是"本心为德，施之为行"。中国茶道就是饮茶之道（品茗的艺术）和饮茶修道（怡情养性，熏陶德化）的统一，是茶事与文化、修养与教化的统一。倡导弘扬"清、和、敬、美"的茶德，有利于培养淡泊名利、无私奉献的社会主义人文精神。

三是要积极引导，让社会主义思想占领茶艺馆阵地。对茶艺馆进行规范，积极引导，总结经验，树立正面典型，特别要加强对茶艺馆经营者及茶艺服务人员的培训工作，深入开展职业道德教育，提高他们的茶文化素质。从而把茶艺馆推上健康发展的轨道，为消费者提供高品位和有文化价值的专业性服务，用社会主义思想占领茶艺馆，使之成为弘扬茶文化的前哨阵地。

四是要弘扬茶文化，必须坚持为经济中心服务。以市场为导向，科技为先导，以生态文明为持续发展的生命线，把我国茶叶的资源优势形成产品优势，把茶产业的比较优势形成竞争优势，实现经济效益、生态效益和社会效益的有机统一。文化产业化是文化现代化的必由之路。现代茶产业从其实质看，是以茶叶、茶饮料、茶食品、茶保健品、茶药物、茶器、茶具、茶艺馆、茶书刊、茶工艺品和茶艺术品等为载体的现代文化事业。而茶文化深厚的内涵、丰富的文化资源，完全可以开发新的消费市场，促进茶文化产业化。促进茶产业的现代化和茶文化产业化的结合，茶文化与饮食文化、旅游文化的结合，吸引国内外的茶人和旅游者，培育消费新热点和新群体，发展经济的新增长点。通过商业化的活动，消费者可以感受充满"绿色"的生活，品味诗意般的休闲。

在 2002 年 3 月全国政协九届五次会议上他又做了题为《培育知名茶品牌，重振中国茶雄风》的发言。他在发言中指出，中国是茶的故乡，中国茶在国际市场曾独领风骚数百年，目前茶的产量仍约占世界的1/4，出口量约占世界茶贸易总量的1/6。但与之极不相称的是，当前我国仍未能拥有几个行销全国、享誉世界的真正过得硬的国际知名茶品牌。在全球企业界已从产品销售发展到品牌营销的今天，中国茶产业能否把握我国加入WTO带来的贸易机会，争取更多的利益，重振中国茶雄风，很大程度上取决于能否培育出知名茶品牌。

他强调，从茶叶营销策略的发展趋势看，迫切需要我国茶产业实现从以价格为主要竞争手段向以品牌为主要竞争手段的转变；从茶叶销货市场的新趋势看，名优茶大众消费时代的到来，迫切需要培育我国知名茶品牌；从茶叶供需关系的新趋势看，茶叶市场已从卖方市场转入买方市场，迫切需要培育知名茶品牌。他指出，当前培育知名茶品牌亟待解决的主要问题有：缺乏有效的经营主体；存在"绿色壁垒"；没有统一的茶产品质量标准；流通无序和市场不规范；对中国茶文化的挖掘与利用还很不够。

他建言，把培育知名茶品牌作为一项系统工程来抓，具体采取六项措施：一是培育有利于知名茶品牌形成的经营主体，切实改变当前以小农户为主生产、加工茶叶的局面；二是建立起培育知名茶品牌的营销支撑体系，强化市场营销战略和品牌营销功能；三是创造有利于知名茶品牌脱颖而出的良好市场环境，选择在广州、济南、杭州、昆明、安溪等已具有一定基础的地区建立全国示范性的茶叶市场；四是要在大力倡导"放心茶"的过程中培育知名茶品牌，要因地制宜，积极发展有机茶，大力培育有机茶的知名品牌；五是要着力建设有利于培育知名茶品牌的中介服务体系，为茶企业提供多层次、多形式、高质量的社会化服务；六是通过积极开展茶文化活动赋予知名茶品牌以深厚的文化内涵，提升品牌的美誉度和生命力，尽快培育出享誉世界的知名中国茶品牌，为增强中国茶企业在国际市场上的开拓力和竞争力服务。

邬梦兆深知，茶与茶文化是民间友好交往的一座重要桥梁，借助国际交流平台讲好茶与茶文化的故事，共建共享茶经济与茶文化发展带来的成果，就是"茶痴"应有的茶道。

2000年9月，他在广州召开的第六届国际茶文化研讨会上做了《以人为本，实践茶道精神，弘扬中华茶文化》的发言，倡导科学用茶——保健养身，实践茶道精神——心灵养生，弘扬茶文化——开拓创新发展的理念。

2002年9月，他在马来西亚首都吉隆坡召开的第七届国际茶文化研讨会上，做了《改革，创新，发展，迎接黄金世纪到来》的发言。他阐述了新世纪是茶、茶文化、茶产业"黄金世纪"的主要依据：茶物质生产的大发展，茶叶消费量的扩大，茶文化的有力推动，茶天然药用价值的开发。提出增创新优势，迎接"黄金世纪"的到来：靠瞄准市场，搞好发展定位；深化改革，创新体制机制；科技兴茶，全面提高茶叶产品质量；综合利用茶叶，延伸茶产业链；弘扬茶文化，推动两个文明的和谐发展。

2003年10月，他在第三届广州国际茶文化节上撰文《弘扬茶文化，为发展服务》，指出茶文化深厚的历史积淀是广州发展的优势，弘扬茶文化是时代发展的必然要求，坚持与时俱进，永葆茶文化的青春活力。文中强调，茶文化建设，从根本上讲也是人的建设；茶文化的母体在民间，茶风、茶俗的根基在大众；中国茶文化是一门实践性和创造性不断发展的学科，也是一门与不同门类学科"搭界"，甚至融为一体的学科。

2004年11月，他在第四届广州国际茶文化节上撰文《新世纪广州弘扬茶文化的历史使命》，指出中国茶文化是物质文明与精神文明的凝结，是自然科学与社会科学的联姻，是文学艺术与社会风

2002年9月邬梦兆在马来西亚首都吉隆坡举行的"第七届国际茶文化研讨会"上致辞

尚的融汇。广州国际茶文化节必须充分发扬岭南文化开放、兼容、务实的特色，在弘扬茶文化的实践中，紧跟时代步伐，坚持以人为本的思想，一切从当代社会和大众需要的精神产品需求出发，谋求茶文化的更新。要做到：高雅文化与大众文化相得益彰，着眼于"茶中有滋味，壶里天地长"，做好普及与提高茶文化的工作；生态文明与工业文明协调发展，推动茶产业的升级换代，不断开发和完善茶产业的功能；本土文化与外来文化兼蓄并取，彰显广州国际茶文化节鲜明的民族文化特色；传统文化与现代文化一脉相承，弘扬"以茶养生""以茶明道""茶为道，道为用"的茶本我，"尽茶之真，发茶之善，明茶之美"，实现茶文化之民族性与时代性、传统性与现代性融合统一发展。

2006年2月，他在中瑞普洱茶贸易合作签约仪式上讲话，指出，瑞典东印度公司选择在广州签署普洱茶贸易合作合同，选对了，选准了，是"慧眼独具"。因为，广州在中西方贸易史上有特殊的地位和悠久的历史。它既是中国海上茶、瓷、丝绸之路的始发地，又是西方对华进行国际贸易的重要门户，更是历代国际茶文化交流的中心点。广州的茶贸易、茶经济、茶文化经久不衰。早在三百多年前，在外国人眼中的广州已经是世界十大城市之一，是个"令人着魔的地区"。现在，迈向国际大都市的广州，社会稳定，环境优美，交通发达，贸易活跃，市场兴旺，经济繁荣，人民群众安居乐业，物质生活、文化生活、精神生活水平不断提高。目前，广州已成为全国茶叶主要集散地之一，是全国茶文化推广中心之一，广州茶文化也已逐渐成为广州又一个颇具活力、生命力和影响力的品牌。每年一次在广州举行的国际茶文化、茶贸易大活动，越办越兴旺，正越来越有力地吸引着国内外广大茶界人士的关注和参与，正在不断地促进广州乃至全国茶事业的向前发展。

2006年七八月间，瑞典"哥德堡号"仿古商船远航抵穗期间，广州茶界人士将与广州人民一道，以最大的热情，举行隆重的仪式，开展丰富多彩的活动，欢迎"哥德堡号"仿古商船的到来。同时，广州也非常欢迎瑞典朋友、云南朋友以及国内外朋友，届时前来广州观光、旅游、参加以"中国茶风"为主题的第七届广州国际茶文化博览会，进行茶、茶具、茶文化产品的展览、交流、经济贸易活动。所有这些相信均会使参与者得到十分赏心悦目的感受，留下十分美好的印象。通过此项活动，将进一步增进中瑞两国人民的友谊，加强两国之间的茶文化交流，发展茶贸易，更好地促进茶经济的合作与繁荣。

2006年6月，他在第九届广州国际茶文化研讨会上，做了题为《把握消费新趋势，培育知名品牌茶》的发言。他强调，深刻认识茶品牌建设与消费者行为的互动机制，确立在培育知名茶品牌的进程中始终坚持消费导向的理念；"有益健康"已成为消费者的共同诉求，也必然成为培育知名茶品牌时必须把握的首要元素；市场已步入名优茶大众消费时代，企业必须以打造知名茶品牌作为主要竞争手段；茶消费逐步从需要型向欲望型转变，企业必须在培育知名茶品牌时兼顾好共性利益和个性利益。

2008年11月，他在第九届广州国际茶文化博览会上，做了题为《为培育享誉全国乃至全球知名茶品牌而努力的讲话》。在讲话中，他指出，当衣食住行等维持生理需求的物质消费需求已基本满足后，人们在精神方面的消费需求就表现得越来越突出。消费者在选购茶产品时，不仅注重物质上、外观上、质量上的满意，也注重文化上、心理上、情感上的满足。茶企业在市场竞争中品牌的作用将

2006年瑞典"哥德堡号"仿古商船抵穗，广州市政府设宴欢迎瑞典王国首相及夫人（邬梦兆在右边第二位）

2008年11月邬梦兆在山东省青岛市举行的"第九届国际茶文化研讨会"上致辞

显得更为重要。他强调,茶品牌应具有的条件包括:一是顾客识别易;二是信息浓缩好;三是安全性能强;四是附加价值高。他以一首七律做了高度的概括:

国饮推行莫放松,

心中牢记振雄风。

千丝万缕纷繁事,

培育品牌乃首宗。

质量高优利保健,

经营诚信众推崇。

祥和文化添姿彩,

享誉神州茶事隆。

邬梦兆就是这样,不顾年迈,年复一年,通过研读一部又一部茶的专著,办好一件又一件茶的实事,讲好一个接一个茶的故事,学而致用,知行并进,弘扬了中华茶文化,不知不觉地变成了一个不折不扣的"茶疯",成为传播中华茶文化的"高手"。

第十四章
激情洋溢的耄耋骚客

邬梦兆早在未退出领导岗位之前就已进入诗歌王国漫游，虽然非科班出身，但也凭着自己对诗歌的热爱，对党和国家的热爱，对人民的热爱，对工作的热爱，对生活的热爱，对家人的热爱，对大自然的热爱，写下了许多源于生活又高于生活的寄情感怀的咏志之作。退出一线岗位后，担任中国诗书画研究院名誉院长、广州诗社社长。尤其是步入茶耕读之路后，邬梦兆与诗、与茶结缘，不顾年事已高，仍积极撰写五言、七言格律诗和词，十几年下来就有一千多首，震动了粤海茶界、诗坛，成为激情洋溢的耄耋骚客、立德立言的格律诗人。

六十四岁出版诗集《寤斋吟草》

邬梦兆写诗的冲动，源于投身革命之初，但是由于当时年纪比较小，工作特别忙，阅历积累不够，因而，有想法却难落笔。"文革"结束后，尤其是改革开放，让这个本来就对写诗充满向往的热血男儿，终于大胆提笔吟诗作对，歌颂新时代，歌颂新生活，歌颂大中华。他在第一本诗集《寤斋吟草》后记中写道："我不是诗人，不会写诗。但我却像小孩学走路一样，左牵右扶，前拉后推地学写诗。为了记载那可歌可泣的峥嵘岁月，我认真地写；为了不让那值得眷恋的人和事被遗忘掉，我勤奋地写；为了抒发那内心的真实感受和心得体会，我用心地写；为

1998 年邬梦兆出席《瘄斋吟草》研讨会

了留下那受感情冲动所掀起的阵阵波澜，我忘情地写。"于是，从 1979 年至 1998 年，他写出了《念双亲》《咏封开八景》《五十怀旧》《天府纪游》《东北行吟》《羊城之歌》《难以忘怀的一年》《与中共广州市委办公厅同志共勉》《题南华西街精神文明成就展》《赠广州市晚晴诗社诸社友》《波海楼追月》《和欧豪年教授》《贺革命老人谭天度同志一百零三岁》《贺钟南山教授荣获中国工程院院士》《欢庆广州建城二千二百一十年》《政协委员之歌》等 200 多首诗。1998 年，邬梦兆将其中 150 首诗结集配上历史照片、精美的书画、雅致的篆刻作品等，以时任全国政协副主席叶选平题写的"瘄斋吟草"作为书名，由广东人民出版社出版。

中共广东省委原常委、秘书长，时任广东省政协副主席、广东中华诗词学会会长杨应彬为《瘄斋吟草》写序，称赞邬梦兆是位本色诗人，《瘄斋吟草》可以称得上是一本流露男人真情性的诗集。广东著名作家梵杨也对邬梦兆诗歌给予了高度评价，称赞《瘄斋吟草》是一本意美情真的诗集。

六十八岁出版诗集《寐熊新声》

离开领导岗位的邬梦兆，一脚踏进茶耕读之路，另一脚却迈进了吟诗词之路，后来干脆茶诗合一，笔耕不辍。2002 年，作家出版社出版了邬梦兆的第二部诗集《寐熊新声》，集聚了近五年间他所撰写的 140 首诗。在这部诗集的前言中他写道："还是重复四年前我在《瘄斋吟草》上说过的两句话：'我不是诗人，不会写诗。'那为什么又一而再、再而三地在写诗呢？其原因不外有三：一是有兴趣；二是有时间；三是有所求。希望通过写诗，能够为普及诗词、弘扬中华优秀传统文化尽点痴心、出点微力，仅此而已。如果还硬要说什么'做点贡献'的话，那就真的成为'蚍蜉撼大树，可笑不自量'了。"

在这部诗集中他还谈到从领导岗位退下来后要写诗和出诗集的原因：一是求师问路。读者就是我的老师。把我的诗作摆在广大读者面前，让它亮亮相、出出丑，可以引出老师们的评语，得到老师们的指教，可以增添许许多多的良师益友，岂不悦乎！二是寻找出路。眼下有不少人，尤其是一些年轻人，对传统诗词不太熟悉，不太热爱，这也难怪。近几年来，我们的文坛，对此讲得少了些，论得更少些，普及工作做得不够。为此，我主张目前应多做点普及工作，在普及的基础上提高（当然也不能忽视提高）。我个人诗词写作基础差，多年来所寻找到的一条出路就是勤奋学习，钻研创新；随心所欲，不拘一格；讲究韵味，重在言情。以写格律严谨的律诗、绝句为主，也写形式较为自由的古体（古风），还填填词，撰撰联，写写新诗，偶尔也编点山歌、顺口溜。眼下有些顺口溜平白如话，朗朗上口，韵味甚浓，又寓意深刻，群众喜欢，流传甚广，有何不可？三是探索新路。为了提高广大群众对诗词的兴趣，增强诗词的吸引力，吸引更多的人（尤其是年轻人）参加到喜欢诗词这个行列中来，应该探索一条诗词与书法、与国画、与篆刻、与歌曲等相结合的路子，以体现诗情画（书）意，体现诗、书、画三绝相映相融，做到可观、可吟、可诵、可唱。其实，这也是我们中华民族古代文化的优秀传统。在新的历史时期，这一优秀传统我们同样也应该继承下来，发扬光大。

《寐熊新声》这部诗集，收录有他参与全国政协履职活动的诗、游览祖国大好河山和参观改革开放成就的诗、悼念老一辈革命先人的诗，还有不少是咏茶诗、书赠友人的诗。我国著名楚辞大家、中国诗书画研究院名誉院长、国家一级教授文怀沙老先生为该书写了序。从他赠邬梦兆以"寐熊"的表字，并为邬梦兆的书房题额曰"寤斋"说起，盛赞邬梦兆"坚守着他那至大至坚的精神根脉，在物欲汹汹、商风日炽的时下，一贯高标清操，正是他的胸襟和器识，使他笔下的波澜气壮声宏"。

七十岁出版茶诗集《茶人雅韵》

邬梦兆在诗歌写作的道路上，勤勉奋进，写下了数量繁多、独具一格的茶诗。这不仅在离退休人员中，甚至是专业诗人中也是不多见的。

邬梦兆在自己的《茶耕读之路》的后记里也情真意切地写道："这是编写好这本拙著（稿），交给印刷厂付印时，掩卷沉思，所发出来的一个感叹！为什么会有这个感叹呢？因为我开始接触茶的时候，已经六十五岁，'临老学吹笛'，到现在已经七十五岁了。从接触茶、关心茶、热爱茶、撰写茶，从茶的门外汉、茶的拥趸、茶的工作者，整整经历了十年的时间。在这十年里，我多数的时间，想的是茶，读的是茶，耕的是茶，爱的是茶，写的也是茶。我曾写过这样的诗句：'百饮独迷茗饮事，千情只理莽情丝。'这的确是我这十年来的心情写照。尽管在这段时间里，碰到了不少困难，遇到了意想不到的挫折，但是，在各级领导的关心、支持下，在各方面人士的鼓励、帮助下，总算是挺过来了！'愁观白发徒疾发，乐看茗农获小康。'此时此刻，我的心情依旧是怡然的、轻松的、喜悦的。从中我还深切地感受到：'暮年尚可出微力，夕照亦能闪亮光。'今后，我愿作为'草木丛中一小子'，继续在'茶'这个园地里，默默地耕耘，为弘扬茶文化，繁荣茶经济，尽点微薄之力，做点微小贡献。"

这一席心里话，道出了一个茶家和诗家的精神世界，也让我们对自己的人生有所体察。下面我们不妨多引几首他写的茶诗，管中窥豹，以飨读者。《七绝·茶缘》："仙岛茶缘赏翠微，年轻顿觉似朝晖。一壶陈普交新友，山水情浓醉我归。"《七律·茶韵》："陆子高名永世留，茶经一本誉千秋。众生自此珍茶道，香茗于今醉五洲。翠影微微杯底漾，芳津汩汩腹中流。慢尝细呷添情趣，共语几旁意更幽。"《五律·茶宴》："欣闻茶宴美，九日齿留香。道道绘声色，盘盘绣彩章。居民优享受，大众保安康。涎水滴三尺，争先细品尝。"

作者的诗情画意凝聚于笔尖，喜茶爱民之心跃然纸上。旁观这位多年来活跃在中国茶文化界的社会活动家，"暮年尚可出微力，夕照亦能闪亮光"，为弘扬中国茶文化，身体力行，奔波于茶乡。他曾邀请国内多位书法名家将百首茶诗书法刻在百把壶上，成为当代著壶杰作。作为诗人，他创作了融茶诗、茶歌、茶书、茶画、茶印于一体的《茶人雅韵》。时任中国作家协会书记处书记、中华全国青联副主席吉狄马加为该书作序，称赞邬梦兆先生将其创作的格律诗，融书、画、印、曲于一体，乃是集美学大成的一种艺术尝试，它启迪我们从更广阔的领域，开掘先进文化的内在意蕴，以丰富的精神世界，提升人们的文化涵养。

七十二岁、七十八岁出版《茶人雅韵系列丛书》第一、二集

《茶人雅韵系列丛书》是邬梦兆撰写的茶诗与其他多种艺术门类的融合，分一、二两集，共 18 本，分别用两个木函包装。第一集 9 本，于 2006 年由作家出版社出版；第二集 9 本，于 2012 年由广州出版社出版。该丛书从 1999 年开始运作，至 2012 年全部完成，共历时 13 年。这套丛书的第一集，除以《茶人雅韵——茶诗 300 首》为主体外，还包含有茶诗与 167 张剪纸作品相融合的《雅韵剪影——茶诗剪纸集》，与 102 把紫砂壶作品相融合的《雅韵铭陶——茶诗陶艺集》，与 369 方刻印作品相融合的《雅韵印谱——茶诗篆刻集》，与 173 幅书法作品相融合的《雅韵墨宝——茶诗书法集》，与 106 幅国画作品相融合的《雅韵丹青——茶诗国画集》，与 309 幅摄影作品相融合的《雅韵倩容——茶诗摄影集》，与 50 首歌曲相融合的《雅韵欢歌——茶诗歌曲集》，与 115 篇文章相融合的《雅韵齐吟——茶诗大家谈》8 本。参与这一集创作的有作曲家 22 人、歌唱家 23 人、乐队成员 15 人、书法家 180 人、

画家 136 人、篆刻家 63 人、摄影家 50 人、作家诗人 105 人，以及剪纸、陶艺工作者等 35 人，共 620 多人。他们分别来自全国 16 个省、市、自治区及港、澳、台地区。此外，还有侨胞、华人和外国友人。年龄最大的 100 岁，最小的 9 岁。这套丛书的第二集，除以《茶人雅韵——茶诗 500 首》为主体外，还包含有茶诗与 108 幅扇画相融合的《雅韵和风——茶诗扇画集》，与 108 幅花鸟画相融合的《雅韵春鸣——茶诗花鸟画集》，与 110 把茶瓷壶相融合的《雅韵彩瓷——茶诗瓷艺集》，与 108 幅人物画相融合的《雅韵墨章——茶诗人物画集》，与 91 首茶诗曲谱相融合的《雅韵清音——茶诗歌谱集》，与 103 件紫砂用具相融合的《雅韵紫玉——茶诗陶具集》，与 108 幅楷书作品相融合的《雅韵真书——茶诗楷书集》，与 103 件瓷瓶、瓷板、瓷盘、瓷茶具、瓷文房用品等相融合的《雅韵团栾——茶诗瓷品集》8 本。

对这套丛书，有一副茶联是这样描述的：

雅韵半千，老、少、中、青、工、农、兵、学、商人人可读，喜尝茶文化无穷韵味；

丛书成套，诗、书、画、印、曲、影、陶、瓷、剪样样皆全，欣赏茗艺术有益身心。

还有一首《茶诗》这样描述这套丛书：

五百茶诗汇雅书，
八门莽艺巧联珠。
可听可看可吟唱，
宜赏宜藏宜自娱。
影画书歌成一体，
瓷陶篆剪竞相扶。
个中自有新天地，

意趣悠然畅快抒。

关于这套丛书，不少读者认为它有利于茶文化的普及、推广和提高；有利于加深读者对格律诗词的理解、认知和喜爱；有利于格律诗词自身的创新、普及和提高；有利于提高格律诗词的生命力、吸引力和影响力；也有利于被结合的艺术门类自身的创新、普及和提高。总的来说是有利于中华民族优秀传统文化的介绍、推广、传承与弘扬，增强民族文化自信，发展中国特色社会主义精神文明，提高人民综合素质。

七十八岁出版词集《广州好》

2011 年，广州出版社出版了邬梦兆撰写的《广州好》词 100 首。在《广州好》的前言中，邬梦兆这样写道："我自 20 世纪 80 年代初从中共广东省委机关调到广州市工作，至今已近三十年了。在这段时间里，尤其是近几年来，作为一名工作于斯、居住于斯、生活于斯的广州人，亲眼看到了广州越来越美丽的巨大变化，亲自体验了广州一年更比一年好的巨大成就，亲身感受了改革开放给广州带来的巨大成果。我深深地热爱着她，时时刻刻地关注着她。对她的每一个进步都引以为豪，为她的每一项发展而感到高兴。我以在穗工作为荣，在穗居住为乐，在穗生活为福。我真情地、发自内心地赞叹：羊城真美，广州真好！"

他以"广州好"为题，调寄《忆江南》，填词 100 首。以自己在广州的亲身阅历，切身感受，寻找自己身边的幸福点，选择自己比较熟悉的、引起自己较多联想和感动的人、事、物来描述，努力做到贴近生活，贴近实际，贴近群众，为群众所喜爱、所接受。前 5 首是开篇，后面的 95 首，大体包含了六方面的内容。其中，运动会 2 首，城市景观 29 首，人文古迹 34 首，精神文明 15 首，经济建设 14 首，尾篇 1 首，统一用四字标题，务求做到前后一致，上下贯通。

全国政协原副主席叶选平及谷善庆、李乾元上将，刘存智、刘新增、周玉书、高天正、刘鹤翘、李源中将，原中共广东省委副书记、省长朱森林、卢瑞华，原广东省委常委、纪委书记王宗春，分别为此书题写了书名和"广州好"题词。时任中共广东省委副书记、省长黄华华发来了贺信。信中写道："拜读全书，我深受教益与启迪。《广州好》以歌颂广州为主题，以《忆江南》词牌为载体，填词100首，从不同角度歌颂了广州日新月异的变化，倾注了对美好广州的热爱。所填的词，饱含激情，形象丰满，意境悠远，优美生动，而且易读易记，朗朗上口，用古典诗词的形式来反映现代广州的变化，而且反映的主题如此集中，我是第一次读到。对您在诗词方面所取得的成就，我谨表示衷心的祝贺！"

这本集子出版以后，引起了较大的反响，获得了读者的好评。与此同时，邝梦兆还邀请近三十年来在广州所熟悉的艺坛好友，分别为此书配上国画、书法、篆刻、摄影作品，形成了以吟诵"广州好"为主题的词、书、画、印、影"五位一体"的集子，于2011年6月由广州出版社出版，并于同年6月18日至22日，在广州艺术博物院举办展览。同时，还把它作为一件礼物，献给党的九十华诞。

七十九岁出版诗集《邝梦兆茶诗集》

在邝梦兆撰写的茶诗达到1000首之后，世界图书出版公司出版了《邝梦兆茶诗集》。为了使读者方便查找，他依照诗词的题材、内容分类，将全诗集分成"茶文""茶性""茶事""茶人""茶情""茶谊"6个篇章；共收入诗题204个，诗词（联）1018首，分为上下两卷。茶文篇、茶性篇、茶事篇合为上卷，收入诗题131个，诗词488首；茶人篇、茶情篇、茶谊篇合为下卷，收入诗题73个，诗词530首。

整本诗集以格律诗（含词、联）为主，也有少数新诗、歌词。标明为格律诗的，都尽力按照格律诗的诗体包括字数、韵脚、声调、对仗等各个方面的要求来撰写，恪守格律的体裁形式这个"阵地"不变。

题材与内容，则紧跟时代前进的步伐，尽量做到贴近生活、贴近实际、贴近群众，言情与言志相融汇，以"旧瓶装新酒"；语言与文字，则按照"有格律韵味的要求"，不去采用那些生涩、偏僻、怪异、难解的字与词，尽量采用那些较为平白、通俗、易解、易懂的字与词，力求做到"看来顺眼、读来顺口、听来顺耳、吟来顺心"，以符合大多数茶人和读者的喜爱与需求。全书的诗题，均以一个"茶"字开头（这个"茶"字，可作茶人、茶叶、茶业解），绝大多数由两个字组成，少数也有用三个字的，务使读者易懂、易找、易记。这样做也可以从另一个侧面说明中华茶文化的博大精深。

耄耋茶人邬梦兆与诗、茶结缘，怀着满腔的激情，默默耕耘，从未懈怠。有关心他的茶友、诗友问他："写了一千多首诗后，还会不会继续写下去？"他想来想去，觉得难以回答，只好淡淡而言："顺其自然，随缘去吧！"

事实上，他依旧是笔耕不辍。自七十九岁出版《邬梦兆茶诗集》之后，近几年来他又陆陆续续地写了数百首诗，有的还在《茶文化》及《茶博览》等刊物上发表。我们相信，只要有一丝感悟，有一寸时光，他还是会不断地再续诗章的。让我们翘首以待他的新作品，纵情吟诵他的新茶诗吧！

第十五章
享誉茗坛的儒雅茶翁

邝梦兆成为"茶痴"和"茶翁",源于1998年10月他被补选为第一届中国国际茶文化研究会副会长。从此,他便走上了一条只有起点、没有终点的茶耕读之路。

不是茶商胜似茶商的儒雅茶翁

邝梦兆出任第一届中国国际茶文化研究会副会长后做的第一件事,就是创立广州茶文化促进会,搭建弘扬中华茶文化的平台,并依靠这个平台于2000年在广州成功举行了首届国际茶文化节,后又成功举办了国际茶文化博览会。"一节一会"以茶文化"搭台",唱茶经济的贸易"大戏",令人们逐步意识到茶文化与茶经济发展的关系,在茶文化得以推广的同时也蕴藏着巨大的商机,最明显的就是促进茶贸易,推动茶经济的发展。

广州历来都是茶叶集散地、茶贸易中心。通过"一节一会"的推动,"既传承了古茶商脉,又铸造了新茶辉煌"。"一节一会"成为"茶文化传播平台、茶产品展示平台、茶企业推介平台、茶商品交易平台",激活了广州乃至全国整个茶经济产业链,使茶叶及其衍生品的贸易越来越活跃,经济越来越繁荣。以芳村区茶市场为例,过去这里只有一个市场,入驻企业只有一二百家。如今在广州市政府的大力支持下,已发展为拥有 13 个市场 10 多万平方米展陈面积的大型"南方茶叶城",有近万个企业入驻,是全国最大规模的茶叶市场之一。全市茶叶市场也从原来仅有少数几个,发展为现有数十个。茶贸易经营额由原来的六七亿元,发展到 2007 年的 69.5 亿元,加上周边地区已超过 100 亿元;茶艺馆、茶店、茶楼也从过去的两三千家,发展为 1 万多家;同时,还形成了"茶叶广州价格"指数,直接影响全国乃至全球的茶叶交易行情。

南方茶叶市场不但经营茶叶批发零售,而且还经营与茶相关的茶具及茶工艺品。该市场汇集了来自全国各产地的茶叶六大系列 1000 多个品种,主要有西湖龙井、湖南黑茶、广东单枞、福建铁观音、福鼎白茶、云南普洱、下关沱茶、四川绿茶、祁门红茶、广西六堡、茉莉花茶、台湾冻顶乌龙等各地的系列名茶。除此之外还经营与此相关的茶艺品,诸如茶具,不仅有世界著名的宜兴紫砂壶,而且,随处可见来自全国各地及东南亚各产地的著名瓷器。同时,市场还经营与茶有关的茶艺术品,如茶床、茶台木制根雕艺术品及与茶相关的书画等艺术品。南方茶叶市场还设立了茶叶检测中心,以保证茶叶的质量,维护消费者的权益。与国际国内其他市场不同的是,南方茶叶市场什么茶都能买到,无论是国茶还是洋茶,不管是本省茶还是外省茶,样样齐全。比如盛产普洱的省份,别人去只能买,不可能卖;到浙江只能买龙井,不可能买普洱。唯一什么茶都能卖出、都能买到的地方就是广州。

自 2000 年开始,在邬梦兆带领的茶文化促进会团队努力下,广州坚持两年一节(国际茶文化节)、一年一会(国际茶文化博览会),至 2018 年已是第十九届茶博会了。这十九年,广州茶博会一届比一届办得好,规模越

邬梦兆在浙江省杭州市品饮龙井茶

来越大，参展企业越来越多，参会人数越来越多（最多时达三十多万人），效益越来越显著，得到越来越多茶企业、茶人的欢迎，支持和参与。

如今广州茶博会已成为广州市民乃至全国茶人十分关注的一项重要茶事活动，成为广州市民积极参与和热捧的一个盛会，成为广州作为文化大都市的一张亮丽名片。广州举办国际茶文化节、国际茶博会的实践证明：茶会展在推动茶文化弘扬、茶产业振兴、茶经济繁荣乃至全市社会经济文化发展，提升城市文化品位、提升经济竞争力方面发挥了显著作用。具体表现在：

一是饮茶之风越来越盛行了。广州过去是老汉饮茶多，现在是男女老少齐饮茶；过去只饮早茶，现在是饮早茶，也饮午茶、晚茶，还有消夜茶；过去在茶楼饮茶，现在在家里也饮茶，有的还在家里辟了一个茶室，邀请亲朋好友一起饮茶；过去饮茶是"一盅两件"，现在还有茶餐、茶宴；过去是"柴米油盐酱醋茶"，现在是"琴棋书画诗曲茶"。广州人的茶叶消费量已达到每人年均三公斤左右，居全国各大城市首位，为全国人均年茶消费量的五倍。今日的广州人，几乎是"不可一日无茶"了。

二是饮茶水平越来越提高了。这从茶称谓的演变便可以看得出来。过去叫"饮茶"，这个"饮"字是古汉语音，广府话将它保留了下来，沿用至今，其作用只停留在药用和解渴上；后来称"斗茶"，这个"斗"是比赛的意思；再后来称"品茶"，这个"品"，是指饮茶时，先耳品其名，再眼品其形，再鼻品其香，再口品其味；现在，已上升为"叹茶"了。广府方言这个"叹"，是享受之意。区区一个"叹"字，内涵十分丰富，既包含了物质享受，也包含了精神享受。通过"叹茶"，陶冶性情，提高情操，强壮体魄，人们的文化素质、文明素质、身体素质都可以得到提高。

三是茶会展越来越兴旺了。过去茶会展是一个空白，"瘦田无人耕"，现在是"田耕肥了大家争"；过去仅市政府和两个全国性茶行业组织联合主办一个茶文化节、茶博会，2006 年已有两家同时在办，2008 年春季有三家同时办，加上周边地区共有八个茶展同时举办，估计秋季同类性质的会展将会更多。多家参与同一个城市、同一个行业的会展，从一个侧面说明了茶会展业的兴旺。当然，以后将会通过竞争，大浪淘沙，优胜劣汰，最终剩下为数不多的办得较好、较强、较大的茶会展。

四是茶文化内容越来越丰富了。按照塑造城市先进文化品格的要求，广州茶文化节、博览会努力做到"好品牌、好展品、好服务，客户欢迎，百姓高兴；茶文化、茶会展、茶贸易，互相促进，和谐共荣"。在每届节、会上，除展出茶叶、茶具、茶家具等展品外，还有很多文化展品，有茶书籍、茶诗词、茶国画、茶书法、茶篆刻、茶剪纸、茶摄影、茶歌曲、茶工艺品、茶舞蹈、茶艺表演，等等，内容丰富，种类繁多，琳琅满目。有一副对联把当时广州茶文化会、茶博展描绘为："品茶倍感生活美，观展方知荈文深。"这说明在茶会展的推动下，历史悠久、博大精深的中华茶文化的丰富内涵正在不断挖掘出来，不断拓展，不断延伸，既普及又提高，既传承又创新，既有"阳春白雪"，又有"下里巴人"，雅俗共赏，做到传统与现代相融合、民族性与时代性相融合、精美文化与大众文化相融合。

一个城市如同一个人，有其自身的外貌形象和品格内涵。只有具有先进文化品格和精神气质的城市，才能激发全体市民的活力，才会具有无穷的魅力和强劲的竞争力。正是邬梦兆这个耄耋茶翁的"点子"和辛勤耕耘，为广州提供了一张"要想喝好茶，请到广州来"的世界级城市名片。

2006 年 11 月 24 日，云南省《普洱》杂志记者周重林、黄雁在广州宾馆采访邬梦兆，这次采访在喝上午茶间进行，谈论的是普洱茶的往事与近事。采访结束后，两位记者整理了一篇题为《普洱茶产业要走上科学、健康、持续发展的轨道》的采访实录，发表在 2007 年第 1 期《普洱》杂志上。摘录如下：

《普洱》：你能谈谈目前普洱茶在广东的历史和现状吗？

邬梦兆：广州地区普洱茶交易额今年估计将达到二十多亿元，约占广州地区交易总量的三分之一还多。因为珠江三角洲流域的相当一部分人现在都在喝普洱茶，加上收藏和作为礼品等的需要，普洱茶的销量一下子就多起来了。过去喝普洱茶的人并不多，多数都是喜欢乌龙茶、红茶、绿茶之类的，喜欢那香味。广州市民开头接受不了普洱茶的味道，喝的时候要加上菊花，当时我们叫"菊普"。许多第一次接触普洱茶的茶客，多是从喝"菊普"开始的。

从 2000 年第一届广州国际茶文化节开始，喝普洱茶的热潮就逐渐兴起了，"在茶馆喝茶，必有普洱"。而过去，在茶市场上却很少见到普洱茶，多数是乌龙茶、红茶。

《普洱》：你个人是从什么时候开始喝普洱茶的？

邬梦兆：我年龄虽大，茶龄却较短。对茶，我是"半百之年始有思""晋升花甲变茶痴"，而现在却成为一位普洱茶的"拥趸"了。从喝红茶、乌龙到普洱，是一个学习和接受的过程，也和群众一起享受、品鉴，群众热衷什么，我喝什么。最近我在喝"紫芽普洱"，这是普洱茶的一个好品种啊！茶名好，紫气东来嘛，汤色好，味道也好，据说还可降血压、血脂，对健身有好处。

《普洱》：普洱茶为何会在珠江三角洲那么火热？

邬梦兆：我认为这主要是普洱茶本身的特性所决定的，具体说有"四个好"：第一是"茶质好"。普洱茶的品质好。它生长在海拔较高的高山峻岭之中，云雾缭绕，气候较冷，那是云南独特的自然资源。第二是"茶性好"。普洱茶是乔木型的大叶种茶，干仓转化，自然陈化，从而把涩味化为陈香。其味很纯正，饮用价值高，适合人养生、保健。据专家分析、验证，普洱茶在减肥、降血脂、血压方面，都有一定的保健价值，受到追捧那是很正常的。因为现在生活好了，大家都想把身体搞得健健康康的，谁不想多活几十年。第三是"韵味好"。尤其是那些保管收藏好的、陈年存放的，其韵味更有独特的价值。我曾写过一首题目叫《茶香》的七律诗，就说到了普洱茶与其他茶的香味区别。因为普洱茶适宜于收藏，于是就具有较高的收藏价值。这一点，有些品种的茶就较欠缺了。第四就是"底蕴好"。普洱茶的内涵比较深厚，品尝起来有其独特的文化品位、精神内涵，可慢啜细呷，可细心体验，可尽情享受。广东人时下喜欢说"叹茶"。"叹"的意思就是享受，"叹普洱茶"不仅有物质上的享受，还有精神上的享受，这点与其他的饮料相比是很独特的。

广州地区近几年来，每年一届的大型的、群众性的茶文化活动、茶博会的举办，也为普洱茶的发展起到了推波助澜的显著作用，各种新闻媒体、各种宣传方式的大量介入，广泛宣传，推广了普洱茶的特性、作用和功效。以前南方茶叶市场，卖普洱茶的屈指可数，现在多数都要卖点普洱茶。这说明什么？说明普洱茶符合群众需要。好茶不要"养在深闺人未识"，要走出来，从云南的深山里走出来，走向全国，走向世界。当然，以上这"四个好"，其他品种的茶同样具有，不过程度不同罢了。

《普洱》：普洱茶热的风潮中，有许多不同的声音，你是怎么看的？

邬梦兆：从这几年广州地区销售、推广普洱茶情况看，的确是先后有过这几种说法。其一是"普洱茶只能存放二十年"之说。不相信有存放数十年甚至上百年的普洱。后来，我们在国际茶文化节上进行了一百零八块陈年普洱茶饼的展示，还举办了"聆千载琴音，品百年普韵"的活动。许多人亲眼见到

263

了，亲口品尝了，也就相信了。我个人认为，普洱茶不能一味追求多长的年份，陈多少年的好？普洱茶的存贮需要有好的环境和条件，环境和条件不好就会把好茶弄坏了，陈香也就无从谈起。

其二是"猪栏（圈）普洱"之说。有一段时间对普洱茶的销售冲击较大。所谓"猪栏（圈）普洱"，那完全是子虚乌有之事。后来把事实的真相向群众讲清楚了，也就没事了。

其三是"只有某某县生产的才是真正的普洱茶"之说。如果这种说法成立的话，那岂不是说西双版纳州如勐海茶厂生产的、大理州如下关茶厂生产的以及云南其他地区生产的都不是真正的普洱茶了？这种无根据、无道理的说法，一经点明也就过去了。

其四是"'疯狂普洱'还能'疯'多久？"之说。这种说法，如果从积极方面去理解，提醒注意，不要去夸大、片面宣传、搞炒作，要把普洱茶的发展引上健康、持续发展的轨道，我是赞成的。但是从字面上去看，则似乎欠妥。所谓"疯""疯狂"，是指发疯，神经错乱，精神失常。那么，眼下多数的普洱茶市场，是否真正出现了"失常""错乱""发疯"似的抢购、抢买、抢卖呢？不是的。过去普洱茶的价格确实是太低了、太贱了，一公斤才几元钱、十多元，"茶贱伤农"啊！云南山区茶农的收入真是太差了，"贱"到许多茶叶卖不出去，一些茶农甚至不愿上山采茶。现在，价格适当上来了，茶卖得出去了，茶农的收入逐步提高了，生活初步改善了，这是好事。确实有一些地方、一些人进行了某些炒作，夸大地片面宣传，起到了极为不良的影响，但只要我们进行恰当的、实事求是的、更多的茶文化推介，通过讲座、媒体、博览会等多种形式，多做一些相应的宣传和引导，那些不恰当的做法是可以纠正的。

而且普洱茶产业，现在已经纳入国家食品质量安全许可（QS）的管理，云南省也已出台《普洱茶综合标准》，有关部门也将陆续出台一些有关的质量鉴定标准、保质期限等等，进行质量的检测、鉴定和准入市场的规定，加强市场的管理。这样，就可以让更多的人能够喝上普洱茶，广大消费者也就可以尝到真正的放心普洱茶了，普洱茶产业的发展也一定能够逐步走上科学、健康、持续发展的轨道，走向全国，走向世界。我相信这一天在不久的将来就会很快地到来！

仔细分析采访摘录，不难看出邬梦兆给普洱茶产业发展所把的脉、所开的方充满商业头脑，首先，"四个好"的商品特点的总结归纳，容易入大众的脑海，为大众接受；其次，重"展示"的发展模式，有利于培育品牌、推广产品；再次，及时确立商品标准，让产品走上科学、健康、持续发展的道路，才能使生产或销售企业无往而不胜。由此可见，邬梦兆这个茶痴、茶翁如果经营茶产业，一定是成功的茶商。

有了助推普洱茶的销售经验后，邬梦兆带领他的促进会团队又深入到湖南安化等黑茶产地，到四川雅安等藏茶产地，到贵州湄潭、都匀等绿茶产地，到福建福鼎白茶、武夷山岩茶、安溪铁观音等产地，到湖南君山、四川蒙顶黄茶产地，到安徽黄山红茶、江西婺源绿茶等产地，到广西六堡茶、茉莉花茶产地推广普洱茶的经验，以更好地开

2007 年 8 月与第二届中国国际茶文化研究会会长刘枫考察广东凤凰山单枞茶海拔 1500 米生产基地

265

发、拓展茶业市场，在帮助当地茶农致富的同时，也让广州人、全国人民乃至世界人民喝到地道的茶。

不是入行胜似入行的茶界行家

"十载茶耕论短长，几番坎坷喜忧藏。"邬梦兆年过花甲步入茶耕读之路，好似"茶痴"一样，全面系统地学习并普及茶知识和茶文化，深入研究和推介茶科学，大力培育茶品牌，积极打造茶实体，传承弘扬茶文化。2009年3月，他撰写的《茶耕读之路》一书由广州出版社出版发行。该书辑选了他关于茶的论文、讲话、发言、体会等文稿55篇，共166万多字。在《序言》中他叙述了自己步入茶耕读之路的心迹和经历的总结。他写道：

> 十载茶之路，实际上是我的一条茶耕读之路，是我既从事茶·茶文化事业的工作、劳动，又读书、学习之路。
>
> 十载茶之路，有艰辛，也有甘甜。我从原来担负一个地方工作的负责人，转变为一个普通的离休干部，却要承担一个社会团体的事，特别是属于茶·茶文化方面的事。我对茶既不是科班出身，过去又很少接触，既感陌生，又无功底。更何况年届古稀，事事都要边做边学，件件都要亲力亲为，其难度可想而知。但，凭着一份执着，凭着众人支持，在困难面前，我总算顶过来了。在弘扬国粹、推行国饮、普及茶知识、弘扬茶文化、推动茶会展、促进茶贸易、繁荣茶经济上，还算是做了一些实事、好事，当然，也积累了一些感受、体会；同时，还享受到了一些愉快、甘甜。这十年正好像是品饮了一碗普茶汤，"先头苦涩后甘还"。
>
> 十载茶之路，有耕耘，也有收获。我以前念书不多，文化水平不高，既然要从事茶·茶文化的工作，在茶·茶文化的园

地里耕耘、劳作，那就要从头学习，学习茶的知识，寻求茶文化的学问。真心实意地向茶农学，向茶专家、教授学，向有经验的茶文化工作者学，更重要的是在从事茶文化工作的实践中学。一刻也不能放松，一点也不敢懈怠。从哪里起步呢？就从自己所喜欢的事做起，学着写写茶的文章，哼哼茶的诗句。经过十年来的探索与追求，一篇篇、一首首，积累起来，居然有数十篇文章、三百八十多首诗词。现借庆祝广州茶文化促进会成立十周年的机会，把十年来所写的文章汇编成册，付梓出版。让关心、爱护广州地区茶·茶文化事业的茶人和读者，既可从中检查我的工作情况，也可从中窥见出广州茶·茶文化事业的前进脚步，听闻到南粤大地弘扬茶文化的声音，了解和知道羊城茶人为推行国饮、弘扬国粹所做出的努力和贡献。

在书中，他还以一首七律抒发自己十年茶耕读之路的情感，以及对今后日复一日永不停息的茶之路的向往。

> 茶耕十载苦甘尝，
> 似喝三杯普荪汤。
> 风险艰难常有遇，
> 顾全受屈亦无妨。
> 痴心探索求精品，
> 寡识乏才欠见长。
> 待到香茗成国饮，
> 镂金错彩铸华章。

邬梦兆对于茶业的发展和文化的研究，相当深入并具有相当的水平，饮誉祖国。2004 年 3 月 27 日，台湾中华茶文化学会创会理事长范增平先生采访邬梦兆，邀请他畅谈中国茶文化的现况以及对茶文化工作的一些看法。据此，范先生写了篇题为《浅谈中国茶文化的现况》的访谈文章，发表在范先生所著《中华茶人采访录》上。透过范先生这篇访谈录，公众可以认识到邬梦兆在茶界的地位。范先生的文章称邬梦兆为人谦和，热爱茶文化，邬梦兆的素养和为茶文化的用心给他留下深刻印象。范文称2004年他频频到广州和茶文化人士交流，广州经过四年来的促进，茶文化颇有进展，这与邬梦兆大力推动不无关系，广州茶文化促进会的贡献是功不可没的。

邬梦兆既是茶文化的实践者，更是一位研究者。他对中国茶文化的研究是全方位的，而且视角独特。2003年12月，他发表的题为《盛载华夏文明的方舟：中国茶文化——漫谈中国茶文化的历史演变与丰富内涵》的论文，是他众多研究中国茶文化文章的代表作。在这篇近万字的论文中，他指出，在我国源远流长的历史长河中，茶文化在不同时代、不同民族、不同社会环境和自然环境中呈现出不同形态。经过几千年的积淀，中国茶文化已升华为中华民族的一个文化品质，对中国人的人性、思想、感情和行为等方面有着广泛的影响，并促进了世界文明的发展和文化的交流。

在这篇论文中，他阐述了中国茶文化的历程与内涵是华夏文明的剪影的观点。他指出，中国茶叶源起于神农部落时代的历史活动；西汉初期开始人工种植茶树；唐代世界第一部关于茶叶专著《茶经》的问世，标志着中国茶文化已基本形成；宋代至明初中国茶文化发展进入了鼎盛时期，不仅出现了团茶、饼茶、散茶、末茶，而且还诞生了赵佶《大观茶论》、文徵明《惠山茶会话》《陆羽烹茶图》《品茶图》、唐寅《烹茶画卷》《事茗图》等传世作品；到了清代，茶与人们的日常生活紧密结合起来；民国初年城市茶馆兴起，形成了一种特殊的"茶馆文化"和"客来敬茶"的普通人家礼仪美德。他指出，中国茶文化结构体系包括有关茶的物质文化、制度文化和精神文化三个层次。其中物质形态表现为茶的历史文物、遗迹、茶诗词、茶书画、茶歌舞、各种名优茶、茶馆、茶具、饮茶技艺和茶艺表演等；精神形态表现为茶德、茶道精神、以茶待客、以茶养廉、以茶养性、茶禅一味等；还有介于中间状态的表现形式，如茶政、茶法、茶的礼规、习俗等属制度文化范畴的内容。

他阐述了中国茶文化的精神家园是茶道的观点。指出，"茶道"一词最早见于唐代。作为茶人对"茶道"的解读可以有不同的版本，但其蕴含的精神内涵及其在中国茶文化中的地位却不容忽视。唐代的繁荣及其拥有的丰富的物质文明，为精神文明的创造提供了坚实的基础，使人们能够追求更具精神享受的艺术美的生活，摒弃了"浑以烹之"的粗放式饮茶，代之以细煎慢品的饮茶，开创了独具风格的茶道。茶道使茶之理至深，茶之义至远。它植根于中华民族传统文化的沃土之中，吸收了儒、释、道三大流派的精华，充满了智慧的哲学思辨，沉积了丰厚的道德伦理与人文追求。中国的茶道既包含了"克明峻德、格物致知、以身许国、穷通兼达"的儒家思想，也包含了"天人合一、宁静致远、道法自然、守真养真"的道家哲学理念，还包含了"茶禅一味、梵我一如、普爱万物、见性成佛"的佛法真谛。中国茶道的基本精神可概括为"和、静、怡、真"。其中"和"是中国茶道哲学思想核心，"静"是中国茶道修习的不二法则，"怡"是中国茶道实践中的心灵感受，"真"是中国茶道的终极追求。

他阐述了中国茶文化的艺术演绎是茶艺的观点。他指出，茶文化的艺术演绎历史源远流长，而"茶艺"一词则源于20世纪70年代的中国台湾民俗学会理事长娄子匡教授的建议，以区别于日本之"茶道"。随着茶艺馆像雨后春笋一样大量涌现在海峡两岸各大城市，"茶艺"成为一个使用率很高的茶文化新名词。茶艺讲的是一种饮茶艺术，其核心是泡茶艺术。我国地域辽阔，民族众多，各地的茶风、茶俗、茶艺繁花似锦，美不胜收。若以参与茶事活动的茶人身价不同进行分类，可分为宫廷茶艺、文士茶艺、民俗茶艺和宗教茶艺四大类型。

他阐述了中国茶文化的民族烙印是茶俗、茶礼的观点。他指出，开门七件事，"柴米油盐酱醋茶"，茶文化的产生与发展从来就与广大人民群众的日常生活方式紧密相连。所以，中国茶文化的个性同样体现于民俗与茶礼中。茶与婚俗结缘始于唐代，时至今日人们眼里的茶是"纯洁""坚贞""多子多福"的象征。在汉族风俗中，许多地方把"提亲"一事称为"食茶"，又称"走媒"，意指男方媒人前去说亲，如女方有意向，就以泡茶、煮蛋等方式接待。广西玉林地区的婚宴场面上有"敬客茶"，用最上等的茶接待来宾，以示主人对客人的敬重。在云南南部，新郎新娘在新婚三日内，每天要在堂屋里向宾客敬茶。

他阐述了中国茶文化传统与现代的结晶是茶艺馆。他指出，中华茶文化的复兴与茶艺的出现，台湾起了引领作用。受传统茶业产业结构调整的影响，20世纪70年代后期，台湾诞生了第一批茶艺馆，不久又组建了以"茶艺"为工作内容的茶艺协会。20世纪90年代开始，两岸同胞均提倡"国饮"，加上台企落户大陆，北京、上海、广州、杭州、成都和西安等大中城市，各式茶艺馆如雨后春笋般布满大街小巷。大陆茶艺馆将传统的茶文化及其民俗特色和社会功能等融合得较为紧密，实现入于古典、出于现代、合东方时尚、强调文化品位和特色，寻求自身内涵，不唯雅，不媚俗，展现出独特的魅力和不俗的韵味，成为沟通中国茶文化传统与现代的桥梁。

他阐述了中国茶文化的唯美载体是名泉与茶具的观点。他指出，水是茶之"体"，茶的香醇，全赖水的清冽，品茶先品水。与此同时，品茶还讲究茶的色、香、味、形及相关环境，香茗更需配好茶具，才能达到理想的效果。俗话说："工欲善其事，必先利其器。"随着中国茶文化的发展，品茶要获得良好的沏茶质量和视觉效果，乃至真正的艺术享受，茶具是很有讲究的。茶具以茶杯、茶壶为重点。茶具演变的格局与茶具加工工艺的改进分不开，也是不同时代饮茶方式、品饮艺术和审美情趣的反映，与国人追求个性的自由及对美的向往密不可分。不同的茶具，体现出不同的风格，蕴含了丰富的文化内容，以现在的眼光看，这既是过程，也是演进，就当前而言是定格。目前最具代表性的三种茶叶冲饮器具——瓷杯、紫砂壶、玻璃杯，各有其特殊的历史背景和文化内涵。当人们一边喝着从紫砂壶中斟出的酽酽的名茶，一边细细赏玩古往今来的紫砂精品，很自然地便会陶醉在一种古老而清雅的情调之中，这是纯粹的中国文化的情调。

他阐述了中国茶文化的艺术升华是茶诗书画印歌的观点。他指出，茶文化的发展与历代文人墨客的参与密不可分。单纯的茶叶生产和单一的品茗饮用功能，并不能构成茶文化这一学科，只有赋予茶以审美上的意义，将茶饮从解渴疗疾的日常生活层面上升至精神寄托的高度，茶文化才能得以产生和发展。艺术家们对茶文化的各方面的表达，无一不体现着他们对茶之美的认同和鉴赏，每一件作品，都体现着一种特定的文化心理。茶诗文是中国茶文化的主要载体和表现形式，构成了中国传统文化中璀璨的华章，成为中国文化史上一笔十分可观的精神财富。我国是"茶的故乡"，又是"诗词的国度"。最早的茶诗出现在1700多年前。茶歌与茶诗茶词一样是伴随茶叶的生产、贸易、饮用这个主体文化而派生出来的一种茶文化现象。茶歌源于文人的作品变成民间歌词；源于由谣而歌，民语经文人整理配曲再返回民间；源于茶农茶工自己创作的民歌或山歌。

他阐述了中国茶文化的时代旋律是传承与创新的观点。他指出，改革开放后，茶文化不仅是传统文化的一朵奇葩，随着中华民族的复兴，它又迎来了一个美好的春天，中国茶文化在各个方面均得到飞速发展。中国作为茶的原产地、最早发现和利用茶的国家，在世界上有着举足轻重的地位。中国茶文化曾经走向世界，并极大地提升了全人类的生活质量。面对新的世纪，适逢顺景盛世，中国茶文化一定要以更为强劲的势头，更具创意的新姿，为再铸华夏文明新辉煌做出新的贡献，为推动世界文明发展谱写新的篇章。

邬梦兆这篇茶界研究佳作，表明他这位茶人长者已经完全把余生融入了推广中国茶文化的事业之中，并取得了相当的成就。正如他在一首

《六不》诗中表述的自己的心路历程：

> 不言老，不全休，
> 革命精神永不丢。
> 只要一息依然在，
> 甘尽余热写春秋。
> 不沽名，不追利，
> 淡泊人生一贯之。
> 只要有心为百姓，
> 老树也能发新枝。
> 不停学，不止步，
> 喜满心头切莫怒。
> 只要清心又健身，
> 乐康寿乃幸福路。

2011年4月27日，在云南省普洱市举行的第十一届中国普洱茶节上，邬梦兆被茶节组委会评为"第四届全球普洱茶十大杰出人物"，获组委会颁发的"茶马奖"。2011年11月23日晚，在第十二届广州国际茶博会前夕，

2011年4月参加"普洱茶十大杰出人物"手印征集活动

中国国际品牌协会、中国新闻传播中心、中国轻工企业投资发展协会联合举办颁奖大会，邬梦兆被授予"中国茶行业特别贡献奖"。

2019 年 9 月邬梦兆佩戴上中共中央、国务院、中央军委颁发的"中华人民共和国成立 70 周年纪念章"

　　本书写到这里就要画上一个句号了。此时是 2019 年 9 月，正是中华人民共和国成立七十周年大喜日子即将到来的前夕，本书主人公有幸佩戴上中共中央、国务院、中央军委刚刚颁发的金光灿灿的"中华人民共和国成立七十周年纪念章"，心情十分喜悦、兴奋。他衷心感谢培育他成长的伟大的、光荣的、正确的中国共产党，无比激动地说："我自 1949 年 8 月在大埔百侯游击区参加中国人民解放军华南文化工作团，迄今已整整七十个春秋了。当年蹦蹦跳跳的'红小鬼'，如今已变成步履蹒跚的'白老头'了。时光似电，日月如流；抚今追昔，遐思未来；心潮澎湃，感慨万千。"于是，他有感而发，撰诗一首：

> 革命生涯七十秋，
> 年华流逝初心留。
> 笔耕不辍抒民意，
> 翰墨无停解众忧。
> 追梦之行足下始，
> 目标未达岂能休。

老仆微力莫言小，

滴水成河亦载舟。

那么，就让我用这首诗作为本书的结束语吧。

结　　语

接到中国政协文史馆委员传记中心撰写九届全国政协委员、全国政协港澳台侨委员会委员邬梦兆传记的任务后，我一方面十分高兴，另一方面又怕自己不能胜任，好事做不好。

高兴的是，邬梦兆同志是我的老领导，是一位很有故事的传奇人物，而这些故事不仅刻有深深的时代印记，而且还富有强烈的本土特色。作为一名青少年时期生活在旧中国的过来人，挨过饿受过苦，是共产党的到来，让他看到了人生和民族的希望，毅然决然选择了投身革命的光明之路；作为一名出生在马来西亚、求学在家乡的归侨，他与一批从海外回来的学子一道，在"祖国最艰苦的地方"——封开等地参加轰轰烈烈的土改，谱写了新中国成立之初一段"奔向北回归线"的光辉历史；作为一名中华人民共和国成立前夕参加革命的"红小鬼"，他历经中国特色社会主义建设的各个阶段，是新中国七十年光辉历程的奋斗者和见证人；作为一个旧社会念不起书的寒门弟子，他同那一时代的工农干部一样，依靠实践和不懈的自学，拾级而上，成为党的高级干部；作为一名党培养的人民公仆，他活到老学到老，离休后仍在"茶山""诗园"中孜孜不倦地深耕，成为饮誉茶坛、诗坛的耄耋长者。

在我心中，他是一位政治信仰坚定、不忘初心的领导。印象最深的是他主持制定文件、撰写材料时，都叮嘱阐述观点注意引用马克思、毛泽东著作的原文，强调提出的主张要有文件的出处。他是一位敢于担当、勇于开拓的领导，在他的倡导和推动下，中共广州市委制定了关于人民政协履行职能的"三个规范化"文件，开了全国之先河；他是一位温文尔雅、礼贤下士的领导，在他的倡导和盛邀下，市委领导与民主党派市委会、市工商联主要负责人交友交流成为惯例，赵少昂、欧豪年、梁洁华等书画家有的把作品捐赠给广州艺博院，有的在广州举办画展；他是一个爱才容才的长者，记得当年他分管共青团广州市委时，几乎每个中层以上干部他都认识，且都得到过他的鼓舞和教诲，在市政协机关他大胆提拔任用一批年轻干部；他是一个重情有义的长者，有次一位不明真相的同志向市政协机关领导反映我在编印政协书籍方面有损公肥私的行为，他第一时间把我叫到办公室进行批评，事后知道我被错怪，又马上向我诚恳道歉，让当时还是个年轻人的我十分感动。他始终是我的良师益友，激励我前行，约束我守住人生的底线。

要说不胜任的话，主要还是因为我在他身边工作时间比较短，了解不太全面，又没有他们这一辈人的亲身经历，但架不住曾小丹编审的规劝。1998年初我们两人因鄢梦兆接受她的采访而认识，当时曾小丹是初到《人民政协报》的才女。如今，"奉命"之作已经画上一个阶段性的句号了。在此，特别感谢对本书写作给予支持的广州市政协秘书长黄洁峰，肇庆市政协人资环文史委主任余坚，中共封开县委书记黄学武，封开县政协主席伍于广、副主席刘小明、秘书长曹宏博，广州市政协机关蒋鹏、黄靖华，广州市广播电视台徐宏及邓创浩、赵宇、孙卓、吴美玲、蔡小燕、钟楚莹。特别是老领导鄢梦兆不顾年事已高，在整个撰写过程中，都给予具体的指点和大力的帮助，在此，谨致以衷心的感谢。

王志雄

2019 年 9 月 29 日

图书在版编目（CIP）数据

公心入梦：邬梦兆传／王志雄著. —— 北京：中国
文史出版社，2021.1

（政协委员传记丛书）

ISBN 978 - 7 - 5205 - 2324 - 0

Ⅰ. ①公… Ⅱ. ①王… Ⅲ. ①邬梦兆 - 传记 Ⅳ.
①K827 = 7

中国版本图书馆 CIP 数据核字（2020）第 184059 号

选题策划：曾小丹

责任编辑：牟国煜

出版发行：**中国文史出版社**

社　　址：北京市海淀区西八里庄路 69 号院　　邮编：100142

电　　话：010 - 81136606　81136602　81136603（发行部）

传　　真：010 - 81136655

印　　装：廊坊市海涛印刷有限公司

经　　销：全国新华书店

开　　本：720 × 1020　1/16

印　　张：17.75　　　字数：243 千字

版　　次：2021 年 1 月第 1 版

印　　次：2021 年 1 月第 1 次印刷

定　　价：68.00 元